THE STUDY OF
COFFEE

堀口俊英・著

はじめに

１９９０年にこの仕事を始めてから30年になり、いまさらながら「長くやってきたんだ」と感慨深いものがあります。

１９９７年に初めてコーヒー本を出版し、その後10冊を執筆（一部は監修）しましたが、２０１０年出版の『珈琲の教科書』（新星出版社）が最後の本になります。この本は、コーヒーを深く学びたいという人向けとし、抽出にはほとんど触れず、官能評価に焦点を当てて書きました。刊行後すでに10年になりますが、絶版にはならずまだ販売されています。

２０００年代の10年間は、生産者とのパートナーシップ構築による優れた生豆の調達のために頻繁に産地訪問をしました。バイヤーとしての力をつけるために１００店の自家焙煎店の開業支援をし、ＬＣＦ（Leading Coffee Family）という生豆を共同使用するグループを作りました。さらに毎週土曜、日曜には抽出、カッピング、テースティング会など多くのコーヒー関連セミナーを年１００回程度開催していました。この10年間は休みなく働いた時期で、多忙を極めました。

しかし、その後「そもそもコーヒーの風味ってなに？」、「ケニアのこの風味はどうして生まれるの？」など単純な問いに答えることができなくなり、自らの限界を感じてしまいました。新たに本を書くことができず、10年間のブランクが生じてしまいました。

そのため、2010年代の初めの5年間は社長交代の準備期間に当て、事業継承の期間としました。

社長を退いてからは、今までとは違う側面からコーヒーをとらえてみたいと考え、2016年に東京農業大学大学院の環境共生学博士後期課程に入学し、2019年3月に卒業しました。大学では、食品栄養科学科の研究室（現在は国際食農科学科）にお世話になりました。

しかし、コーヒー研究といっても何から手を付けてよいかもわからず、指導教授の元で基本成分分析から始め、その過程で研究テーマを絞っていきました。

コーヒーの生豆品質評価は、SCA（Specialty Coffee Association：スペシャルティコーヒー協会）方式による①生豆の欠点数による評価、②官能評価がありますが、それらは生豆品質の一つの判断基準でしかありません。

それ以外に理化学的な数値による評価も必要ではないかと考えるようになり、風味に影響を及ぼすと推測できそうな成分について分析を行ってきました。学位論文タイトルは、「スペシャルティコーヒーの品質基準を構築するための理化学的評価と官能評価の相関性に関する研究」です。

コーヒーは、栽培環境から、栽培、精製、乾燥、選別、梱包材質、コンテナの種類、保管方法などのプロセスで影響を受けます。まだまだ、わからないことが多くありますが、やっとコーヒーの風味の輪郭が見えてきたというところでしょうか。現在は、「学びてのち足らざるを知る」（農大建学の祖・榎本武揚）という心境下にあります。

現在、コーヒー業界は、抽出器具の多様化と抽出方法の変化、小型焙煎機の普及と焙煎度に対する考え方の変化、官能評価における評価語彙（ごい）の拡大と混乱など様々な新しい局面に遭遇しています。このような、コーヒー産業の変化の中で、再度コーヒーをとらえ直してみたいと考え、私が過去30年間で学んだことの一部を、主に抽出という観点から見直すことができればと本書に取り組みました。未熟故、一部消化不良の面もあるとは思いますがご容赦いただきご一読いただければ幸いです。

堀口俊英

Contents

Lesson 1 生豆の品質がおいしい風味を生み出すことを知る……10

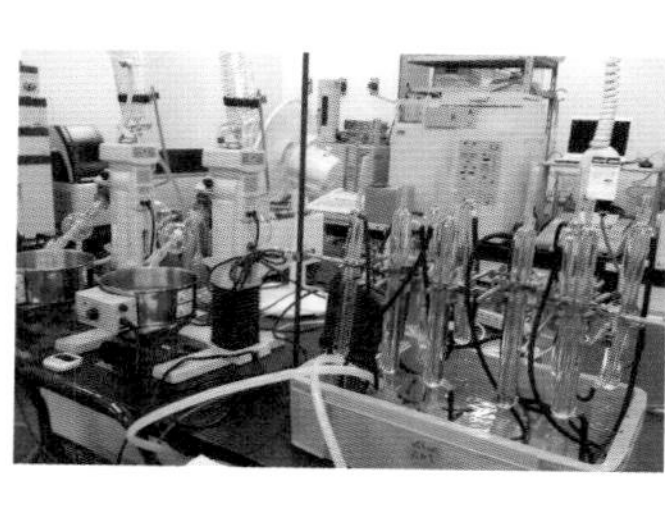

Lesson 2 化学的データから品質を知る……38

Lesson 3 なぜ焙煎するのかその意味を知る……52

Lesson 7 私の抽出方法……118

Lesson 8 抽出における風味の変動要因を確認する……138

Kalita

staff
写真　：糸井康友、fort（文田信基、石原麻理恵）
デザイン：GRiD
編集制作：バブーン株式会社（矢作美和、千葉琴莉）
※注釈はLessonごとの通し番号になっています
※情報はすべて2020年9月末現在のものです

Lesson 1

生豆の品質が
おいしい風味を
生み出すことを知る

２０００年以降、コーヒー消費国で、抽出や焙煎以外に生豆の品質に目が向けられるようになり、自家焙煎店（米国ではマイクロロースター）、エスプレッソマシンでの抽出、新しいスタイルのコーヒーショップなどが生み出されました。

一方、生産国では、生産者及び輸出会社の一部が消費国のバイヤーと協力して生豆の品質の向上をめざし、結果として多くの優れた生豆が生み出されました。欠点豆の混入が少なく、生産地の風味の特長のあるコーヒーは、スペシャルティコーヒー（Specialty Coffee：以下ＳＰ）と呼ばれ、汎用品[*1]であるコマーシャルコーヒー（Commercial Coffee：以下ＣＯ）と区別され（Ｐ12表）流通するようになりました。

そして、２０１０年以降スペシャルティコーヒー市場は成熟し、ゲイシャ種[*2]やパカマラ種[*3]、ケニアのファクトリー産（水洗加工場／近隣の小農家[*4]がチェリー[*5]（果実）を摘み持ち込む）、エチオピア・イルガチェフェ地区のステーション産（水洗加工場）、スマトラ島北部産のマンデリン、コスタリカのマイクロミル産（水洗加工場を持った小農家）、コロンビアの南部県産（ナリーニョ県、ウイラ県他）など特長的な風味のコーヒーを当たり前のように飲むことができるようになりました。

反面、気候変動による生産への影響、さび病[*6]による減産、ブラジルの増産による先物価格の変化、アジア圏[*7]における消費の拡大、ディスカウント市場の拡大などもコーヒー産業に大きな影響を及ぼしています。

＊1　汎用品：コモディティコーヒー（Commodity Coffee）、メインストリームコーヒー（Mainstream Coffee）など様々な言い方がありますが、本書はコマーシャルコーヒーという言葉を使用します。

＊2　ゲイシャ種：2004年にベストオブパナマで優勝した豆で、果実の風味があり、世界に衝撃を与えました。https://auction.bestofpanama.org/ja/

＊3　パカマラ種：エルサルバドル国立コーヒー研究所で開発された品種。

スペシャルティコーヒーとコマーシャルコーヒーの違い

スペシャルティコーヒー		コマーシャルコーヒー
土壌、標高などの栽培環境がよい	栽培地	標高の低い地域産が多い
*9 SCA規格、生産国の輸出規格	規格	各生産国の輸出規格
*10生産履歴が把握できる	生産履歴	生産履歴が曖昧なものが多い
精製、乾燥工程で丁寧な作業	精製	量産される事例が多い
*11欠点豆が少ない	品質	欠点豆が比較的多く含まれる
水洗加工場、農園単位で小ロット	生産ロット	広域、混ぜられたコーヒー
生産地域の風味の個性がある	風味	平均的な風味で個性は弱い
独自の価格形成	生豆価格	*8先物市場と連動
80点以上	SCA評価	79点以下
エチオピア・イルガチェフェ G-1	流通名事例	エチオピア

＊4　小農家：世界の生産者の80％は、2ha程度の耕地面積でコーヒーを栽培している零細農家であり、相場の低迷は死活問題となります。
＊5　チェリー：コーヒーノキの果実で本書ではこの言葉を使用します。
＊6　さび病（Coffee Leaf Rust）：コーヒーの木の伝染病でコーヒーの葉にさび状の斑点が付き葉を落とし、木全体を枯らしてしまいます。コーヒーの歴史は、さび病との闘いの歴史でもあり2010年前後のコロンビアは30％の減産となり相場の高騰を招きましたが、その後カスティ―ジョ種（コロンビアでさび病対策で開発された品種）の開発で回復しています。その他中米、カリブ海諸国がさび病の脅威にさられています。
＊7　アジア圏：フィリピン、タイ、中国、ベトナム、インドネシアなどの生産国の消費が伸びています。また、韓国、台湾などの消費も拡大しています。
ICO（International Coffee Organization）www.ico.org
＊8　先物市場：将来の一定の期日に商品を受渡しすることを約束して、その価格を現時点で決める取引のことで、アラビカ種はNY市場の影響を受けます。カネフォーラ種はロンドン市場。
アラビカ種の場合は、ブラジルの生産量の増減により価格変動が起こりやすくなります。
＊9　SCA：SCAA（米国スペシャルティコーヒー協会）は1982年に米国でSPの啓蒙、普及及び市場の活性化のため発足した組織で、年1回展示会が開催されます。2017年にSCAE（ヨーロッパスペシャルティコーヒー協会）と統合され、SCA（スペシャルティコーヒー協会）になっています。生豆のグレーディングやカッピング規約などはSCAA時代に誕生しています。https://sca.coffee/
一方、SCAJ（日本スペシャルティコーヒー協会）は2003年に日本におけるＳＰの啓蒙、拡大のため発足しました。SPは、2019市場調査では約10％程度の流通量となっています。
＊10　生産履歴：トレーサビリティ(traceability)は、食品の安全を確保するために、栽培から加工・流通などの過程を明確にすること。コーヒーの場合は、生産国、生産地域、農園主、栽培・精製方法、梱包材、輸送方法、入港日（通関日）、保管方法などの履歴をいいます。
＊11　欠点豆：発酵豆、虫食い豆、欠け豆、未成熟豆などを指します。

小農家と農園の規模

	小農家	農園
生産者	12.4M（M＝百万）農家	100,000
生産比率	80%	20%
生産量	600kg/ha以下が多い	17,280kg/農園平均

ASIC (Association for the Science and Information on Coffee) Conference/2016/雲南

|1| 2000年以降、コーヒーの風味は、「抽出・焙煎」だけではなく、栽培環境、品種、精製・乾燥方法、選別、梱包材質、輸送コンテナ、保管方法により影響を受けると考えられるようになり、生豆の品質に目が向けられるようになりました。

|2| アラビカ種は、ブラジルの生産量の増減による相場（先物市場価格）の変動、さび病、気候変動などの生産阻害要因により将来的な生産減少が懸念されています。一方、アジア圏を中心に消費は活発化し、近い将来、需要が供給を超えると危惧されています。現在は、ブラジルの生産量の増加により生産量が消費量を超えていますが、WCR[*12]は、温暖化対策をとらずにいれば、50年後のコーヒー生産量は大幅に減少すると警告し、新たに品種改良を進めています。

|3| ベトナムのカネフォーラ種、ブラジルのコニロン（カネフォーラ種）などの生産量は増加傾向にあって、全体の収穫量の40％程度を占め、低価格コーヒー市場を形成し、コーヒーの風味が落ちる傾向も見られます。

コーヒーは不安定な農作物

ブラジルを除くとコーヒー生産者の大部分は小農家であり、増産による相場の低迷は農家の収入を減少させるため、コーヒー産業そのものは危うい構造下にあるといえます。コロンビアの生産者は、平均1・4haの耕地面積で1ha当たりの平均収穫量は730kg程度にすぎず、エチオピア、ケニア、ルワンダ、パプアニューギニア（PNG）などの小農家では1haあたり400kg以下とさらに少ない収穫量です。

|4|

したがって、生産者の収入増が期待できる価格の高い高品質の生豆であるSPが、汎用品であるCOと共存できる市場が必要となっています。そのためにも、「コーヒーのおいしさとは何か？」について学ぶことは大切です。

一杯のコーヒーには、コーヒーショップ、ロースター（焙煎会社）、輸入商社、輸出会社、農園、農協、小農家など多くの人がかかわっています。そのグローバルな産業の維持についても考えていく必要があります。

＊12　WCR：World Coffee Researchの略称。気候変動により2050年にはアラビカ種の総生産量は大幅に減少すると予測しています（アラビカ種は平均気温25℃以上ではチェリーが生育せず、また害虫も増えます）。ブラジルにおいては36.6％の減産予測をしています。また、中米諸国の不動産価格の上昇による生産地区の宅地化、アラビカ種の耐病性の脆弱さ、耕作地の高標高化などの中でSPの生産量を増加させる必要があるとしています。そのため、気候変動対策として、新しいハイブリッド品種の開発をし、現在世界の農園で試験栽培を行って、品種と生産地の適合性を検証しています。

WCR：
worldcoffeeresearch.org

さび病

小農家

アラビカ種とカネフォーラ種の違い

アラビカ種		カネフォーラ種
Coffea arabica	種	*Coffea canephora*
エチオピア	原産地	中央アフリカ
800～2,000m	標高	500～1,000m
雨季と乾季による適度の湿潤と乾燥	気候条件	高温、多湿下でも生育
ティピカ種などの在来系品種は少ない	収穫量	粗放栽培に耐え多い
さび病に弱い	耐病性	耐さび病
*15自家稔性	稔性	自家不稔性
1990年70％ 2019年60％前後	生産比率	1990年30％ 2019年40％前後
ブラジル、コロンビア、中米諸国、エチオピア、ケニア他	生産国	ベトナム、インドネシア、ブラジル、ウガンダ他
5.0前後、強いものは4.7程度（中煎り）	*13pH	5.4程度で酸は弱い（中煎り）
よいものは酸が華やかでコクがある	*14風味	酸がなく、苦く泥臭い
SPは独自の取引価格	生豆価格	ロンドン市場に連動

*13　pH（ピーエイチ）：水素イオン濃度で、酸性・アルカリ性の程度を表し、ある程度は酸の強さの指標となります。アラビカ種のpHは、5.0前後（中煎りの場合）で、カネフォーラ種のpH5.4より低く、酸味を感じます。

*14　風味：本書では、香り+五味＋テクスチャー（コク）を風味とします。

*15　自家稔性：同じ株に咲く花同士で交雑して、次世代の種子が形成される性質。自家不稔性は、他の株の花粉による受粉で、次世代の種子が形成される性質。アラビカ種は風やミツバチにより自家受粉するので1本の樹から増やすことができます。

コーヒーの風味は4つに区分される

|1| コーヒーの栽培種は、アラビカ種（*Coffea arabica*）とカネフォーラ種（*Coffea canephora*／別名ロブスタ種Robusta）に区分され、ベトナムのカネフォーラ種の生産量が増加傾向にあります。

アラビカ種は、酸味があり高級品から低級品まで品質に差がある品種で、主に[*16]レギュラーコーヒーに使用されます。カネフォーラ種は、重く苦味があり価格も安く、安いレギュラーコーヒー、工業用製品（缶コーヒーなど）、インスタントコーヒーなどに使用されます。

|2| ブラジルの生産量（P18図下）は、世界の生産量の35％前後（そのうち30％前後がコニロンと呼ばれるカネフォーラ種で主に国内消費）を占め、世界1位です。輸出品はアラビカ種で、精製方法は主に乾式（ナチュラル：果肉のまま天日乾燥し脱穀する精製）です。また、ブラジルの風土が生み出す風味の質そのものが他の生産国と微妙に異なります。

|3| 日本で流通しているコーヒーを栽培種の観点から区分する（P18図上）と、アラビカ種SP＋アラビカ種COが37％、ブラジル28％、カネフォーラ種35％で、大まかですがその構成はほぼ1：1：1になります。それぞれのコーヒーは単独もしくはブレンドされ流通しているため、なかなか違いがわかりにくくなっています。

日本のコーヒー流通量の割合（推定）

日本で流通しているコーヒーを風味の違いから見るとアラビカ種SP、アラビカ種CO、ブラジル産、カネフォーラ種の4種に区分されます。ブラジルの一部がSPで多くはCOに区分されます。

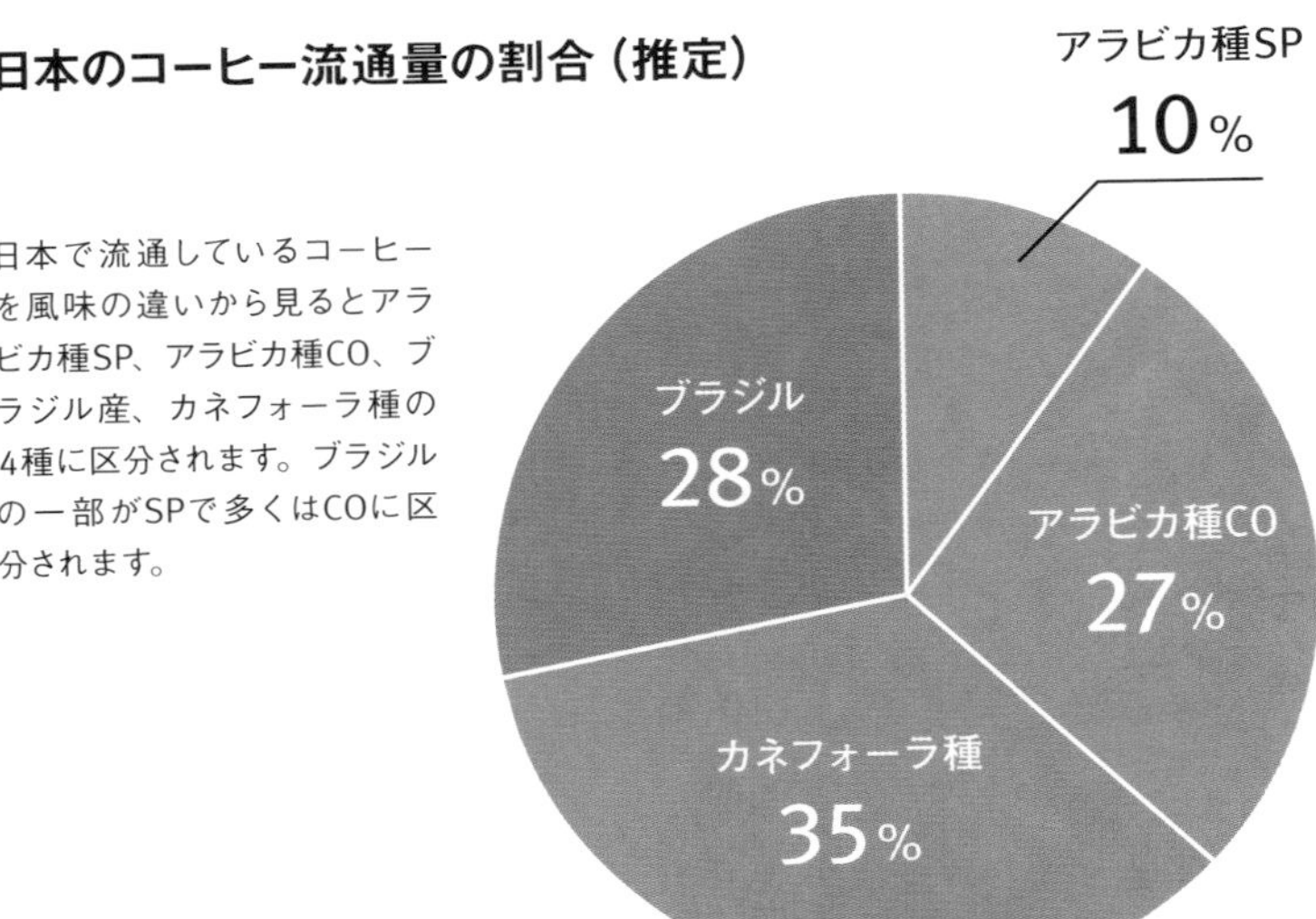

ブラジルのコーヒー生産量

Total production by Brazil
ICO (International Coffee Organization：国際コーヒー機関)：
http://www.ico.org/

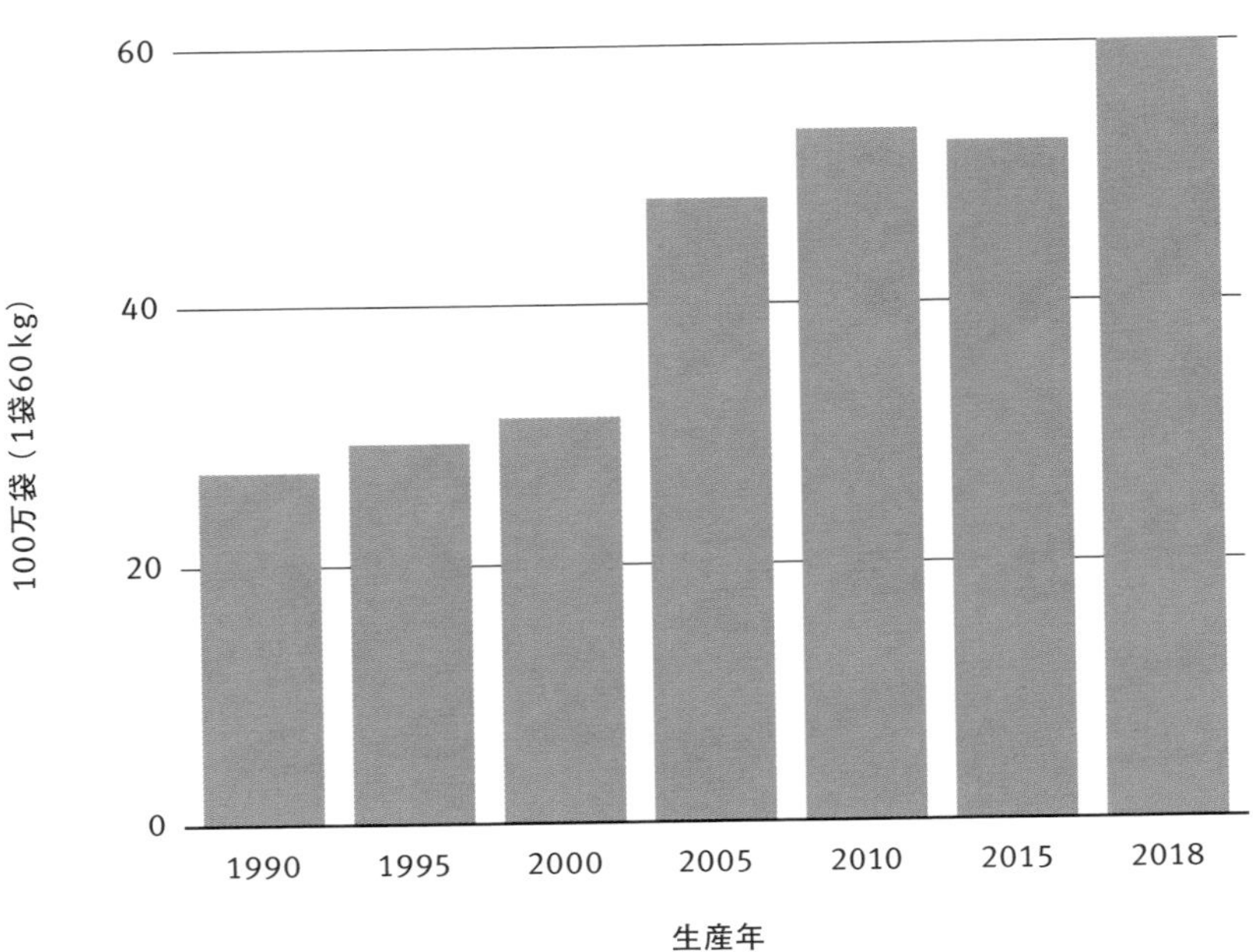

日本で流通しているコーヒーの主な品種と風味
（アラビカ種、カネフォーラ種、ブラジル）

アラビカ種高品質品（SP）

風味　赤道近くの標高が高い生産国産が多い。さわやかな酸味としっかりしたコクのバランスがよい。柑橘果実の酸味、華やかな果実感。産地の特長的風味がある。

生産国　中米諸国、コロンビア、ケニア、ルワンダ他多くの生産国

アラビカ種汎用品（CO）

風味　酸味、コク共にやや弱く、風味の個性は弱い。ブラインドのテースティングでは生産国の特定が難しい。

生産国　中米諸国、コロンビア、タンザニア、エチオピア他多くの生産国

ブラジルのアラビカ種

風味　アラビカ種の中では酸味がやや弱いがコクはある。乾式が多く、欠点豆の混入が湿式より目立つ。乾式以外にパルプドナチュラル、セミウオッシュトの精製がある。

生産国　ブラジル

カネフォーラ種

風味　インスタント、缶コーヒーに多く使用される。低価格品としてアラビカ種とブレンドされ販売される。酸味がない、重い味、焦げた麦茶などと評される。

生産国　ベトナム、ウガンダ、インドネシア他

＊16　レギュラーコーヒー：「主にコーヒーノキの種実を精製したコーヒー生豆を焙煎したものでインスタントコーヒーと区分して使用されます」全日本コーヒー公正取引協議会：http://www.ajcft.org/agreement/index.html

一般的には、レギュラーコーヒー（喫茶店などの業務用、家庭用）とインスタントコーヒーと工業用（缶コーヒーなど）の3つに区分するとわかりやすいでしょう。

栽培環境とコーヒーの風味

1 コーヒーは、熱帯[*17]で栽培されるアカネ科の被子植物で、直射日光に弱く日陰[*18]を好みます。アラビカ種は、赤道に近い産地では標高800mから2000m前後の高地で栽培され、平均気温22℃、降雨量1500㎜前後が栽培適地といわれます。

2 アラビカ種は、栽培環境（標高、土壌、栽培地の斜面）、気候条件（気温、湿度、昼夜の寒暖差）が大きく風味に影響します。特に気温は重要で、標高による昼夜の適度な寒暖差は、呼吸作用[*19]を緩やかにし、酸味やコクに影響を及ぼすといわれます。

3 緯度が高くなれば涼しくなり、標高の低い地域が栽培適地となります。北緯20度のハワイ島のコナ地区は標高600mが栽培適地、赤道に近いコロンビアのナリーニョ県やウイ

火山の斜面

ラ県は標高1600mから2000mで栽培が可能となります。

火山灰土壌
（腐葉土）

苗床

植栽
（2m間隔）

シェードツリー（日陰樹）

マルチング（敷き藁）

＊17　熱帯：緯度による定義では、赤道を中心に北回帰線（北緯23度26分22秒）と南回帰線（南緯23度26分22秒）に挟まれた帯状の地域。

＊18　日陰：アラビカ種は、高温多湿、直射日光を嫌います。気温が30℃のとき、葉温は40℃まで上昇し光合成量が著しく低下します。そのため気温の高い産地では直射日光を避けるために樹高のある日陰樹（シェードツリー）を植え、その下でコーヒー栽培をします。ブラジルの一部地域やハワイのコナなどは、午後に曇ることが多く日陰樹を必要としません。山口禎／コーヒー生産の科学／食品工業／2000

＊19　呼吸：呼吸は、植物の中に酸素を取り入れて二酸化炭素を吐き出すことですが、夜となく昼となくたえず行われています。湿度が上がると呼吸は活発化しますが低温であれば緩やかになります。

コーヒーの風味は品種により異なる

1 現在流通している多くのアラビカ種は2系統あり、さまざまな栽培種（P24表）が流通しています。イエメンからジャワ島を経由しオランダの植物園に持ち込まれ、さらにパリの植物園からカリブ海のマルチニーク島に植えられ、そこからカリブ海の島々、中米、南米に伝播したものがティピカ種です。イエメンからブルボン島（現レユニオン島）経由で東アフリカ、ブラジルなどに伝播したものがブルボン種です。この2系統の突然変異種や交配種などから多くの栽培種が生まれています。それらとは別に、古いエチオピア及びイエメンの在来系の品種があります。

2 コーヒーの場合は、さび病などの対策のため、生産の継続性が重視されてきた歴史があり、カネフォーラ種やカ[*20]ティモール種の生産が増加しましたが、2000年以降のSPのムーブメントの中で風味（P23図）に特長のあるアラビカ種が脚光を浴びています。

3 アラビカ種とカネフォーラ種は、遺伝的距離が大きく、風味も大きく異なります。しかし、アラビカ種（*Coffea arabica*）の栽培種間の遺伝的差異は小さく、風味の差異は少ないといえます。また、気候変動の中で常に生産が脅かされ、耐病性に欠けるため、絶滅の危機さえ考えられます。

4 品種のルーツや特徴については、現地で樹を見てもその形態からはわかりにくくなっています。そのため、遺伝子解析が進められています。品種についてはわからない部分が多く、大まかに区分しましたが、現時点ではWCR[*21]などの研究を参考にするのもよいでしょう。

＊20　カティモール種：ティモールでアラビカ種とカネフォーラ種の自然交配によるハイブリッドティモール種が生まれました。試飲しましたがややアラビカ種に近い風味特性があるように感じます。この品種とカトゥーラ種の交配から生まれたのがさび病に強いカティモール種です。

＊21　WCR：https://varieties.worldcoffeeresearch.org/

品種による風味の差

酸味　コク

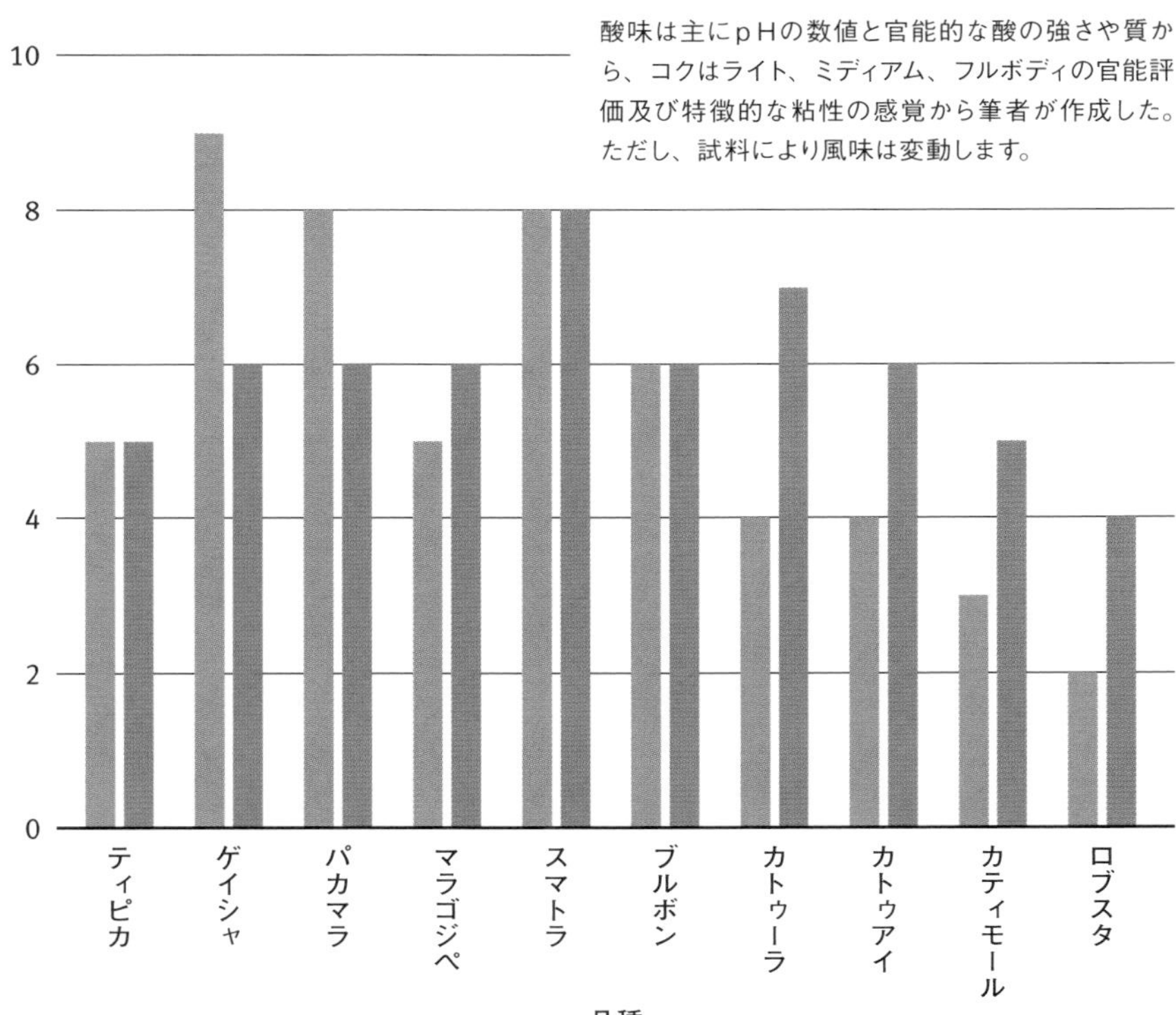

主な栽培種の特長的な風味

アラビカ種とカネフォーラ種が植物の分類上では種（Species）になります。現在流通しているティピカ種などは亜種（Sub Species）と呼ばれる場合もありますが、本書では栽培種として区分しています。

系統	栽培種	風味特性
在来種	エチオピア系	アラビカ種の起源、華やかな香りと果実のような風味
	イエメン系	エチオピアからイエメンに伝播した（イエメン固有の品種もあるよう）、華やかな香りとチョコレートのようなコク
	ゲイシャ種	エチオピア由来の品種、レモン、パイナップルなどの果実の風味が強い
在来種系	ティピカ種	柑橘系果実のさわやかな酸味とシルキーな舌触り
	ブルボン種	柑橘系果実のしっかりした酸とコクのバランスがよい
	SL種	強い酸味の中に華やかな果実感と甘味、ブルボン種の選抜種
	ムンドノーボ種	ティピカ種とブルボン種の自然交配、ブラジルに多い
突然変異	カトゥーラ種	産地による風味差が大きいが、よいものはブルボン種に近い
	マラゴジペ種	大粒、ティピカ種に近いがやや大味の傾向がある
交配種	パカマラ種	ブルボン種の突然変異のパカス種とティピカ種の突然変異のマラゴジペ種の交配種。シルキーな舌触りのタイプと華やかな果実感のタイプがある
	カトゥアイ種	カトゥーラ種とムンドノーボ種の交配種。標高の高い産地で風味のよいものが見られる
カティモール種系交配種	カティモール種	ティモールハイブリッドとカトゥーラ種の交配種で、酸味は弱く、味が重い傾向、余韻に濁り感
	カスティージョ種	コロンビアでさび病対策で開発された品種、栽培地と適性のよいものは酸味、コク共に明確

ティピカ種

ブルボン種

カトゥーラ種

カトゥアイ種

エチオピアの在来種

イエメンの在来種

コーヒーの風味は精製方法に影響を受ける

1 精製とは、コーヒーチェリー[*22]（果実・P27図）から生豆にするまでの工程をいいます。生豆にするということは、チェリーやパーチメントを乾燥し、水分[*23]を抜き、安定した輸送と焙煎に適した状態に仕上げるということになります。

精製方法には大きく区分すると乾式（ナチュラル／Natural）と湿式（ウォッシュト／Washed）（P28表）の2つがあります。

2 湿式は、エチオピア、ルワンダ、ケニアなどの農園や小農家で行われています。完熟したチェリーを摘んだ農家は加工場[*24]に持ち込みます。また、コロンビアの小農家などでは、小型の果肉除去機で果肉をとり、水槽でパーチメントのミューシレージ（Mucilage：粘着性の糖質）を自然発酵で除き、水洗いし、天日乾燥します。その後は、ドライミル（パーチメントの脱穀、選別工場）に運ばれ、脱穀、選別[*25]されます。乾式に比べ、欠点豆の混入は少ない傾向があり、酸味のあるクリーンな風味になります。

3 乾式はブラジル、エチオピア、イエメンなどで行われています。２０１０年頃から中米諸国などでも見られるようになりました。チェリーを収穫し、そのまま乾燥場や棚で天日乾燥します。ブラジルなどの量産品は、天日以外にドライヤー（大きな乾燥機）を使用する事例も多く見られます。

乾燥工程がよければコクがあり、果実

の風味を生み出しますが、悪ければ発酵臭や異臭に覆われます。

|4| セミウォッシュトとパルプドナチュラルは、ブラジルで行われています。チェリーを水槽に入れ、浮いた過完熟の豆、夾雑物(きょうざつぶつ)を除き、沈んだ未熟豆と完熟豆を果肉除去機（完熟と未熟豆も選別します）にかけパーチメントにします。その後パーチメントに付着しているミューシレージ[*26]を機械で取り除き乾燥する方式がセミウオッシュト（SW）、ミューシレージのついたまま乾燥する方式がパルプドナチュラル[*27]（PN）です。SWは湿式に近い風味で、PNは乾式に近い風味になります。PNはコスタリカでも行われハニープロセスなどと呼ばれています。

|5| スマトラ島のマンデリンは、特殊な精製方法がとられています。果肉を除去した後パーチメントを半日程度乾燥し、その後パーチメントを脱穀し、生豆を天日乾燥します。雨が降りやすく、また乾燥場が少ないため素早く乾燥する方法として行われています。この方法が独特の風味を生んでいます。

＊22　チェリー：コーヒーの果実はチェリーと呼ばれますが、サクランボに比べると果肉が少なく、また甘味も弱く食用には向きません。果実の構造は、一番外側に外皮（Skin）、それに包まれた果肉（Pulp）とその内側に内果皮（パーチメント／Parchment）という繊維質の厚い皮があり、ゴム状の糖質のぬめり（Mucilage）が付着しています。種子の表面には銀皮（シルバースキン／Silverskin）という薄皮（焙煎時に剥離する）がついています。コーヒーの種子(胚乳と胚芽)は、これらの内側に位置します。胚乳には種子が発芽し成長していくために必要な炭水化物やタンパク質、脂質などが含まれています。チェリーは緑色から徐々に赤く完熟していきますが、黄色に完熟するブルボン種などもあります。完熟度は外観で見ますが、最近はBrixを参考に収穫する事例も見られます。

＊23　水分値：チェリー（果実）65％、ウエットパーチメント（果肉除去後）55％、ドライチェリー12％（乾燥後）、ドライパーチメント12％（乾燥後）、生豆12％前後です。重量は、100kgのチェリーに対し、ウエットパーチメント（乾燥前）45kg、ドライパーチメント（乾燥後）23.3kg、生豆19kgです。つまり収穫したチェリーの量に対しできあがる生豆は1/5になります。
Jean Nicolas Wintgens/Coffee:Growing, Processing, Sustainable Production/Wiley-VCH/2012/p4, p613

コーヒーチェリー

a Disk
b Epicarp (skin) 外皮
c Pulp 果肉
d Endocarp (Parchment) 内果皮
e Integument (Silverskin) 銀皮
f Endosperm (Bean) 種子
g Embryo 胚

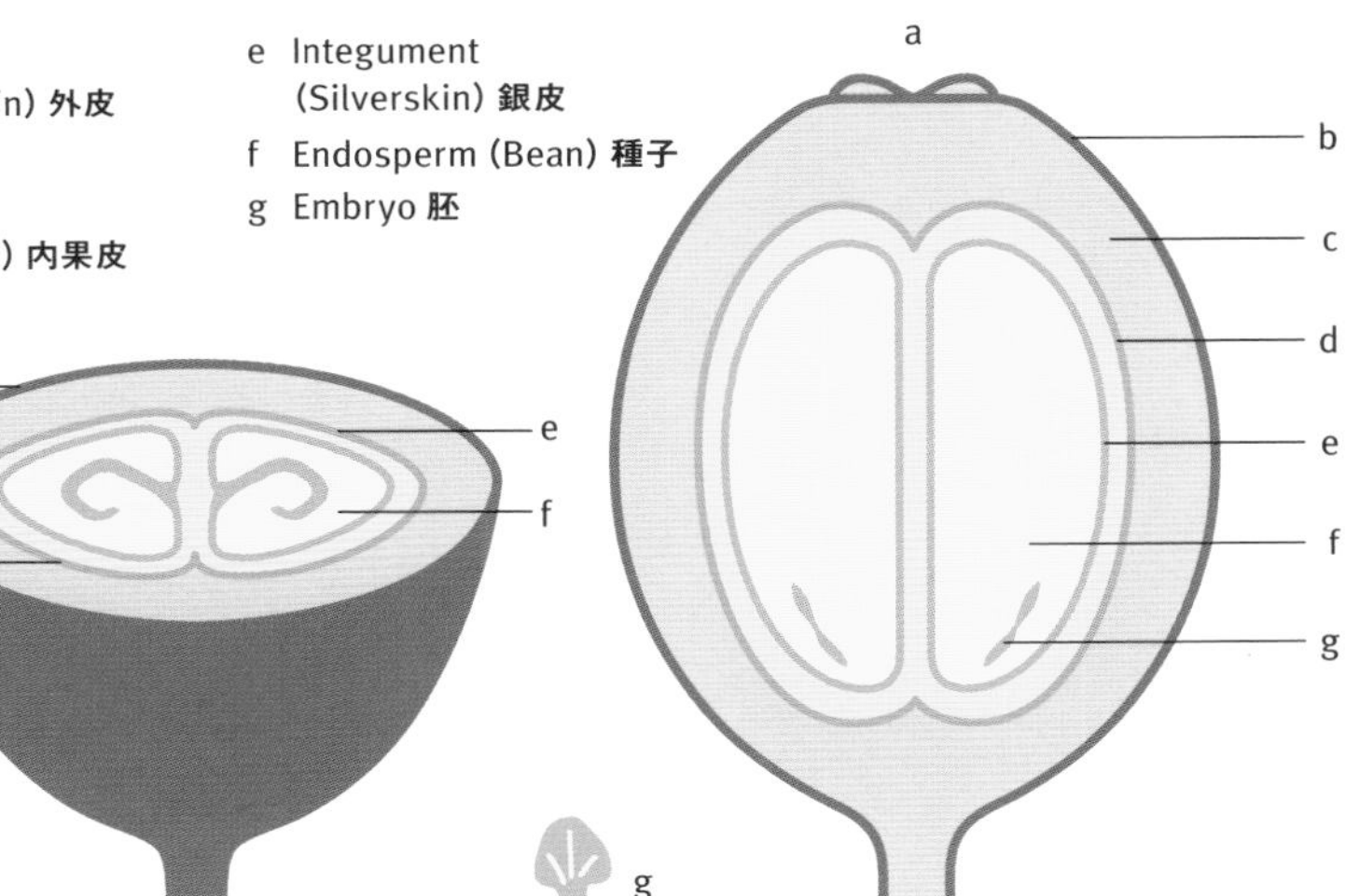

ケニアの湿式果肉除去機

エチオピアの乾式の乾燥

ケニアの湿式乾燥

エルサルバトルの湿式の乾燥

スマトラのハンドピック

ドミニカのハンドピック

主な精製方法と水分値の違い

	Washed（湿式）	Semi Washed	Pulped Natural	Natural（乾式）
果肉除去	○	○	○	×
果実の水分値	65%	65%	65%	65%
ミューシレージの除去	水槽で発酵させ100%除去	機械でミューシレージをとる	ミューシレージを残す	×
乾燥状態	ウエットパーチメント	ウエットパーチメント	ウエットパーチメント	チェリー
果肉除去後水分値	55%	55%	55%	
乾燥後	ドライパーチメント	ドライパーチメント	ドライパーチメント	ドライチェリー
乾燥後の水分値	12%	12%	12%	12%
出荷時の水分値	11〜12%	11〜12%	11〜12%	10〜12%

＊24　加工場：エチオピア、ルワンダなどはステーション(Station)、ケニアはファクトリー(Factory)などと呼ばれ、乾式は天日乾燥、湿式は果肉除去と天日乾燥が行われます。湿式の場合はウェットミル（Wet Mill）といういい方もあります。ドライミル（Dry Mill）は、パーチメントの脱穀、生豆の選別、計量、梱包までを行います。
＊25　選別：粒の大きさで区分するスクリーン選別機、比重の軽いものを省く比重選別機、欠点豆を除く電子選別機などがあり、その後、手選別（ハンドピック）する場合もあります。
＊26　SW、PN共に、ミューシレージ除去率は生産者により異なります。
＊27　PN：コスタリカなどでハニープロセス(Honey Process)などとも呼ばれ、ミューシレージの除去率でYellow Honey、Red Honey、Black Honeyなどと区分されて呼ばれる場合もあります。http://www.exclusivecoffeecr.com/index.html

パーチメントコーヒー

生豆（グリーンビーンズ）

コーヒーの風味は生豆の欠点数に影響を受ける

1 高品質のコーヒーは、欠点豆数（P32写真）が少ないため、雑味や渋味が少なく、抽出液がきれいで、生産地の風味がわかりやすくなります。

SCAのグリーングレーディング（P30図）は、欠点豆の数でSPとCOを区分しています。欠点が5欠点以内であればSPとしています。例えば軽度の虫食い5粒で1欠点というようにカウントします。未成熟豆は渋味を伴いますし、欠け豆や虫食い豆は抽出液の濁りや雑味を生じさせます。

また、風味に大きな影響を与える黒豆や発酵豆は、一粒でも入っていればSPグレードの対象外となります。この試料（P31表）では、コロンビア産、エチオピア産のCOおよび、カネフォーラ種に黒豆や発酵豆が混ざっているため、発酵臭や異臭がすることが予測できます。

2 SPは、COに比べ欠点豆の数が少なく、SCA方式による官能評価では、酸味が強く、コクがあり高スコアとなっています。

グリーングレーディング

1

コーヒーの風味は、生豆の品質の影響を受けます。SCA方式のグリーングレーディング（生豆鑑定）は、カッピングと並んでアラビカ種の湿式（Washed）による生豆の品質を評価するための重要な手法です。欠点豆の種類と数のみではなく、生豆の色と匂い、焙煎した時のクエーカー（未熟豆で色づきが悪い）の数、水分値などもチェックします。

このグリーングレーディングは、Qアラビカグレーダー（SCAが定めた基準にのっとってコーヒーの評価ができる技能者で、CQIが認定します）の試験科目のひとつになっています。

このQアラビカグレーダーは、国際的に有資格者が増加しています。日本では、「Qアラビカグレーダーコース」（6日間連続の研修および試験）をCQI（Coffee Quality Institute）の協力機関であるSCAJ（日本スペシャルティコーヒー協会）が運営しています。

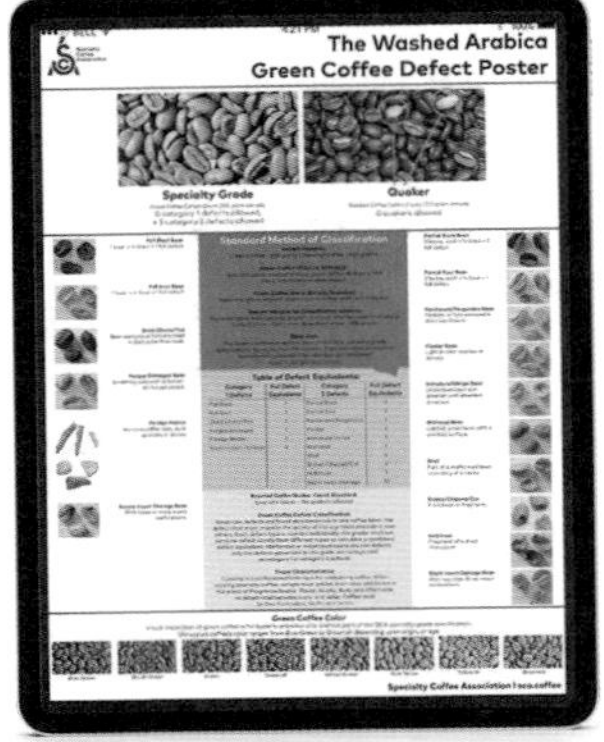

The Washed Arabica Green Coffee Defect Poster

CQI : https://www.coffeeinstitute.org/
SCA:http://sca.coffee

生豆300g中の欠点豆の数 2018-19 クロップ（Crop years：収穫年）

実際に生豆300g中のコロンビア産、エチオピア産、ロブスタ種（カネフォーラ種）の欠点数を数えました。

	Colombia /CO	Colombia /SP	Ethiopia /CO	Ethiopia /SP	Robusta
黒豆	1				
発酵全部			4		4
発酵部分	2		3		1
カビ			1		
異物・石			1		1
虫食い重度	7	1	1		
虫食い軽度	7	1	7	1	2
フローター	1	1	2		
未成熟	6		79	6	14
しわ	3				
シェル	1		2	1	
われ／欠け	15	2	50	6	38
合計	43	5	150	14	60
SCA 官能評価/点	76	84	60	86.75	60

エチオピア sp 生豆

エチオピア co 生豆

ロブスタ種 生豆

エチオピア sp 焙煎豆

エチオピア co 焙煎豆

ロブスタ種 焙煎豆

欠点豆の種類

欠点豆については、ISO 10470(Green Coffee-Defect reference Chart)でも見られます。

黒豆

外見 黒く変色
原因 菌によるダメージ
風味への影響 不快な風味

発酵豆

外見 赤みを帯びている
原因 過発酵
風味への影響 不快な風味

カビ

外見 カビ
原因 不適切な保管
風味への影響 カビ臭

虫食い

外見 虫食い
原因 チェリーから侵入
風味への影響 雑味

未成熟

外見 しわ、銀皮の付着
原因 未成熟
風味への影響 渋味

フローター

外見 水に浮く
原因 不適切な保管
風味への影響 不快な風味

しわ

外見 表面に深いしわ
原因 生育不良
風味への影響 不快な風味

シェル

外見 貝殻豆
原因 生育不良
風味への影響 こげなど

われ、欠け

外見 豆が欠けている
原因 脱穀不良
風味への影響 雑味、にごり

堀口俊英／珈琲の教科書／新星出版社／2010

品質のよいコーヒーは風味がよい

|1| 下の表は、2016年から2018年までの3年間のブラジル産、コロンビア産、グァテマラ産、ケニア産、タンザニア産、エチオピア産計6カ国の乾式豆及び湿式豆の50サンプルの理化学的分析数値の平均値です。

SPはCOに対し、pHが低く、総酸量（滴定酸度）が高く、また、脂質量及びショ糖量も多く有意差[*28]（$p<0.05$）があります。また、酸価[*29]は、SPはCOより小さく有意差があります。

|2| サンプリングしたSPは、生豆の総脂質量、ショ糖量が多く、官能評価のコクに影響を与えています。また、

50試料の理化学的数値の3年間の平均値　筆者の実験データ

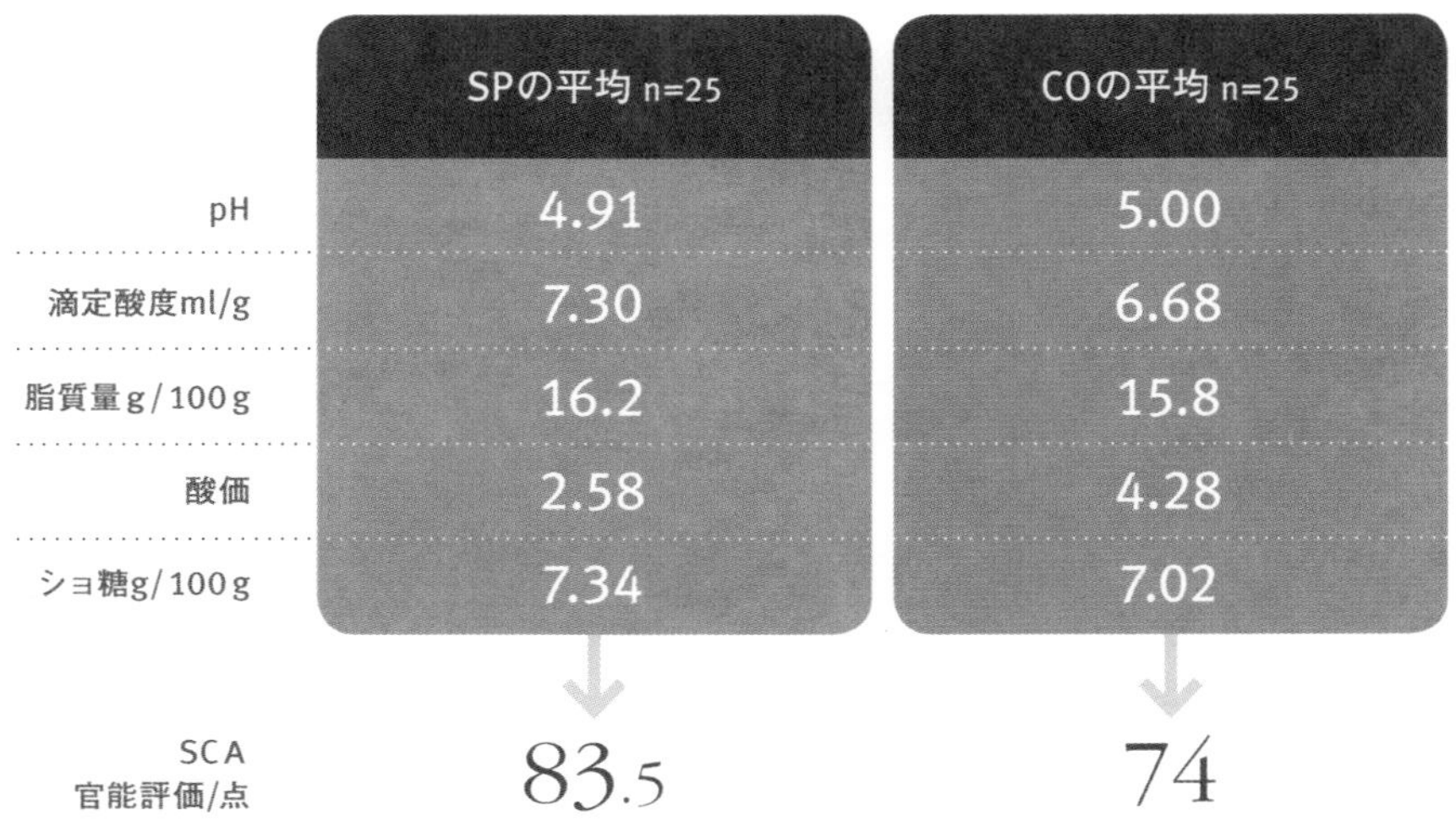

	SPの平均 n=25	COの平均 n=25
pH	4.91	5.00
滴定酸度ml/g	7.30	6.68
脂質量g/100g	16.2	15.8
酸価	2.58	4.28
ショ糖g/100g	7.34	7.02
SCA 官能評価/点	83.5	74

SPは脂質の劣化が少なく濁りのないクリーンな風味であることを示しています。官能評価の総合点と酸価には負[*30]の相関が、また官能評価Acidityの得点とpHにも負の相関があり、官能評価Bodyの得点と総脂質量には正[*31]の相関が見られました。このことから、試料のSPとCOには明らかに品質差があることがわかります。

結果として、官能評価総合点で約10点の差がみられます。

*28　有意差（Significant Difference）$p<0.05$：統計上差があり、偶然性による差の確率が5％未満と小さいことを意味します。

*29　酸価（Acid Value, AV）：油脂の変質の指標です。コーヒーには16％前後の脂質が含まれていますので、劣化すると枯れた草の味、朽ちた木の味などが出ます。数値が低いほうが劣化は少ないということです。精米の脂質量は1％ですが、この数値が高いと古米臭がします（酸化：物質に酸素が化合する反応、物質が水素を奪われる反応です。例えば鉄が錆びるような現象）。焙煎豆であれば、4週間程度で酸化する可能性があります。

*30　負の相関：官能評価の高いほうが、pH、酸価の数値が低くなる関係で、官能評価が高いほうが酸は強く、脂質の劣化が少ないことを意味します。

*31　正の相関：脂質量が高いほうが官能評価の点数が高くなる関係を意味します。

エチオピアでのカッピング

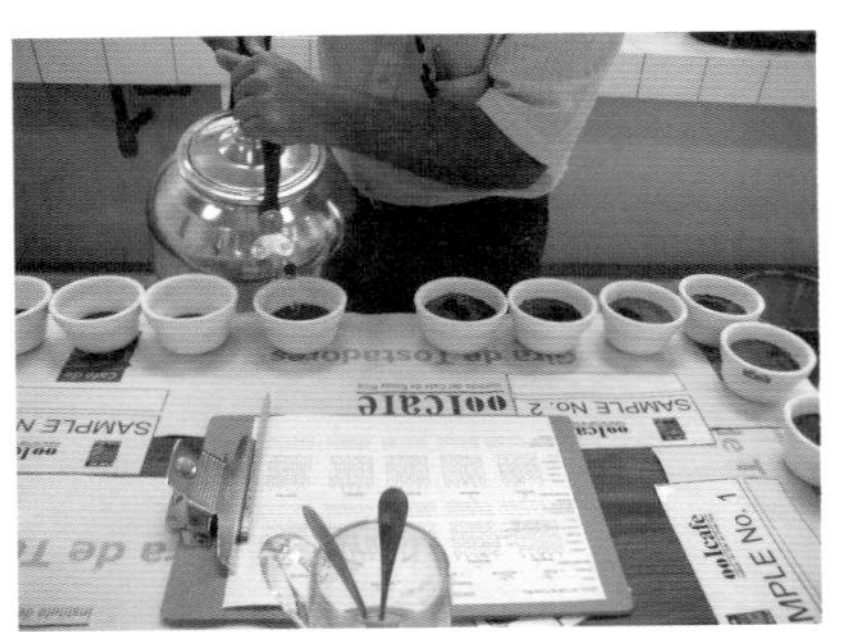

コスタリカでのカッピング

コーヒーの風味は流通過程の影響を受ける

1 コーヒーは、生産国から生豆の状態で輸出され、消費国はそれを焙煎して飲用します。その流通過程を表にしました（P36表）。各生産国での流通経路は複雑ですので表はあくまで一例です。

2 生豆は、通常麻袋に梱包し、ドライコンテナ（Dry Container：DC／常温）に積み、日本入港後は常温倉庫に保管します。しかし、赤道付近通過時のコンテナ内温度は40℃を超えることもあり、また湿度が上昇しますので、2010年前後から品質保持のための対策を講じて輸入する事例が見られるようになりました。

SPの一部は麻袋の代わりに、梱包材として真空パック[*32]（Vacuum Pack：

日本の生豆輸入量（2018年）

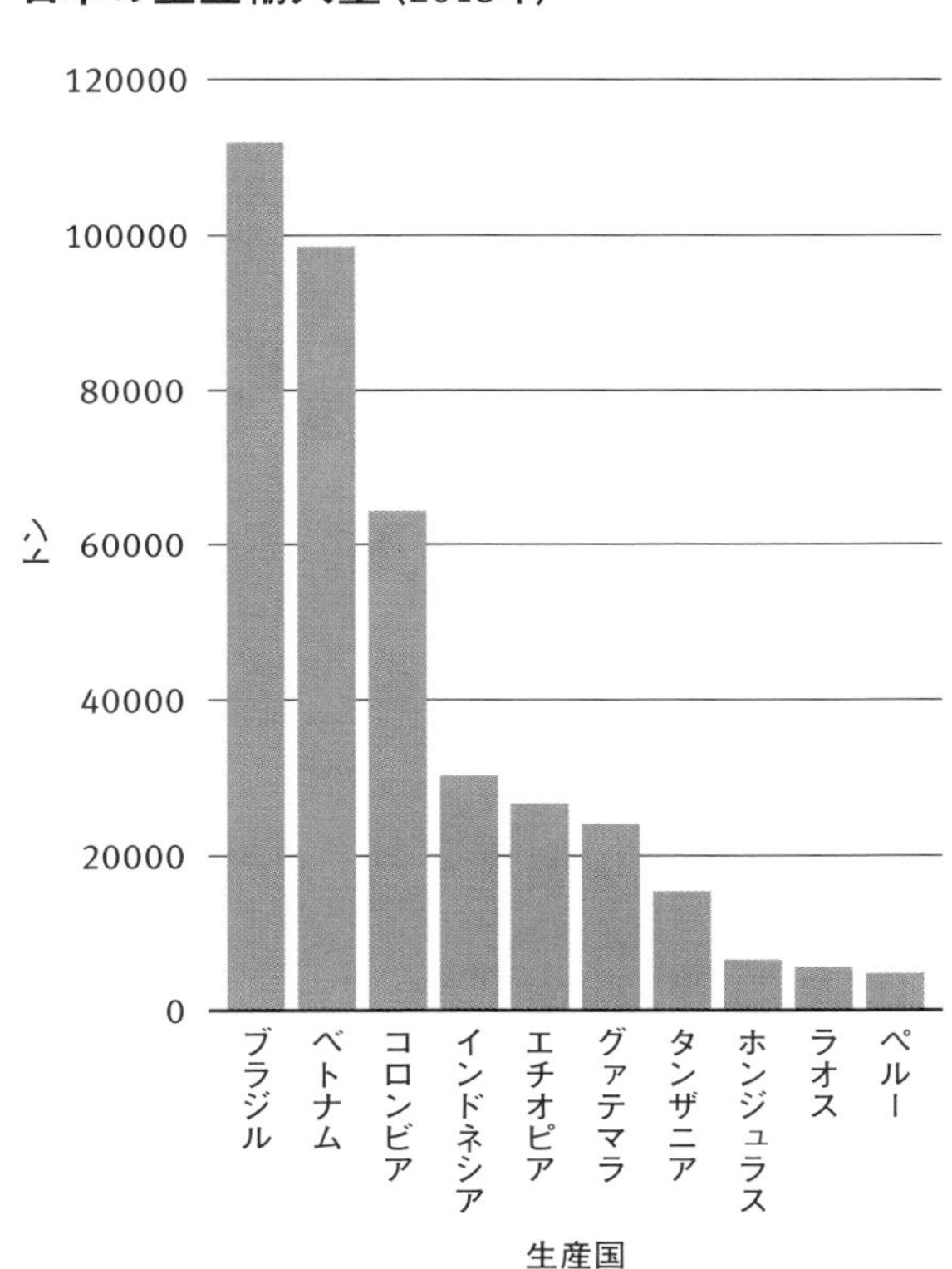

以下VP／10kg～35kg程度）や穀物用の*33グレインプロ（Grain Pro：以下GP）を利用し、リーファーコンテナ（Reefer Container：RC／15℃に温度設定）を使用して輸送されています。日本入港後は、定温倉庫（15℃）に保管されます。このことにより、生豆の鮮度が維持されることも明らかになっています。

3 入港後1年間、麻袋に梱包し常温倉庫に保管した生豆は、VPにして定温倉庫に保管した豆よりpHは高くなり、官能評価でも酸味の減少を感知できます（P37図）。

大まかな産地からの流通経路

チェリー～果肉除去～
パーチメントの乾燥（ここまでウエットミル）～脱穀～
選別～梱包～保管（ここまでドライミル）～輸出業務

生産者

生産国

小農家	チェリーまたはパーチメントに加工した状態で農協などに売る。
農協	加工場で果肉除去、乾燥までを行う。最終輸出まで行う場合もある。
精製業者	パーチメント、ドライチェリーの脱穀、選別、梱包。
大農園	ドライミルを所有している農園は輸出まで行う場合もある。
積み出し港	生豆をコンテナに積み込む。

消費国

輸入商社	生豆を輸入し、生豆問屋、大手焙煎会社に販売する。
生豆問屋	高品質品は自社輸入が多い。汎用品は商社から購入し中小焙煎会社、自家焙煎店に生豆を販売する。
港湾倉庫	常温、定温倉庫での保管、出荷業務を行う。
大手焙煎業者	喫茶店、スーパー、家庭用に焙煎豆を販売。缶コーヒー用も扱う。
中小焙煎業者	生豆を焙煎し、主に業務用として喫茶店などに販売。
自家焙煎店	生豆を焙煎し、主に一般家庭向けに販売。

消費者

＊32　真空パック：10～35kg程度の容量で真空パックされ、段ボールで補強されます。また真空パックの使用が可能な生産国は限られます。

＊33　グレインプロ：農産物を安全に保存するように設計され、水および空気バリア特性を備えた高強度ポリエチレンで作られています。上部を縛り麻袋の内袋として使用します。

コンテナ

定温倉庫（15℃）

VPと麻袋のpHの差

同じ生豆を、一方はVPにしRCで輸入、もう一方は麻袋で梱包しDCで輸入しました。入港時点でVPした生豆は、麻袋に梱包した生豆より、pHは低く、また脂質量の減少も少ないことが明らかとなっています。

VP（真空パック）

GP（グレインプロ）

麻袋

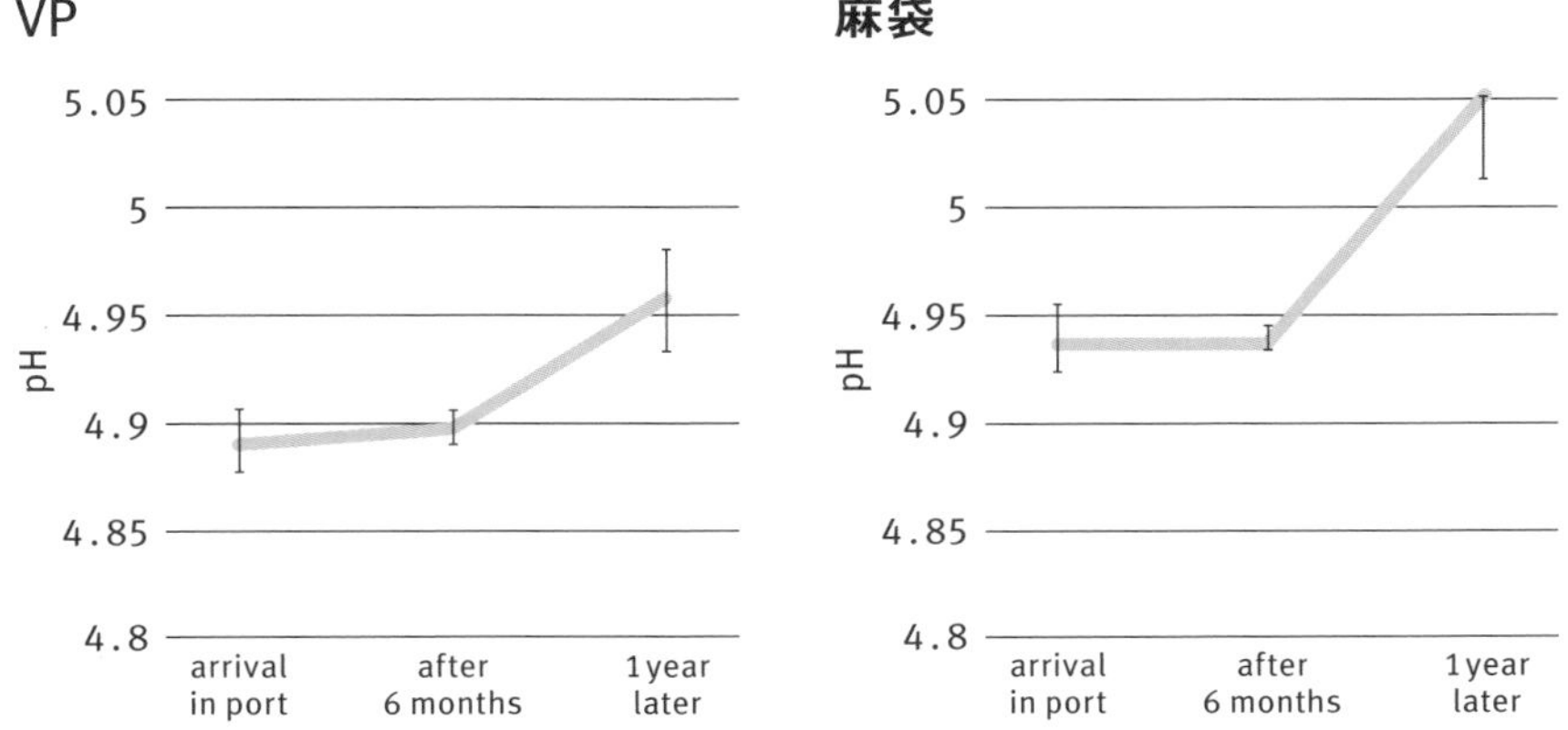

＊堀口俊英／コーヒー生豆の流通過程における梱包、輸送、保管方法の違いが品質変化に及ぼす影響／日本食品保蔵科学会誌45，129-134／2019

Lesson 2

化学的データから品質を知る

従来のコーヒー研究は、遺伝特性の異なるアラビカ種とカネフォーラ種という二つの品種の比較に主眼が置かれてきました。また、2000年以前に流通していたコーヒーは、生産国名以外の情報が乏しく、生産履歴が曖昧なものが大部分を占めていました。そのため、多くの論文や書籍に記されている理化学的な成分値には互いに異なるものが多くみられ、研究の再現性は乏しいと考えられます。

現在のコーヒーの研究はPhysiology（健康・生理）、Agronomy（農学）、Genemics（ゲノム）、Sustainability（気候変動）、Pathology/Pest（さび病など）、Chemistry（化学）分野などに分かれ、より専門的になっています。分析機器も[*1]精度の高いものが、世界中の大学や研究機関で使用されています。

したがって、機器を使いこなせれば、様々な分析が可能になり、結果を統計解析することができますが、その結果が何を意味するか？そこから何を導き出すのか？についての考察は難しく、コーヒーの知識や体験のベースが必要です。また、研究者の感性や洞察力が問われると感じています。

本書では、新たなアプローチとして生豆に含まれる理化学的な基本成分などが品質にあたえる影響について考えてみました。この章には大学院での実験データの一部を掲載しました。理化学的な数値と風味との相関性については詳しく触れませんが、実験数値については最終的な官能評価の基準としています。

＊1　分析機器：気体分析のGC（Gas Chromatography）、液体分析のHPLC（High Performance Liquid Chromatography）や、それらに質量分析を組み合わせたGC-MS（ガスクロマトグラフィー質量分析）、LC-MS（液体クロマトグラフィー質量分析）などがあります。

※実験では、コーヒーの風味に影響を与え、官能的に感知できると考えられる生豆の総脂質量及び酸価（脂質の劣化指数）、焙煎豆のpH、有機酸量及びその組成、さらにショ糖量などについて分析をし、それらの理化学的分析数値が官能評価の結果と相関し、新しい品質評価基準になることを検証しました。

エバポレーター

ナス型フラスコ

コーヒー豆の成分 (無水物中 %)

成分	生豆 (%)	焙煎豆 (%)	特徴
水分	8.0 〜 12	2.0 〜 3.0	焙煎で減少する
灰分	3.0 〜 4.0	3.0 〜 4.0	カリウムが多い
脂質	12 〜19	14 〜 19	標高などで差が生じる
たんぱく質	10 〜 12	11 〜 14	焙煎による大きな変化はない
アミノ酸	2.0	0	果実の熟度による
有機酸	〜 2.0	1.8 〜 3.0	クエン酸が多い
ショ糖(小糖類)	6.0 〜 8.0	0 〜 2.0	果実の熟度による
多糖類	50 〜 55	24 〜 39	デンプン、食物繊維など
カフェイン	1.0 〜 2.0	〜 1.0	苦味に 10% 程度影響する
クロロゲン酸類	5.0 〜 8.0	1.2 〜 2.3	渋味、苦味に関与する
トリゴネリン	1.0 〜 1.2	0.5 〜 1.0	焙煎で減少する
褐色色素	0	16 〜 17	苦味、コクに影響する

R.J.Clarke /Coffee Chemistry Volume 1 /Springer/ 2013 /P 33および筆者の実験データから作成

理化学的な実験方法

大学院では、「生豆および焙煎豆の成分（理化学的な数値）がどの程度コーヒーの風味に影響を及ぼしているのか」について試行錯誤しながら以下の方法で実験を行いました。入港後3か月以内のSP及びCOを用いて分析し、長期にわたる場合は－30℃の冷凍庫で保管し、実験[*2]は5回（n=5）行っています。並行してパネリスト[*3]による官能評価も行いました。

生豆で実験（●は焙煎豆で分析） 2015年～2018年

対象	内容	実験方法など	風味への影響
水分	水分量	電気炉で蒸発分を秤量	生豆の水分量
灰分	ミネラル量	電気炉で燃焼させ秤量	不明
タンパク質	タンパク質量	ケルダール法	不明
*4脂質量g/100g	総脂質	クロロホルム・メタノール法	粘性、コク
炭水化物	多糖類	100－(水分+灰分+たんぱく質+脂質)	一部が粘性
● pH	水素イオン濃度	pH計で測定	酸の強さ
● 滴定酸度ml/g	有機酸の総量	pH7まで水酸化ナトリウムで中和	酸の複雑さ
● *5有機酸mg/100g	有機酸の組成	*6HPLCで測定	酸味の質
*7酸価	脂質の劣化度合	脂質抽出後水酸化カリウムで測定	クリーンさ
ショ糖量	ショ糖量	HPLCで測定	甘味
● カフェイン	カフェイン量	HPLCで測定	苦味
アミノ酸	アミノ酸の組成	現在分析中	旨味

＊2　実験の参考文献：片岡栄子・古庄律・安原義・飯島健志・古旗賢二・桑守正範・渡辺達夫／栄養学・食品学を学ぶヒトのための食品化学実験／地人書館／2003／ P89-91

＊3　パネリスト：コーヒーの基礎知識（生産地、栽培から精製、品種など）を有し、SPの飲用経験が5年以上で、カッピング（本書では以下テースティング）の経験があり、Qグレーダーに準ずるスキルのある者の中から13名を選びました。

＊4　脂質量：クロロホルムとメタノール混液で生豆の脂質を抽出し、エバポレーターで有機溶媒を蒸発させ（P40写真）ます。ナス型フラスコ（P40写真）の脂質の匂いを嗅ぐと生豆に含まれる香味を吸着していることがわかります。このことにより脂質は極めて重要な成分であることがわかります。

＊5　有機酸：Carla Isabel et al./Application of solid-phase extraction to brewed coffee caffeine and organic acid determination by UV/HPLC/Journal of Food Composition and Analysis 20-5,440-448/2007

＊6　HPLC（High Performance Liquid Chromatography ／液体クロマトグラフィー）：液体中の成分を分離・検出する装置です。本来は再現性のある分析装置ですが、固相抽出（コーヒーの抽出、夾雑物の除去などの前処理）の方法で、検出データが異なります。多くの論文や化学書籍のデータには有機酸やアミノ酸の組成が異なるものが多く見られます。

＊7　酸価：独立行政法人農林水産消費安全技術センター／食用植物油脂の酸価測定手順書

コーヒー生豆の基本成分が風味を構成する

|1| コーヒーは、他の食品に比べると多様な成分からなり、風味はとても複雑です。5か国のＳＰ(Specialty coffee)およびＣＯ（Commercial coffee）として流通している試料を収集し、食品の基本成分である水分、灰分、脂質、タンパク質、炭水化物（差し引き法）及びｐＨを分析（下表）しました。ＳＰとＣＯの間には脂質量と酸の強さ（ｐＨ）[*8]に差があることがわかります。

生豆の一般成分分析結果

ミディアムロースト　2016年に入港の生豆　n＝5

生産国	水分		タンパク質		脂質		灰分		炭水化物		pH/焙煎豆	
	SP	CO	SP	CO	SP	CO	SP	CO	SP	CO	SP	CO
コロンビア	10.8	11.0	11.0	10.9	18.5	17.4	3.4	3.5	56.3	57.2	4.80	4.95
エチオピア	10.9	11.1	10.9	11.0	18.1	17.1	3.3	3.4	56.6	57.6	4.90	5.15
ブラジル	12.1	12.3	12.1	11.5	18.2	17.5	3.8	3.9	53.6	55.0	5.00	5.03
インドネシア	10.8	11.3	11.4	10.5	17.5	16.1	3.5	3.5	56.9	58.5	4.85	4.90
グァテマラ	11.2	11.6	11.4	11.0	18.5	16.7	3.3	3.3	55.4	57.6	4.95	5.00

上記表の見方

※数値の単位は％（pHを除く）2016年6月に実験（実験回数 n=5）

※炭水化物は、100－（水分＋タンパク質＋脂質＋灰分）で算出。

※水分値は、生産国により違いが見られます。タンパク質、灰分は、SP、CO間に有意差はみられません。SPの脂質量は、17.5～18.5％で、COの16.1～17.5％に対し有意差があります。pHは、SPの4.80～5.00に対しCOは4.90～5.15と高く、SPの酸味が強い傾向が見られます。結果として、脂質量とpHはコーヒーの風味を評価するうえで重要な指標となると考えられます。

※有意差：偶然性がなく統計上差があること。

※焙煎豆のpH（0から14）は、数値が低いほど酸味が強く、レモンはpH2、ミディアムローストのコーヒーはpH5前後、シティローストはpH5.3前後、フレンチローストはpH5.6前後です。7が中性ですのでコーヒーは弱酸性といえます。

2 数値は実験試料に基づくもので、該当する生産国のすべてのコーヒーに当てはまるわけではありませんので、一つの指標として見てください。各生産国の試料はSP及びCOとして流通している豆です。実験は、生豆入港後3か月以内に行っています。

①水分

生豆の水分量は、生産国や精製方法により輸出時の数値が微妙に異なります。13%を超えるとカビの発生リスクが増加するため、生産国では10~12%で輸出します。水分量は、生豆の梱包材質、輸送方法、保管倉庫、入港からの経過日数など外的影響により変動するため、入港時に水分量を計測することが重要です。試料の入港時水分量は、10・8~12・1%の範囲であり、適切な水分量と考えられます。

②タンパク質

生豆の一般的なタンパク質量は10~12%程度ですが、今回の分析ではブラジルのSPが12・1%と他の生産国より多い傾向がみられました。

③総脂質量

生豆の脂質量[*9]（P44表）はアラビカ種の場合12~19%程度はあります。大豆（20%）、ゴマ（50%）、カカオ（50%）には及びませんが比較的多いといえます。コーヒーの場合、脂質のうち75%前後はトリグリセライド[*10]（中性脂肪）で、その脂肪酸組成の多くがリノール酸（47・3%）、パルミチン酸（33・3%）

です。

脂質量の風味に対する影響は大きいと推測されます。脂質は「栄養学的にエネルギー必須脂肪酸の供給源として重要で、食品学的には食品の触感や物性に寄与する」[*11]といわれます。チョコレート、マグロのとろ、その他脂質含有量の多い食品は口触りにクリーミーな質感があり、食品のおいしさを左右する重要な要素です。

＊8　pH：水素イオン濃度のことで、酸の強さの指標となります。SPのほうがCOより酸が強い傾向にあります。一般成分分析表におけるpH4.80のコロンビアSPと5.15のエチオピアCOの間には0.35の差異があり、この差は多くの人が感知できます。
＊9　脂質：油は液体、脂は固体、油脂は油も脂も含めた総称。脂質はエーテルなどの有機溶媒に溶け、水には溶けにくい成分の総称です。油脂は脂質の一部。
＊10　トリグリセライド：中林敏郎他／コーヒー焙煎の化学と技術／弘学出版／1995／P32
＊11　高村仁知／食品の脂質劣化および風味変化に関する研究／日本食品科学工学会誌 53-8,401-407／2006

生産国別100g中の脂質量

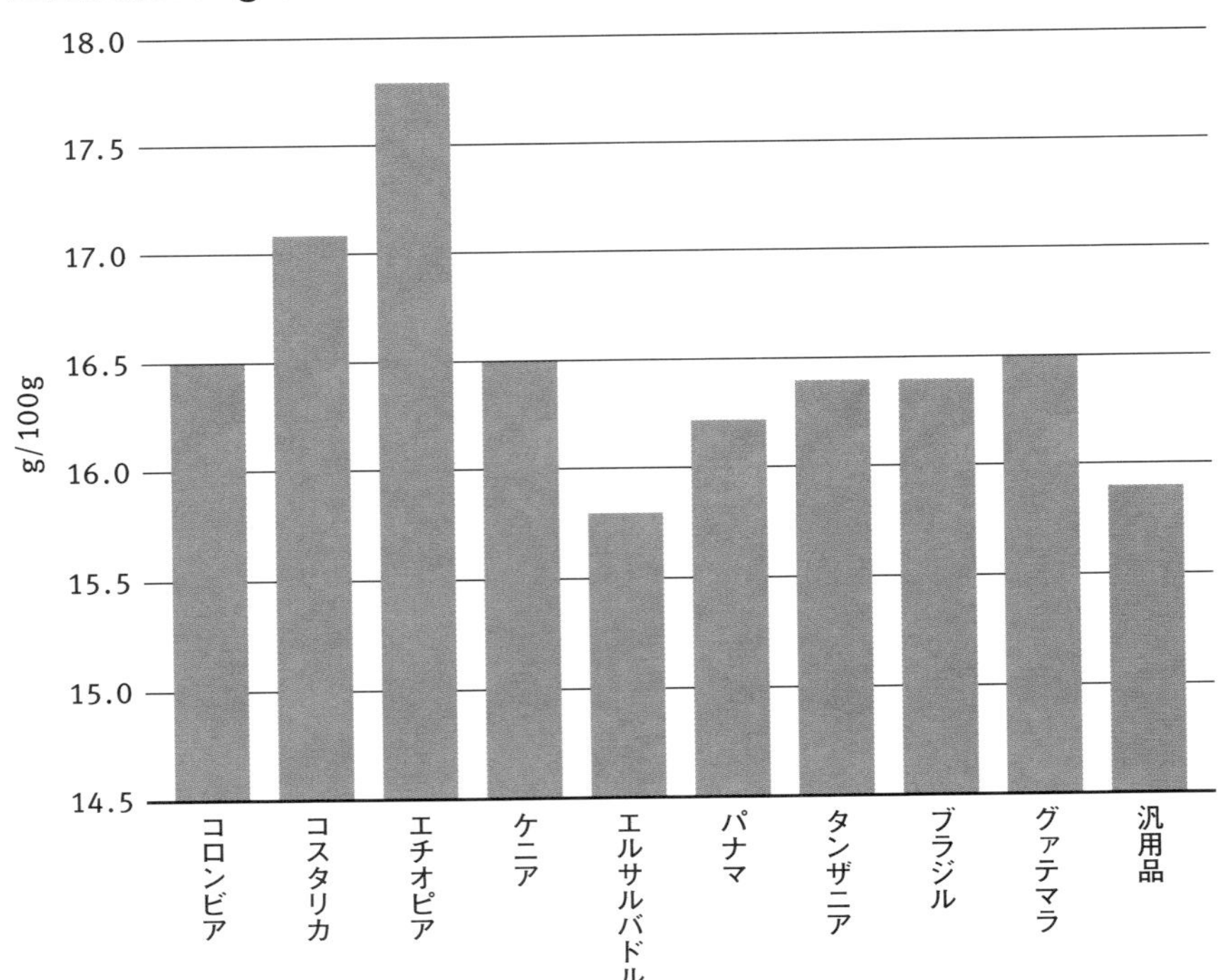

実験数値は各生産国の各試料により大きく異なりますので、このグラフをもって断定的な判断は避けてください。

コーヒーにおける脂質は、官能評価におけるコクに影響を与えると考えられます。コクは味というより、触感、粘性のことで、水っぽさ、油っぽさなどの感覚です。

④灰分

生豆のミネラル分で、3・3〜3・9%と生産国間に有意差は見られません。コーヒー抽出液では、カリウムが65mg／100gとリン、マグネシウムの10倍近く多く（日本食品標準成分表2017年版）、その成分量および組成は水質、土壌や肥料などの影響が推測されます。ただし、ミネラルは微量であり、風味との相関性を見出すのは難しいと考えられます。

⑤炭水化物（多糖類）

炭水化物は、デンプンなどの糖質と食物繊維の総称です。炭水化物は、タンパク質、脂質と共に「三大栄養素」とも呼ばれ、生豆には50〜60%程度含まれますが焙煎で30〜50%に減少します。コーヒーの抽出液は、98・6%が水で、その中に水溶性の食物繊維が0・7%（日本食品標準成分表2017年版）と最も多く溶け込んでいます。そのため、コーヒーのBrix（濃度）に影響する可能性があります。

⑥pH

P46図は、2018年入港（2017-18収穫年）のSP生豆各5種の平均値から作成しました。主には昼夜の気温差などが総酸量に影響すると考えられます。同じ緯度であれば標高の高い産地のほうが総酸量が多い傾向があります。

pH計

コーヒー抽出器具

コーヒーを抽出し、pH計でpHを測定できます。測定温度は常温25℃前後です。抽出液をpH7まで水酸化ナトリウムで中和滴定すれば、滴定酸度（総酸量/Titratable acidity）を算出できます。

焙煎度によるケニアSPのpHと風味の差

pH 4.75	pH 5.20	pH 5.60
ミディアムロースト	シティロースト	フレンチロースト
強く華やかな酸、レモン、アンズ	さわやかな酸、柑橘系果実の甘い酸	しっかりした味わい、ドライプルーン

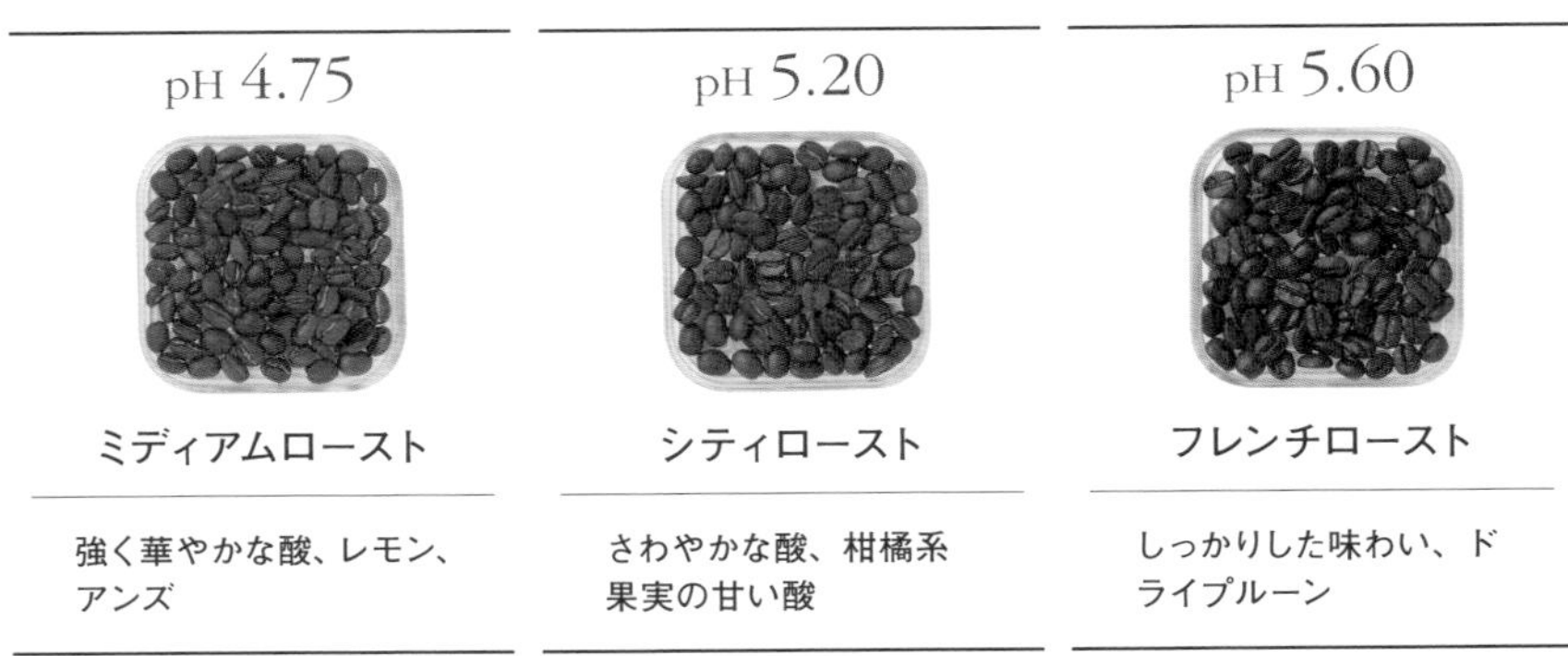

生産国別のpH

2018年入港（2017-18収穫年）のSP5種の焙煎豆の平均値から作成。ケニアの酸が強く、ブラジルは酸が弱いことがわかります。ケニアの酸の強さに匹敵するコーヒーは、コロンビアのナリーニョ県産、コスタリカのマイクロミルのコーヒー、グァテマラのアンティグア産の一部などに見られます。

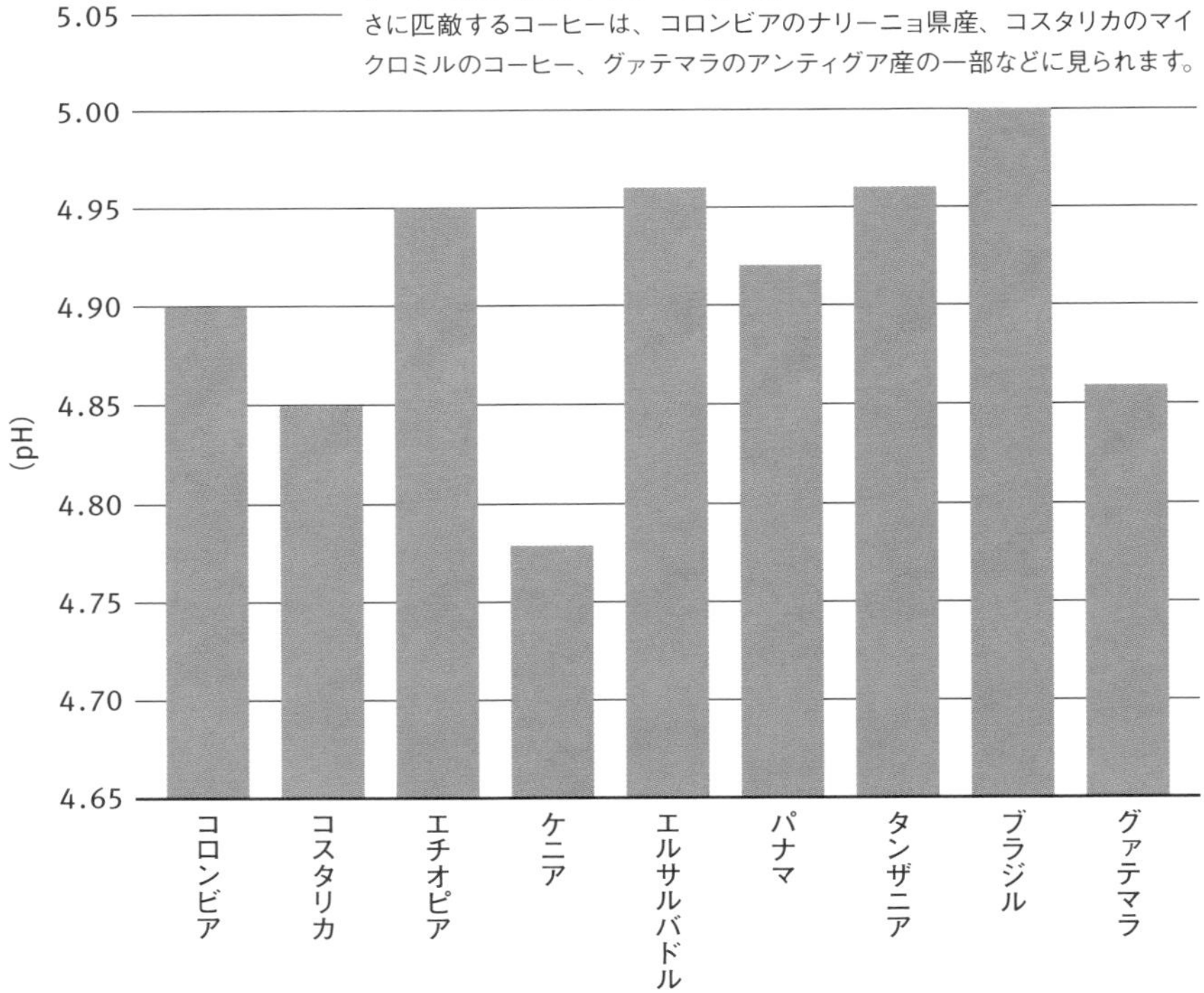
5.05
5.00
4.95
4.90
4.85
4.80
4.75
4.70
4.65
(pH)
コロンビア
コスタリカ
エチオピア
ケニア
エルサルバドル
パナマ
タンザニア
ブラジル
グァテマラ

実験数値は各生産国の各試料により大きく異なりますので、このグラフをもって断定的な判断は避けてください。

生豆の基本成分以外でコーヒーの風味に影響を与える成分

①有機酸

コーヒーにとって酸味は重要な風味で、クエン酸、リンゴ酸などの物質により引き起こされる味覚です。そうした酸は、水に溶けた際に水素イオンを放出するため、酸味の強弱はコーヒー抽出液の水素イオン濃度（pH）と概ね一致します。また、pHが低く酸が強いコーヒーは、総酸量が多い傾向もみられます。

有機酸の組成を分析した結果、クエン酸量（レモンや柑橘果実の酸味）が多いほうが酸味の質はよくなります。また、酢酸（酢などの強い酸味）やリンゴ酸の量と組成の関係で酸味が変化すると推測されますが、さらなる研究が必要と考えています。グァテマラなどの中米諸国産およびコロンビア産は、クエン酸が多く柑橘ベースの酸味の強いコーヒーといえます。

有機酸の組成

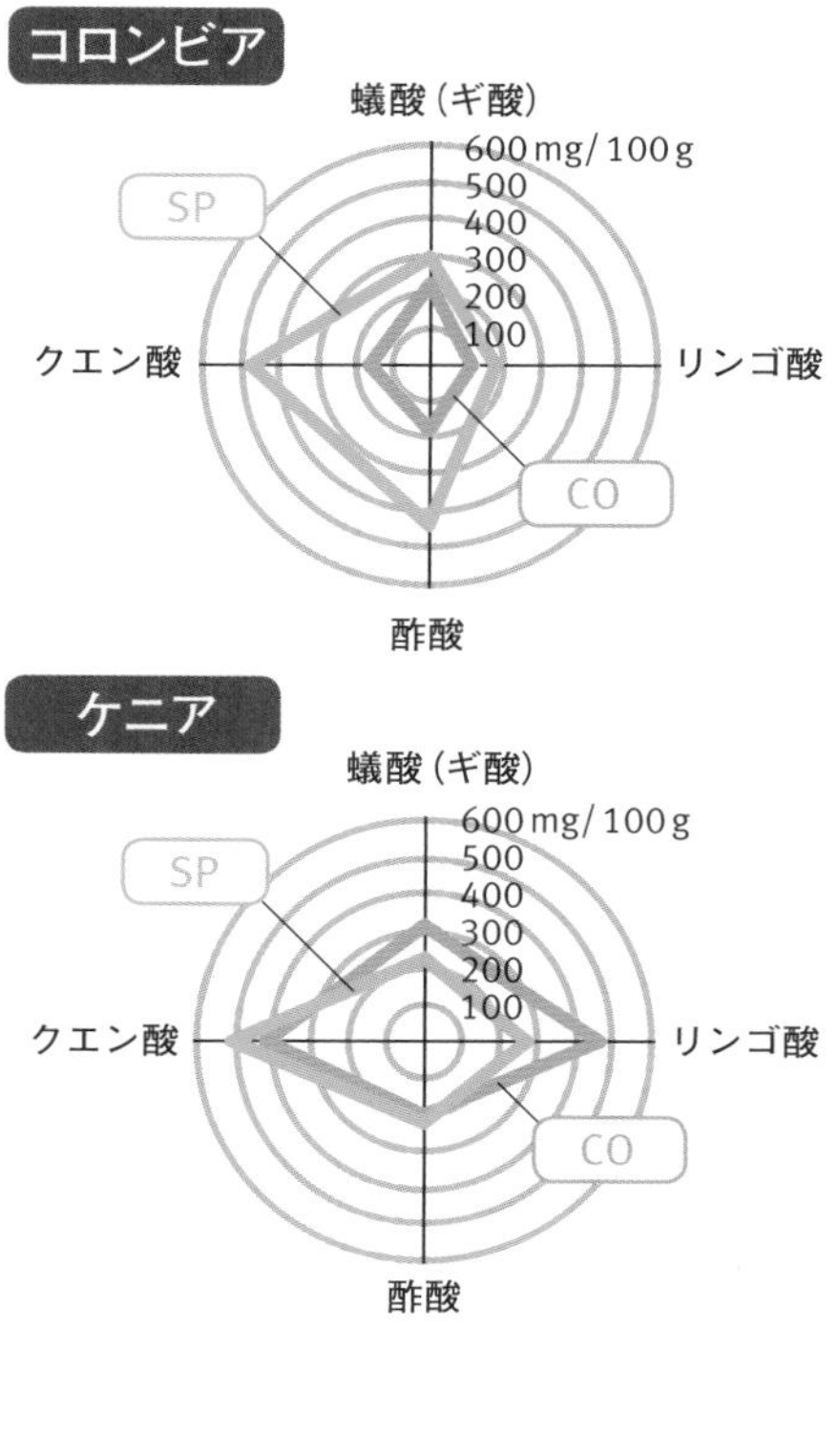

この試料においては、コロンビア産のSPは、クエン酸ベースの酸の強いコーヒーであることがわかります。ただし、ケニア産COは、リンゴ酸、ギ酸の比率が高く、SPのクエン酸ベースの基本の酸味に比べ異質な酸味であると推測されます。ただし、数値は、個々の試料により変動します。

②ショ糖

ショ糖は、ブドウ糖と果糖が結合した二糖類で砂糖の原料です。生豆にはショ糖が6〜8％程度含まれます。ショ糖は、焙煎によるカラメル化の過程を経てアミノ酸と結合し、香り成分やメイラード化合物を生成することで、最終抽出液に甘味やコクを生じさせていると考えられます。

③アミノ酸

アミノ酸は、焙煎過程でショ糖と結合し、香り成分やメイラード化合物（褐色素など）を生成し、抽出液に苦味や甘味、さらにコクを生じさせていると考えられます。旨味成分として知られる生豆のアミノ酸の組成は、グルタミン酸[*12]が20％前後、アスパラギン酸[*13]が10％前後を

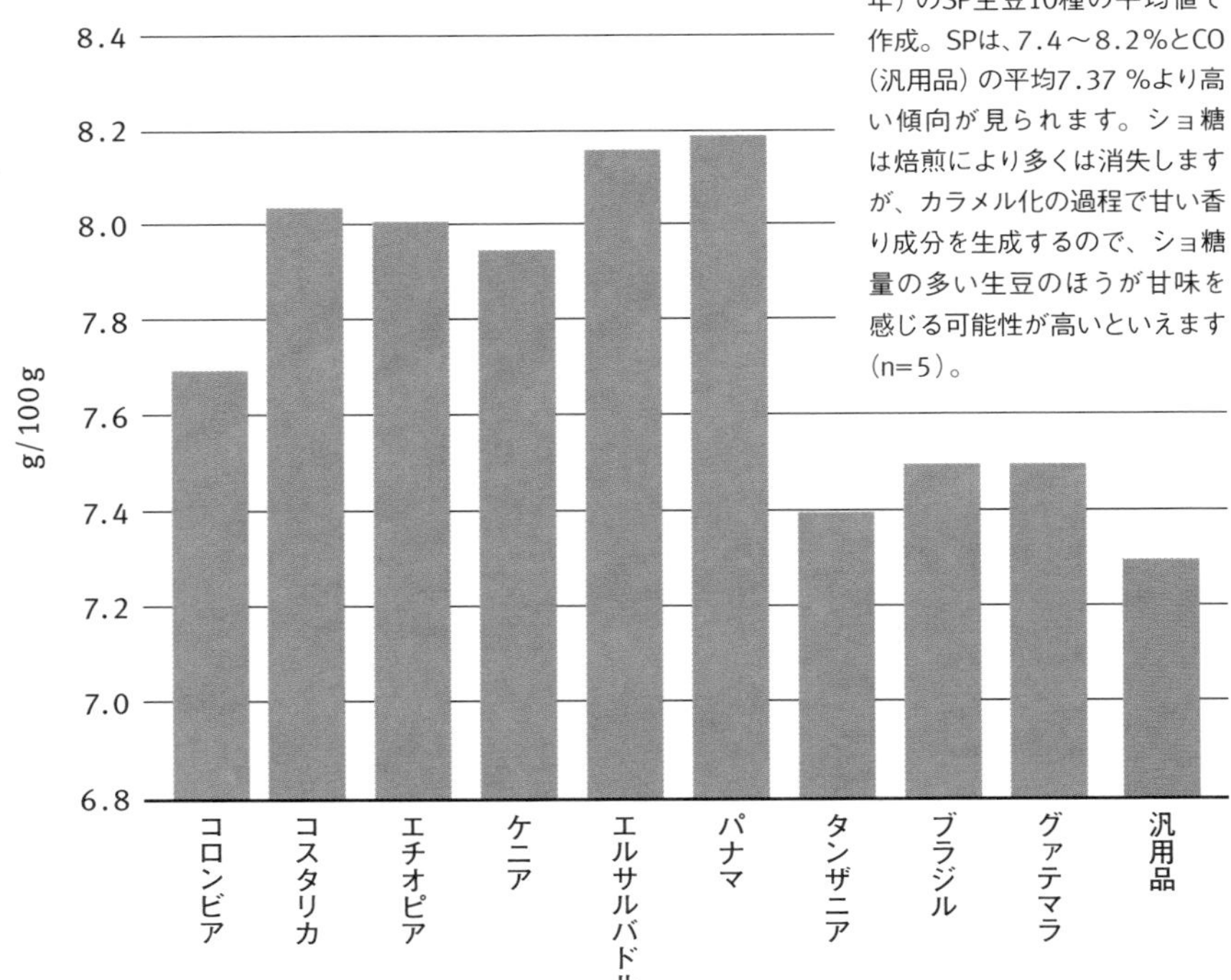

2018年入港（2017-18収穫年）のSP生豆10種の平均値で作成。SPは、7.4〜8.2％とCO（汎用品）の平均7.37％より高い傾向が見られます。ショ糖は焙煎により多くは消失しますが、カラメル化の過程で甘い香り成分を生成するので、ショ糖量の多い生豆のほうが甘味を感じる可能性が高いといえます（n=5）。

実験数値は各生産国の各試料により大きく異なりますので、このグラフをもって断定的な判断は避けてください。
パナマにはゲイシャ種、エルサルバドルにはパカマラ種が含まれています。

占めています。抽出液[14]にはグルタミン酸が33mg／100gで最も多く含まれています。

また、ミディアムローストとフレンチローストのマンデリンとコロンビアを味覚センサー[15]にかけた結果、深い焙煎[16]の豆のほうが旨味成分はやや多くみられました。

*12　グルタミン酸：グゥエン・ヴァン・チュエン、石川俊次／コーヒーの科学と機能／アイ・ケイコーポレーション／2008／P21
*13　R・J・Clarke／Caffee Chemistry Volume 1／Springer／2013／P142
*14　抽出液のアミノ酸量：食品成分表2018.7訂

抽出液の味覚センサーの測定結果

*16　深い焙煎度：グラフは、味覚センサーでマンデリンとコロンビアのミディアムローストとフレンチローストの豆を分析したものです。ミディアムローストよりフレンチローストのほうが苦味が強いことも明らかです。

*15　味覚センサー：苦味、酸味、渋味、塩味、旨味の5つのセンサーで味の強度をグラフ化できる分析装置。苦味センサーは苦味物質を感知し、「苦味雑味」は先味で、「苦味」は後味で感じる苦味です。

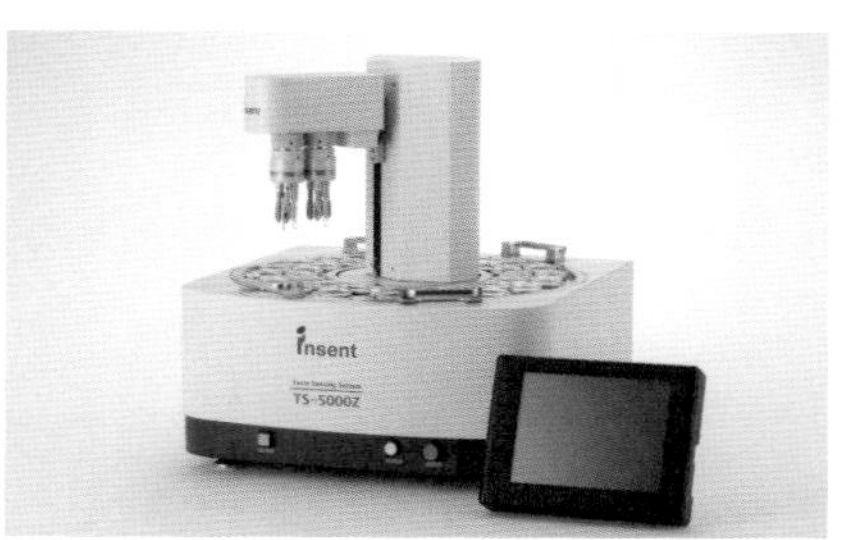

＊（株）インテリジェントセンサーテクノロジー
http://www.insent.co.jp/

④カフェイン

植物に含まれる代表的な苦味物質はア[*17]ルカロイド類ですが、これらの成分は、生体防御のため他の味に比べ閾[*18]値（いきち）が最も低く感知しやすくなっています。カフェインもその一種で、多量摂取は有害ですが、適量であれば、緊張緩和、眠気防止、気分転換などの効果があります。アラビカ種のカフェイン量は0・9〜1・4％ですが、カネフォーラ種は1・5〜2・6％と多く含まれます。また生豆のカフェイン量は、焙煎後も大きな変化はしません。

コーヒーに含まれる苦味物質としては、カフェイン以外にクロロゲン酸類、トリゴネリン、褐色色素（メライノジン）などが考えられますが、風味との相関はよくわかっていません。

生産国別のカフェイン量

＊4か国の試料をHCLPで分析しましたが、当該試料の場合はグァテマラとエチオピアのカフェイン量がタンザニアに対して有意に多い（$p<0.01$）ことが読み取れます。

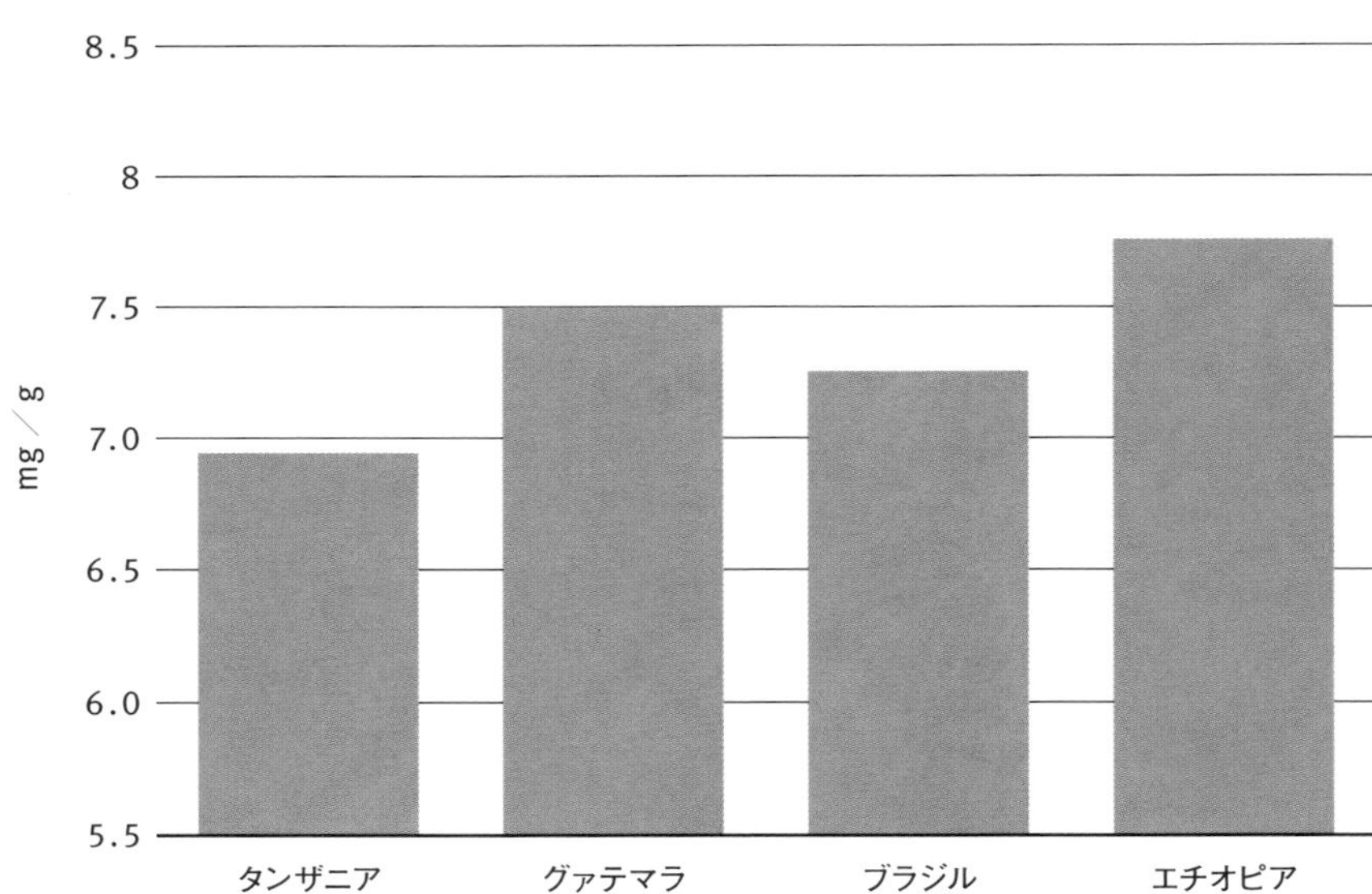

実験数値は各生産国の各試料により大きく異なりますので、このグラフをもって断定的な判断は避けてください。

１５０mlの熱水に10ｇの粉を浸漬した抽出液には、カフェインが60mg／１５０ml（日本食品標準成分表）程度含まれます。1日3杯程度のコーヒー飲用は問題ないと考えられますが、苦手な方はカフェインレスコーヒーをお勧めします。

⑤ クロロゲン酸

植物の根や果実に含まれるクロロゲン酸類は、キナ酸とカフェ酸が結合した化合物群（Caffeoyl Quinic Acid=CQA）の総称です。焙煎によりクロロゲン酸類からクロロゲン酸ラクトン類が生じ苦味を生み出しているともいわれますが、カフェイン同様苦味として感知することは困難です。

最終的にコーヒーの風味に最も大きな影響を与える成分は、有機酸、脂質、ショ糖、アミノ酸などですが、それ以外にカフェインやクロロゲン酸類なども考えられ、コーヒーの風味はそれらの成分が複雑に絡み合って生じていると考えられます。

＊17　アルカロイド（Alkaloid）：ニコチン、コカインなど窒素を含む塩基性の植物成分の総称で、カフェインもその一種です。塩基性とは、アルカリ性としての性質を示し、水溶液では水素イオン指数（pH）が7より大きいときをいいます。

＊18　閾値：味を感知できる境界になる値。カフェインのような苦味は他の味に対し閾値が最も低く感じやすいです。

味覚センサーの「旨味」の指標

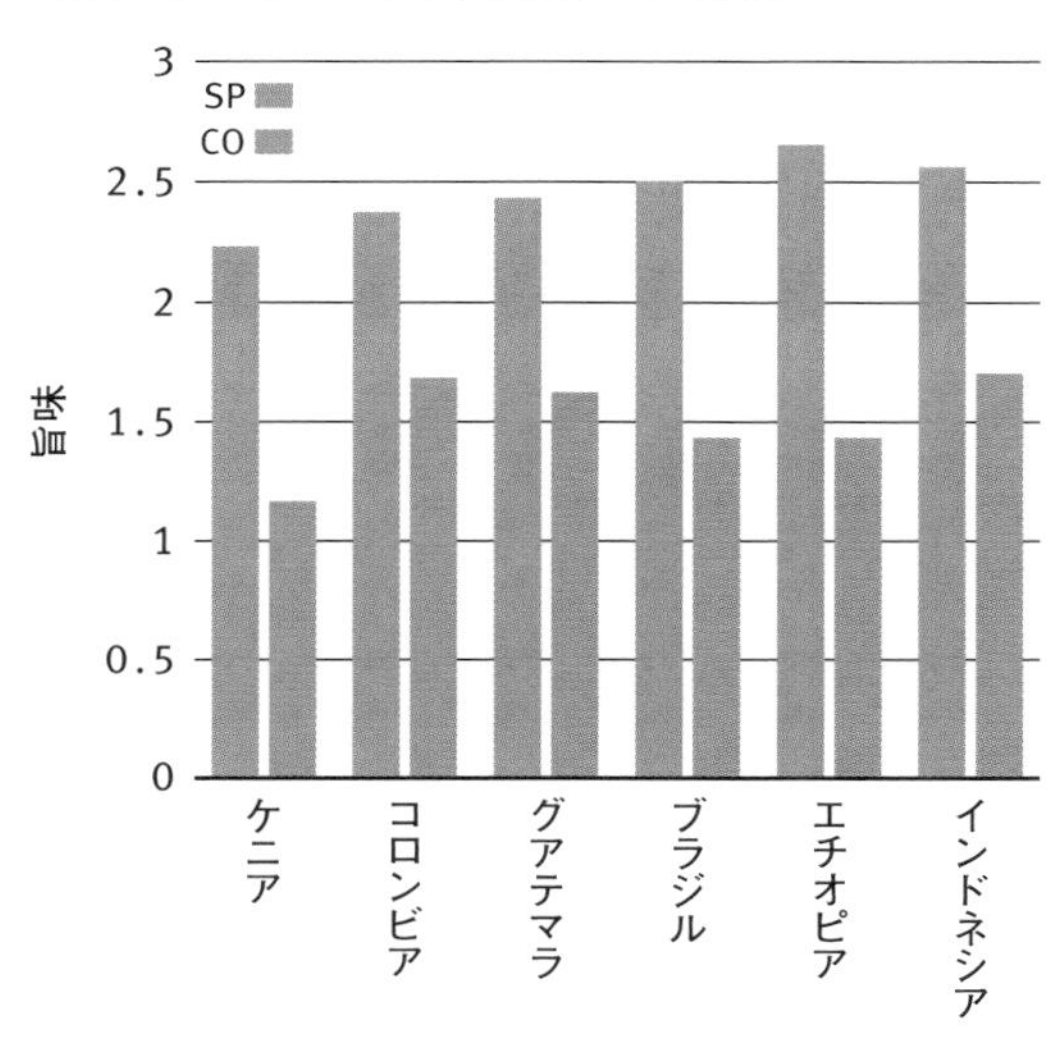

SPとCOを味覚センサーにかけ、「旨味」の数値をグラフ化しました。SPはCOより旨味がある傾向があり、また湿式より乾式のほうが旨味を感じる可能性があると推測されます。また、SPは産地の試料による差が顕著である可能性が示されました。ただしこの結果をもって生産国のデータとして見ることはできません。

Lesson 3

なぜ焙煎するのか その意味を知る

１９９０年の私の開業時、市場ではミディアムローストのコーヒーが90％以上を占めていました。当時の多くのロースターは、豆質の硬い新豆[*1]（ニュークロップ）では豆表面のシワが伸びないため、入港から数か月倉庫で保管された豆を好んで使用していました。しかし、時間がたてばたつほど生豆は劣化します。私は、深い焙煎でありながら「焦げや煙臭のない風味」、「やわらかな苦味の中に軽やかな酸があり、かつ産地の特徴的な風味」のあるコーヒーを求めました。

このような理想のコーヒーには、豆質が硬く深い焙煎に耐えられる新豆が必要でした。また、新豆をフレンチローストにするには、既存の焙煎機の性能では難しいと判断し、直火型[*2]の５kg焙煎機を改良しました。

1 フレンチローストでは大量の煙が出るため、排気ファンをつける

2 熱量不足を補うためバーナーの数を増やす

3 豆に火が入りすぎて焦げないようにバーナーとシリンダーの間隔をあける

この改良焙煎機[*3]により、新豆を使用してシティローストとフレンチローストに焙煎することができました。しかし、当時は、新豆の流通は少なく、１９９０年代は新豆を探すことにエネルギーを費やすことになりました。また、同じ産地の生豆でも、入港毎のロットにより風味のブレも大きな時代でした。そのため、プ[*4]レミアムコーヒーといわれる生豆はすべて焙煎して試行錯誤を繰り返しました。

それでも、満足のいく豆は少なく、２０００年に入ってからは、思い描く生

豆の調達を目指して産地に出かけるようになりました。同時に、生豆の品質を把握するために、テースティングのスキルアップに励みました。「この豆はどの程度の焙煎が適しているのだろう?」「どのくらい鮮度が保て、いつ頃最良の風味を醸し出すのだろう?」ということを常に考えていました。テースティングスキルを身につけるために、ワインのテースティング会にもよく通いました。

私は、開業し6年間は自分で焙煎しましたが、その後は、焙煎担当を育てることに集中して、多くの焙煎担当を世に送り出してきました。但し、感性が鈍るのを避けるため、サンプルローストは行っていました。また、2000年代には、自家焙煎店100店の開業支援を通し、全国の様々な場所で焙煎指導をしてきました。

尚、本書は、焙煎指南書ではありませんので、焙煎については最低限のことにとどめています。

*1　ニュークロップ：主には日本入港後1年未満の生豆で、新鮮な豆。次の収穫年度の豆が入港すればパーストクロップとなります。
*2　直火焙煎機：シリンダーに小さな穴が開いていて火が直接豆に当たる構造の焙煎機。半熱風焙煎機はシリンダーに穴が開いていない構造の焙煎機です。
*3　改良焙煎機：私の使用していた改良型の焙煎機は群馬県高崎市の「トンビコーヒー」でまだ使用されています。当時の焙煎機に比べ、現在の焙煎機は性能がよくなっていますので改良の必要性は少なくなっています。
*4　プレミアムコーヒー：1990年代は、汎用品に対して差別化のため輸入商社や産地の輸出会社が作ったプレミアム品が多くありました。

右からニュークロップ、カレントクロップ（収穫後やや経時変化し端境期までの豆）、パーストクロップ。収穫から日数がたつと成分変化し、風味へ影響を及ぼします。

なぜ焙煎するのか

1 焙煎とは、生豆に含まれる11%前後の水分を、加熱（伝熱[*5]＝熱の移動）により2〜3%に減少させ、粉砕が容易で抽出に適した焙煎豆の状態にすることです。熱は熱源から豆の表面に伝わり、豆の内部に伝わります。

2 焙煎は、生豆のポテンシャル(Potential／潜在的可能性）をいかに引き出すか？ということにつきますので、生豆のことを知る必要があります。

2000年以降、SP市場の拡大により、生豆の品質は向上しました。さらに、2010年以降は2000mを超える産地の硬い豆質の生豆も増え、精製方法も多様化し、風味が複雑になっています。生豆のポテンシャルをうまく引き出すには、これまで以上に経験が必要になっています。また、浅い焙煎を最善とし、生豆のポテンシャルを顧みないような価値観も生まれてきていますので、焙煎の知識を整理しました。

3 本書では焙煎の過程全体の伝熱を煎る（炒る）と表現します（焼くという言葉は使用しません）。この過程で、生豆に含まれる成分は、化学変化により分解され、または喪失し、新たな揮発性及び不揮発性の物質を生成します。

伝熱は、最終的に抽出されるコーヒーの風味に影響しますので、そのプロファイル[*6]が重要になります。

|4|

生豆を焙煎すると、水分が蒸発し、細胞組織は収縮しますが、さらに加熱すると内部は膨張し蜂の巣のような多孔質の空胞（Honeycomb Structure／ハニカム構造）になります。このときコーヒーの成分は、空胞の内壁に付着し、炭酸ガスが閉じ込められます。多孔質[*7]構造の空胞の大きさは0・005〜0・05㎜で、粉砕しても粉の中にこの構造が残りますが、細挽きほど空胞が壊れやすく、中の気体が逃げ、成分は空気に触れ酸化しやすくなります。この空胞内の成分や炭水化物（多糖類）を熱水で溶解しやすくする作業＝焙煎ともいえます。

|5|

生豆に含まれる6〜8%前後のショ糖は、焙煎温度150〜160℃あたりからカラメル化し、その後さらにアミノ酸と結合しメイラード反応[*8]が起こります。通常ショ糖は、分解されるとカラメル化しHMF（ヒドロキシメチルフルフラール）といわれる甘い香り成分になりますが、コーヒーの場合はショ糖分子だけではなくそれ以外の分子の混合物も分解され、複雑な生成物ができると考えられています。さらにその後のメイラード反応により、揮発性メイラード化合物（香り成分）、苦味を持った窒素化合物（アルカロイド）、糖化最終産物[*9]（AGEs: Advanced Glycation End Products）を生みます。「脂質、ショ糖、アミノ酸」などの成分は、焙煎によりコーヒーのコクのもとになると考えられる重要な成分といえるでしょう。したがって、生豆にそれらが多く含まれていることで香りや甘味やコク

＊5　伝熱：温度差のある2つの場所に起こる熱の移動で、固体内で起こる伝導、固体の表面と流体内で起こる対流、電磁波による放射（輻射）があります。

＊6　プロファイル：焙煎においては加熱と排気操作による経過時間ごとの温度変化。

＊7　多孔質：中林敏郎他／コーヒー焙煎の科学と技術／弘学出版／1995／P96-97
広瀬幸雄／もっと知りたいコーヒー学／旭屋出版／2007／P19-21

＊8　メイラード反応：ホットケーキの茶色い焼き目やとんかつの茶色い衣は、メイラード反応（褐色反応）によるものです。コーヒー生豆も焙煎過程でメイラード反応が起こり褐色色素などを生み出します。

などが形成する複雑な風味をもたらすと考えられます。一方、カフェイン、多糖類、タンパク質、灰分などは焙煎による成分変化はしません。

|6| 加熱により、シリンダー内の生豆の繊維は膨張し、生豆の中の炭酸ガスが放出され1度目のハゼ[*10]（パチパチという音）が起こります。さらに過熱を継続するとさらに炭酸ガスが放出され2度目のハゼが起こり、ここから急速に焙煎が進行します。この焙煎過程における火力の調節と排気[*11]操作、焙煎時間の3点を調整しつつ最適な風味を生み出すことが焙煎スキルの向上につながります。

|7| フレンチローストもしくはイタリアンローストまで焙煎すると細胞壁の破壊が起こり、空胞に閉じ込められていた脂が流れだし、き裂を伝わって豆表面に流れ出します。豆は膨張しますので容積が増大し、比重の低下をもたらしますので、欠けやすくなります。

*9　糖化最終産物：岡希太郎／コーヒーの処方箋／医薬経済社／2008／P69

*10　ハゼ：豆の温度が100℃を超えると水分の蒸発が進み乾燥していきます。さらに温度が上がると、豆の中に炭酸ガスが発生し、豆表面にできた気泡から炭酸ガスが出ますが、そのときに生じる音がハゼです。

*11　排気：ダンパーを開くことで焙煎機内の熱、豆そのものの熱を奪います。また、豆から発生する炭酸ガスを排出し、排煙もします。この操作は風味に大きな影響を与えます。

1 小型焙煎機の構造と種類

小型焙煎機は、主には回転式ドラムに投入した生豆を下部からガス（その他炭、電気など）の熱源で加熱する仕組みで、火力の調整（ガス圧計による）ができ、シリンダー内の空気、炭酸ガス、発生する煙を排気するダンパーという調整弁が付属しています。また、焙煎温度計、排気温度計も付属していますので焙煎の進行状況を調整できます。

多くの場合、屋外に排煙ダクトを設置しますが、排煙で近隣に迷惑がかかりそうな場合は、様々な消煙装置（特殊な粉末に煙の粒子を吸着させるノンスモークフィルター、高温で煙を燃焼させるアフ

小型焙煎機の構造

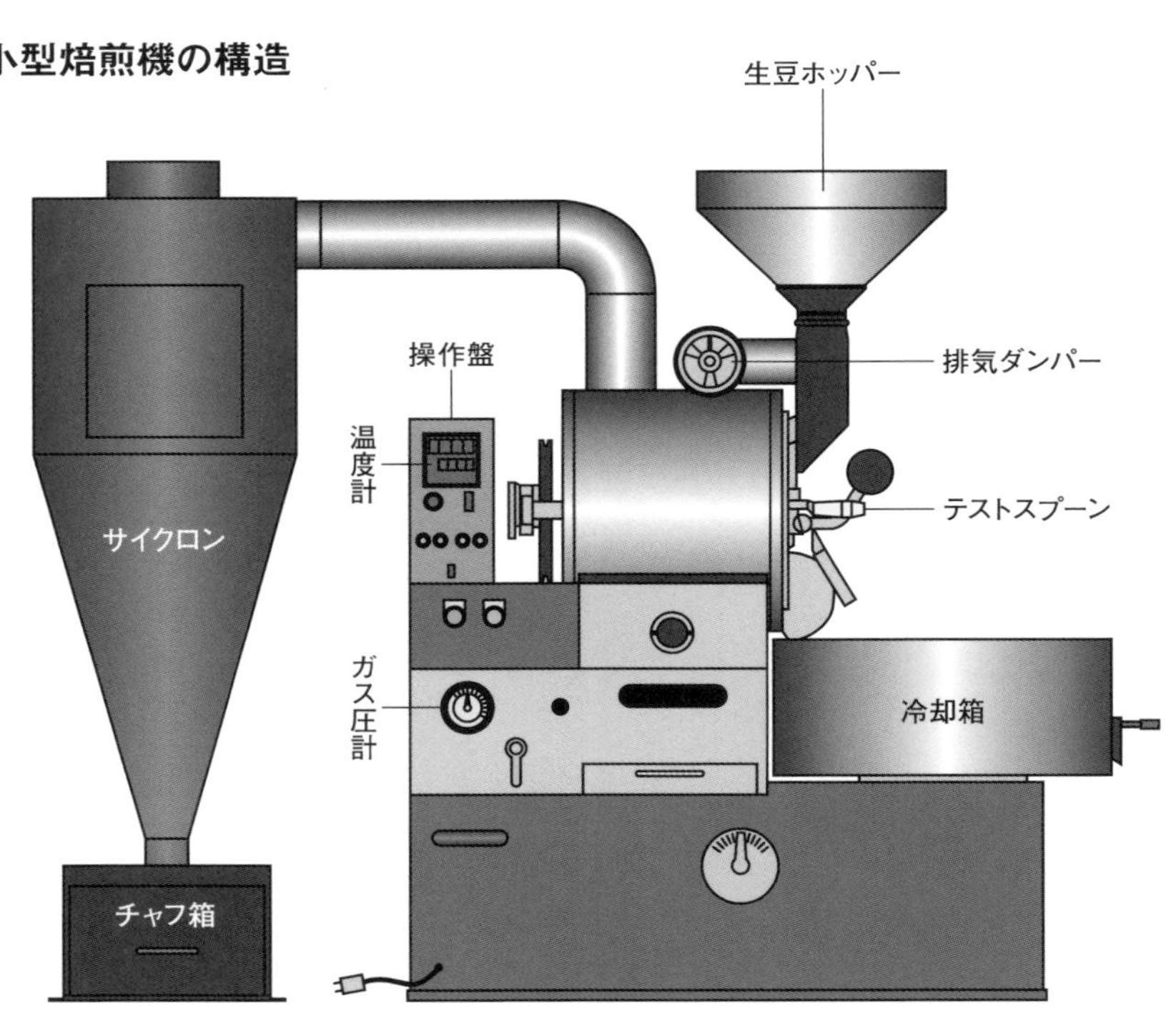

FUJI ROYAL 5kg ロースター

ターバーナー、電気集塵機など）を設置する事例が増えています。ただし、この場合でもにおいを完全に除去することはできません。

|2| 小型焙煎機は、1kg、3kg、5kg、10kgのものが多く、20〜30kgのものは中型焙煎機となります。自家焙煎店の多くは3kg、5kg程度の焙煎機を使用していますが、月間生豆焙煎量が500kg〜1000kgを超えると2台目として10kg以上の焙煎機を設置することが多くなります。シリンダーに小さな穴がパンチングされた直火式と鉄板のままの半熱風式が多く使用されています。焙煎工程をプログラムできる全自動焙煎機（ダイイチデンシ(株)／熱源は電気）などもあります。

小型焙煎機のいろいろ

ギーセン

ラッキー

プロバット

ディードリッヒ

ローリング

ペトロンチーニ

(株) 富士珈機 ※フジローヤル　http://www.fujiko-ki.co.jp/
(株) ノーザンコマーシャル ※ギーセン　http://www.giesen.jp/
ラッキーコーヒーマシン (株) ※ラッキー　https://www.lucky-coffee-machine.co.jp/
DKSHジャパン (株) ※プロバット https://www.dksh.com/jp-jp/home/technology/industries/specialized-industrial-applications
(株) 福島珈琲 ※ディードリッヒ　https://www.f-coffeesystem.com
(株) ディーシーエス ※ローリング　https://dcservice.co.jp/
APゼネラル (株) ※ペトロンチーニ　http://www.apgeneral.co.jp/products1/sproaster.html

焙煎のプロファイルを知る

|1| 焙煎は、五感（味覚、触覚、視覚、嗅覚、聴覚）のうち、視覚で焙煎色を見て、嗅覚でにおいを嗅いで、聴覚でハゼ音を聞き総合的に判断します。

私は、計器のない古い焙煎機で焙煎した経験もあり、最終的には人間の感覚が重要と考えます。しかし、現在の小型焙煎機には、温度計、ガス圧計などが設置されていますし、ドラムの回転数が制御できる機械もあります。また、焙煎機にパソコンをつなぎプロファイル（焙煎過程）を記録するソフトも開発されています。プロファイルを参考に人間の感覚を加味し焙煎する方法が広がりつつあります。

5kg 焙煎機の場合の焙煎時間の目安

投入時の温度を決め、最終的に18分程度以内で焙煎できる火力の調整をします。

一般的には、繊維がやわらかくなるタイミング、炭酸ガスが空胞から放出されるタイミングには火力を下げ、豆の内側と外側の焙煎状態が均一になるようにします。

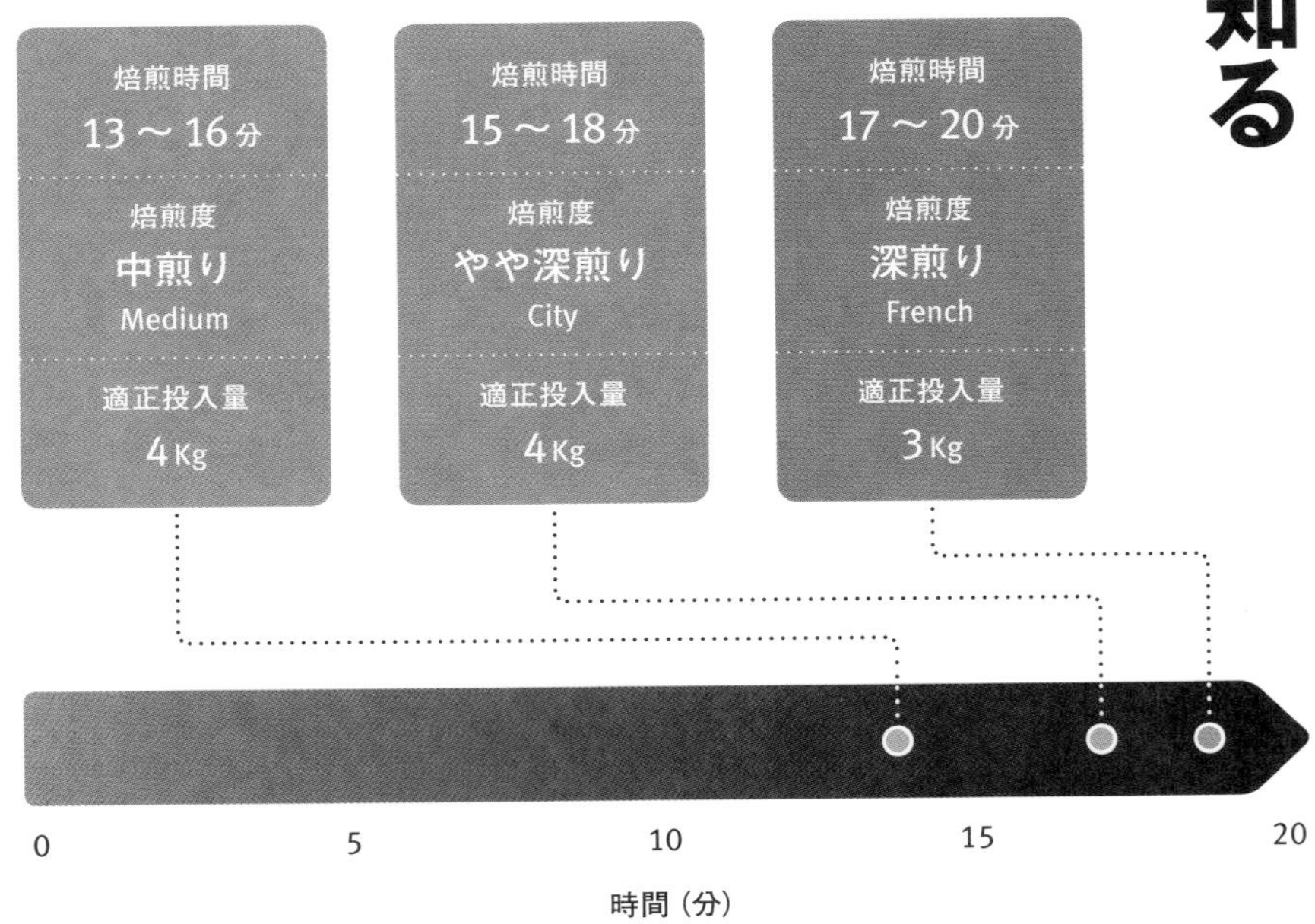

|2| 下図は大まかな焙煎のプロファイルです。

生豆の水分値、バーナーの火力調整、環境温度などでローストカーブは変化しますので、最終的には風味をチェックしながらよりよい焙煎プロファイルを作成します。一般的には、①生豆の水分を抜く（蒸発）段階、②メイラード反応により成分の化学反応が起きる段階、③豆内部に炭酸ガスがたまり一度目のハゼがおこる段階、④一度目のハゼの過程から2度目のハゼが起こる前までの段階、⑤二度目のハゼの段階、⑥フィニッシュの段階に区分されます。それぞれのプロセスで温度上昇率（Rate of Rise：RoR）を1分単位でチェックしてよりよいプロファイルを作成します。

焙煎時間により短時間焙煎、長時間焙煎、低温焙煎、高温焙煎などの言葉が使用されることもあります。

焙煎のプロファイル

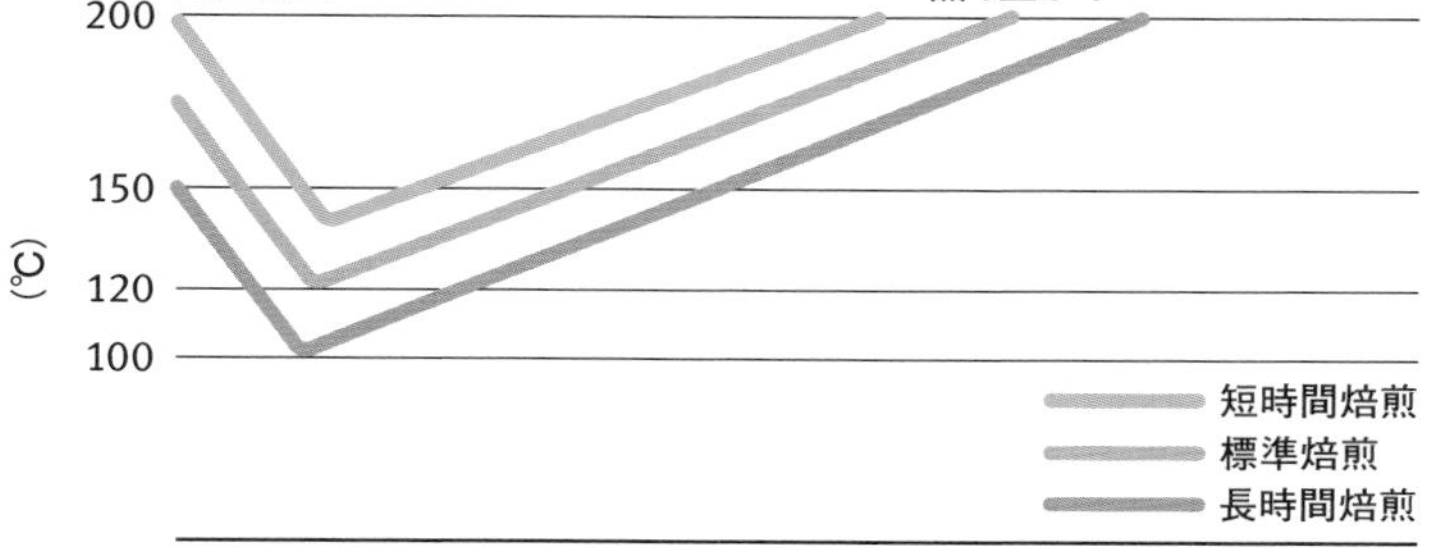

大まかには、生豆投入後100℃の上昇ポイントまで下がり、そこから温度上昇し、160℃のメイラード反応ポイント、180℃の1ハゼ、200℃の2ハゼ（シティロースト）、204℃〜205℃（フレンチロースト）と温度上昇します。

焙煎方法を学ぶ

1

焙煎のプロファイルは、さまざまな要因で変化しますので、焙煎はそれらを理解し、修正しながら行うスキルが必要になります。

私は、開業者のために、焙煎機の設置状態の安全性の確認及び初心者向けの操作方法の指導を行うなかで、全国の設置条件の異なる焙煎機で、焙煎豆の風味をチェックしながら、初期設定（下表の①から④までの操作）を行ってきました。設定の際、焙煎結果が生豆のポテンシャルを表現しているかを確認しながらマニュアルを作成します。この作業は、初心者には難しく、自己流で設定すると最終的な操作に迷いが生じてしまいます。この基本マニュアルを基に様々な生豆を焙煎しながら自分の焙煎方法を習得していけばスキルアップは早くなります。

焙煎の基本

1. 生豆投入する際のシリンダー内の温度
2. 焙煎機の容量に対する焙煎度毎の投入量
3. 初期の火力設定および焙煎途中における火力調整
4. 排気のコントロール
5. ドラム速度の調整（可能な場合）

風味の変動要因

1. **生産地**　生産地域、標高などで風味が異なる
2. **品種**　豆質が異なる
3. **精製**　様々な精製方法で風味が異なる
4. **入港月**　生豆の成分は経時変化する
5. **生豆の水分含有量**　外気に影響を受ける

焙煎における変動要因は多くあり、それをつかんでいくには何年かの経験が必要になると考えます。右表のような生豆の特徴の違いで風味は変わってきます。それを理解した上で、焙煎を行う必要があります。

焙煎度により風味が変化することを知る

|1| 大手ロースターは、焙煎の終了時点を色差計（カラーメーター）のL値で判断しています。ミディアムL値22、シティL値19、フレンチL値17などと規格を決めます。但し、高品質の豆の基本成分含有量は汎用品とは異なり、色のみで焙煎を終了すると焙煎度合いの誤差が生じる場合もあります。例えば、糖質の多いケニア産のコーヒーなどは焙煎色が濃くなる傾向があります。

|2| コーヒーの風味は、焙煎度により大きく変わります。私は、「深い焙煎でも焦げや煙の香味がしないやわらかな風味」を求め開業しました。開業時の市場ではミディアムローストが90％以上を占める中、消費者に初めにシティローストをお勧めし、さらにはフレンチローストをお勧めしてきました。

下の表はフジローヤルの1kg焙煎機を使用。生豆投入温度は160℃、火力、排気は一定とし、時間は7分46秒から8分の間で誤差を15秒までとして焙煎しました。

※焙煎終了後の重量減（シュリンケージ／Shrinkage）も適切な焙煎の目安となります。ミディアムで12～13％の場合、シティでは16％、フレンチで18％前後となります。

各生産国のSPミディアムローストの重量減とL値（1kg焙煎機）

生産国	焙煎時間	重量減（%）	色差計	官能評価
ケニア	7分46秒	11.6	20.6	レモン、アンズジャム
ペルー	7分57秒	12.6	21.2	明るい柑橘の酸
グァテマラ	8分	12.8	21.0	オレンジ、夏みかん
ホンジュラス	8分	14.0	21.1	やや青草の香味
コロンビア	8分	12.8	21.4	みかん、プラム

基本焙煎の初期設定

フジローヤル5kg焙煎機で生豆3kgを焙煎する場合の初期設定をします。この方法を基本とし、その後、風味を確認しつつ焙煎方法を微調整していきます。

1 初期火力を決め、ダンパー（排気調整弁）を閉じ気味にし、焙煎温度[*12]160℃、排気温度が180℃で生豆を投入します。約2分で100℃まで下がります。

Point | 初期の火力設定と投入温度は風味に影響を与えます。投入してからの温度の下がりすぎは、シリンダーが温まっていないか、投入温度が低いと考えられます。

↓

2 下がった温度から、1分間毎に温度上昇をチェックします。この段階で、11％前後の水分を徐々に蒸発させます。

Point | 温度上昇率が高すぎると焙煎時間が短くなりすぎます。生豆の色の変化を見ます。

↓

3 160℃あたりから生豆に含まれるショ糖のカラメル化により香り成分が生成され、次にメイラード反応によるメイラード化合物が生成されていきます。

Point | クロロゲン酸類とも反応し褐色色素を生成していきます。焙煎による甘い香りをチェックします。

↓

4 投入から10分前後で、食物繊維が膨張し多孔質となり内部に炭酸ガスがたまります。180℃前後で発生した炭酸ガスが豆の殻を破り「パチ、パチ」と1回目のハゼがきて煙も出てきます。

Point | 火力を下げ、ダンパーを開き、シリンダー内の空気の流れを利用して、ローストの後半で生成される煙とチャフを除きます。

↓

5 1度目のハゼの途中から終わりまでの間、もしくはややその先までがミディアムローストの領域となります。

Point | 温度上昇率を低下させます。ハゼ後の上昇率の増加は雑味を生み出します。

6 2度目のハゼが来るまでにスプーンでシリンダー内の豆を抜き焙煎状態及び煙の状態を細かくチェックします。

Point | ミディアムとハイローストには香味に大きな差異がありますので、香味の変化ポイントを覚える必要があります。

7 200℃あたりで「ピチピチ」と2回めのハゼがきます。深煎りの焙煎の入り口といえます。

Point | その段階ですぐに焙煎機から出せばシティローストです。

8 2度目のハゼ以降の焙煎の進行は極端に早くなります。1秒の誤差が風味に影響を与えますので、焙煎が進行する最低の火力設定にし、煙の排気も重要となります。スプーンで焙煎豆の色を確認し、ハゼ音をチェックし、においで焙煎状態を確認し、冷却層の攪拌のスイッチを入れ焙煎された豆を出します。

Point | ここから先はフルシティ、フレンチ、イタリアンの繊細な深煎り焙煎の世界になります。焙煎機から出ても余熱で焙煎は進行しますので、その分を想定して焙煎機から出すことになります。適切な焙煎であれば、フレンチローストの入り口は豆のごく一部に油がにじむくらいのポイントです。

＊12　焙煎温度：豆の温度というよりシリンダー内の温度ですのであくまで目安です。
シリンダーが温まっていない状態では温度計の温度は参考にはならず、3回目の焙煎くらいから温度も安定します。

ローストの8段階

日本では、一般的に8段階の焙煎度合いが使用されています。

ミディアム
Medium

1度目のハゼからその終了くらいまで幅があります。カッピング用の焙煎度で、酸味と甘み、コクのバランスがよくなり、産地の風味特性が出てきます。オレンジ。

pH　4.8~5.0

L値　22.2　　歩留　87-88

ライト
Light

浅煎りで、穀物臭が残ります。種、麦芽、草、トウモロコシ。

pH　UNK (Unknown)

L値　UNK　　歩留　UNK

ハイ
High

ミディアムの終了から2度目のハゼの手前までです。軽やかな酸味と明確なコクが出てきます。蜂蜜、プラム、トースト。

pH　5.1~5.3

L値　19.7　　歩留　85-87

シナモン
Cinnamon

ミディアムの手前の浅煎り。レモンのような酸が強く、ナッツやスパイス感。

pH　4.8以下

L値　25以上　歩留　88-89

※L値：light、色の明るさ（明度）を表し、0～100まであります。0が黒で100が白であり、数字が大きいほど明るい色を表します。粒度や死豆などの影響を受ける可能性があります。分光色差計 SA4000（日本電色工業製）で測定しました。

※歩留：生豆の投入量から実際に得られた焙煎豆の比率を意味します。歩留率を、生産性や効率性を表す指標として見れば、ミディアムのほうがフレンチより生産性は高いということになります。

フレンチ French

2度目のハゼのピークから終了手前までの焙煎度です。ダークチョコレート色でかすかに豆の表面に油が浮かびます。しっかりした苦味、ビターチョコレート。

pH　5.6~5.7

L値　17.2　　歩留　80-82

シティ City

2度目のハゼの始まりあたり、深煎りの入り口です。やわらかな酸としっかりしたコクの風味となります。バニラ、キャラメル。

pH　5.3~5.4

L値　19.2　　歩留　83-85

イタリアン Italian

フレンチより深く、かすかに焦げ臭が付着し、コク（ボディ）は弱くなります。

pH　5.7~5.8

L値　16.2　　歩留　80

フルシティ Full City

2度目のハゼのピーク前後、フレンチとの差が難しい焙煎度です。キャラメルチョコレート。

pH　5.5~5.6

L値　18.2　　歩留　82-83

各生産国の適切な焙煎度を知る

|1| 適切な焙煎度合は、生豆のポテンシャルで変わります。栽培地（赤道近くの場合）の標高が高く、総脂質量と総酸量が多い生豆で、かつか[*13]さ密度が大きければ深い焙煎でも風味が残りますので、ミディアムからフレンチまでの幅広い焙煎が可能です。他方、標高の高い産地で収穫されても、ティピカ種やパカマラ種は、繊維質がやわらかいためミディアムからシティまでが適切となります。焙煎者は、これらをテースティングで見分ける必要があります。多くの生豆を扱い、さまざまな焙煎度合を試していくことで経験値が蓄積され判断できるようになります。

|2| 一般的には、ミディアムローストの際に、pHが5・0以下で酸味が強く、総脂質量が16％以上で豆質の堅いものは深い焙煎でも風味のブレ（焦げ、煙臭、雑味など）は少ない傾向が見られます。

但し、それらはあくまで高品質の豆を基準としたものです。多くの汎用品は、酸が弱く、脂質量が少ないため、深い焙煎にすると風味にブレが生じやすい傾向があります。また、脂質の劣化が多く見られますので、雑味が多くなり、適切な焙煎度の幅は小さくなります。

|3| 生豆の特性により様々な焙煎度が可能となりますので、SPの大まか

な焙煎可能範囲（下表）を示しました。

現在は、標高2000mを超えるような産地の豆が多く流通しています。コロンビアのナリーニョ県の小農家産、コスタリカ産のマイクロミルなどの豆質の硬いものは風味が複雑です。それらをVPで梱包し、リーファーコンテナで輸入したものは、きわめて新鮮な状態で入港します。特にコスタリカの標高の高いタラズ産のマイクロミルのコーヒーは脂質量が多く、従来と同じ焙煎プロファイルではポテンシャルを生かした適切な風味を表現できません。そのため、高いテースティングのスキルと焙煎のスキルが問われます。

SPおよびCOの一般的な焙煎可能範囲（入港3か月以内）pHはMの数値

M=Medium　H=High　C=City　F=French　◎最適　○適切　△やや適切　×不適切

	生産国	区分（地区、品種）	脂質量	pH	M	H	C	F
SP	ケニア	キリニャガ	17.1	4.75	○	◎	◎	○
SP	コロンビア	ナリーニョ	18.5	4.85	△	○	◎	◎
SP	コスタリカ	タラズ	18	4.85	△	○	◎	◎
SP	グァテマラ	アンティグア	17.3	4.9	○	○	◎	△
SP	インドネシア	スマトラ島	16.7	4.9	○	○	○	◎
SP	エチオピア／W	イルガチェフェ	17.5	4.95	○	◎	◎	△
SP	パナマ	ゲイシャ種	17	4.9	◎	◎	△	×
SP	エルサルバドル	パカマラ種	16.6	4.95	○	◎	△	×
SP	ハワイ	コナ	17.2	4.9	△	◎	△	×
SP	ブラジル	セラード	17.6	5.1	○	○	○	○
CO	ケニア	AA	16.4	4.95	○	○	△	×
CO	コロンビア	スプレモ	16.8	5.05	○	○	△	×
CO	ブラジル	No2	17.2	5.15	○	○	△	×

上の表は、該当する産地のすべての生豆に当てはまるわけではなく、品種、ロット（生産時期など）、梱包材質、入港時からの経過月数などの生豆の状態により変わります。適切な焙煎度はサンプルローストで判断する必要もあります。

＊13　かさ密度：単位体積あたりの重量のことで生豆の硬さの目安になります。コーヒー生豆の場合、ずっしり重いものは高地産の完熟したコーヒーに多く見られます。かさ密度が高いとミディアムローストでは豆表面のしわが伸びにくいといえます。

焙煎豆を味覚センサーにかけてみる

|1| 味覚センサーは、呈味（ていみ）成分（食品中で味を示す成分）の定量分析装置や官能評価に代わる味認識装置として、コーヒーを含む食品業界で活用されています。

味覚センサーは、5つのセンサー（酸味、苦味、旨味、塩味、渋味）で先味と後味の計8つの味（先味＝酸味、苦味雑味、旨味、塩味、渋味刺激、後味＝旨味コク、苦味、渋味）をグラフ化します。

コーヒーの場合、酸味センサーは有機酸を感知し、苦味センサーは苦味物質を感知しますが、カフェインは感知しません。旨味センサーはグルタミン酸などのアミノ酸を感知します。渋味センサーはカテキンなどを感知します。

10gのコーヒーの粉と撹拌子を200mlビーカーに入れ、93℃の熱水130mlを注ぎスターラー（撹拌機）で3分撹拌しペーパーでろ過したものを味覚センサーで分析しました。グァテマラ産の焙煎度の異なるミディアム、シティ、フレンチローストの3種を味覚センサーにかけた結果がP71図です。味覚センサーは、数値による試料の比較が可能で、味の強弱の評価はできますが、質の評価は難しい面もあります。また香りは感知できません。

味覚センサー　（株）インテリジェントセンサーテクノロジー　http://www.insent.co.jp

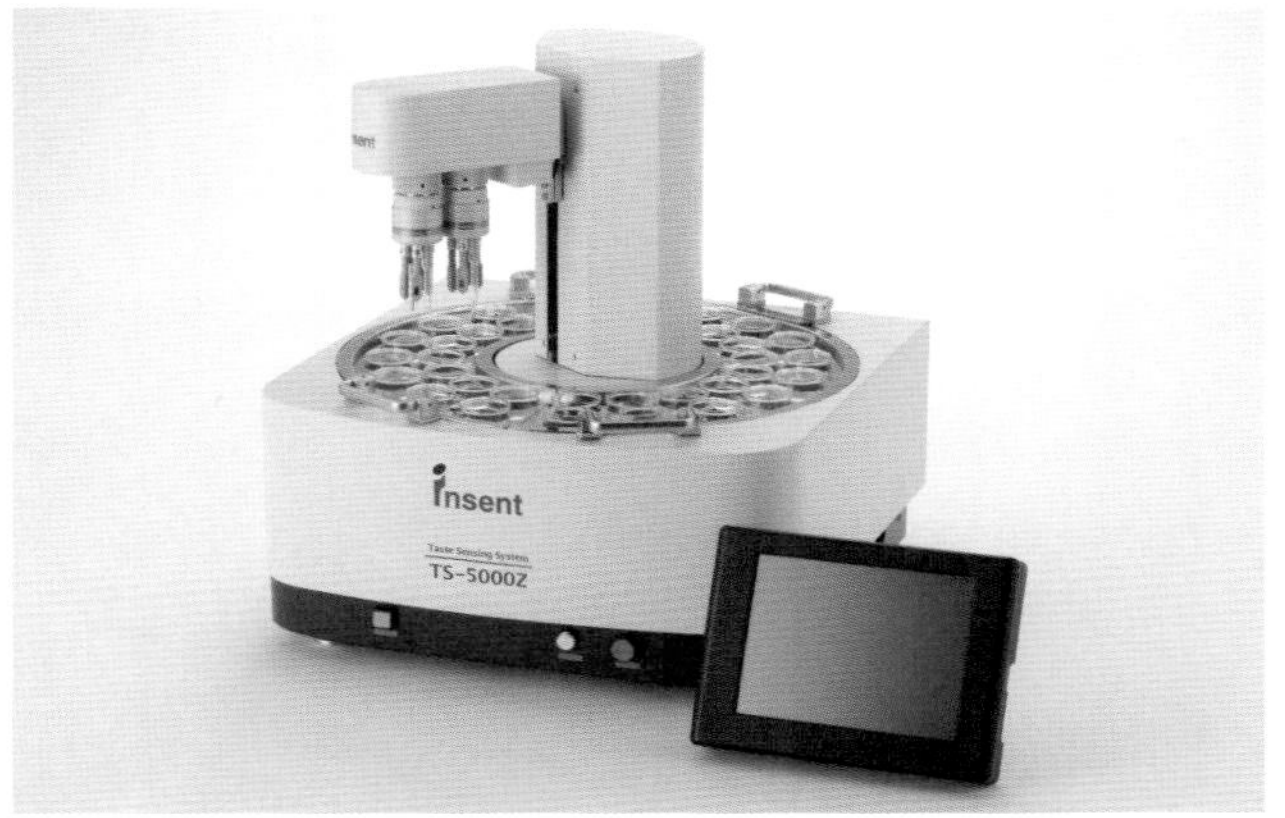

焙煎度合いの違う豆を味覚センサーにかけてみる

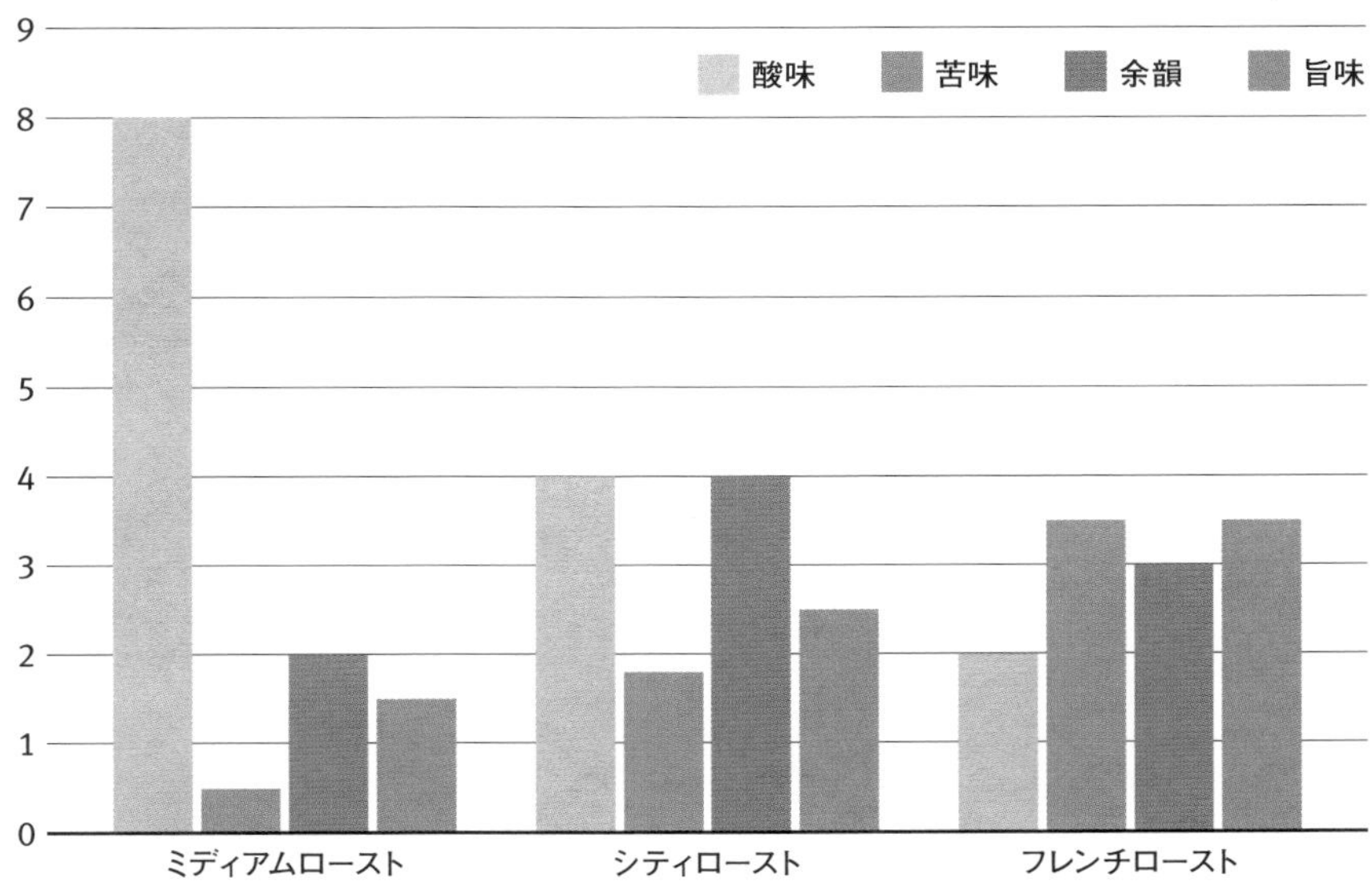

酸味はミディアム>シティ >フレンチの順に強く、ミディアムは酸味主体のコーヒーであることがわかります。苦味はフレンチ>シティ >ミディアムの順に強く、フレンチは苦味のコーヒーであることがわかります。

旨味はフレンチ>シティ >ミディアムの順に強く、焙煎の深いほうに旨味を感知しています。余韻はシティ >フレンチ>ミディアムの順で、この試料でのシティは酸味と甘い余韻があるコーヒーといえます。

生豆の賞味期限を知る

1 生豆は、流通過程で成分変化します。最も成分変化の少ないものは、真空パック（10kgから35kg程度）を使用し、リーファーコンテナ（15℃）で輸送し、定温倉庫（夏場15℃）に保管する方法です。総酸量、総脂質量の低下は免れ、脂質の劣化（酸価）も目立ちません。多くの場合、1年間は鮮度が保持され、風味劣化は抑えられます。

2 対して、多くの汎用品に見られる麻袋での梱包、ドライコンテナ輸送、常温倉庫保管の場合は、入港時点で総酸量、総脂質量の低下がみられ、その後も経時変化が大きく生豆の鮮度を長く保持できません。したがって、入港後できるだけ早く使用するのがよいでしょう。

真空パックやリーファーコンテナを使用できない生産地も多くありますので、その場合はグレインプロ（グレインプロ社）を使用し、定温倉庫に保管すれば6か月程度は鮮度維持が可能となります。

もちろん、産地や品種などによって差がありますので、経験によりそれらを判断することが求められます。

上から2019-20クロップ（収穫年）、2018 -19クロップ、2016-17クロップ。コーヒーの場合は、ワインと異なり保存状態がよくとも風味劣化しますので、1年以内に消費するほうがよいと考えます。

焙煎豆の賞味期限と保存方法を知る

1　焙煎が終了した段階から、焙煎豆は炭酸ガスと同時に香り成分を放出します。また、焙煎豆は、酸素、光、温度、湿気などの影響を受けますのでなるべく密封容器に保存し、冷暗所に保存する必要があります。３週間程度であれば問題ありませんが、それ以上の長期保管の場合は冷凍庫での保管がよいでしょう（P74表）。特に、粉の場合は、購入後速やかに冷凍することをお勧めします。

焙煎豆の水分値は2～３%ですので、カチカチに凍りません。取り出してすぐに粉にして、そのまま抽出すればよいでしょう。常温に戻す必要はありません。

2　賞味期限（開封しない状態）は、５日以上日持ちする食品のパッケージに表示義務がありますが、製造日の表示は義務付けられていません。賞味期限の設定の仕方は各社異なります。自家焙煎店の場合は、量り売りもあり、賞味期限の表示がない場合も多く見られます。焙煎日がわかりませんので、最終的には消費者が鮮度を判断するしかありません。鮮度がよく、炭酸ガスが含まれている場合は、熱水をかければ粉が熱水を吸い込み膨張します。この状態のコーヒーは、飲みやすく、胃に負担がかからないように感じます。

コーヒーキャニスター

コーヒーの焙煎日からの風味の変化

コーヒーの風味は、表のように焙煎日からの日数で変化していきます。煎り立てのコーヒーを購入し、密封容器に入れ常温で保管した場合、購入日、3日後、1週間後、2週間後、3週間後に飲むと微妙に風味の違いが理解できます。

ケニア・キリニャガ産／シティロースト pH5.3／25gの粉、2分30秒で240ml抽出

◎ よく膨らむ　○ 膨らむ

焙煎日からの経過時間	粉の膨らみ	風味
当日	◎	新鮮な風味で軽い印象、香り高く、柑橘の酸と甘い余韻
3日	◎	軽やか、明るい酸、味にやや丸み、当日との風味差は小さい
7日	◎	軽やか、柑橘の酸にプラムの明るい酸、コクも感じる
10日	○	まだ新鮮な状態、コクの輪郭が明確になる
14日	○	しっかりした風味で、キャラメルのような濃厚な味わい
21日	○	やや香りが弱くなる、甘いチョコレート余韻が残る（適切な焙煎[*14]が施され、鮮度保持されている場合）
冷凍[*15] 1か月	◎	常温[*16] 7日以内と風味差はない、コクがあり、味がまろやか
冷凍 3か月	○	やや香りが低下するも軽やかな風味、鮮度状態はよい

＊14　適切な焙煎：短時間焙煎ではなく、焙煎豆の内部まで均一に焙煎されています。焙煎による過度の苦味や煙臭がなく、風味の変化が緩やか。

＊15　冷凍：家庭用の冷凍庫に保管、アルミ包材（バルブ付）を、ジップロックに入れ保管、未開封。取り出してすぐに粉にして抽出

＊16　常温：ビンにいれ冷暗所に保管、200ｇを順次使用していったときの味

サンプルロースターとしても使える **1kg以内の小型焙煎機**

ディスカバリーは小型焙煎機をさらに小さくしたモデルで、サンプルロースターとして使用でき人気があり、家庭でガスの接続もできます。NOVOは全自動で便利なため利用範囲は広いですが、価格がやや高めで業務用として使用されています。パナソニックはサンプルロースターもしくは趣味用として家庭利用も可能ですが、生豆50g（焙煎後は44g前後）しか焙煎できません。自分の使用目的とかみ合えば便利です。

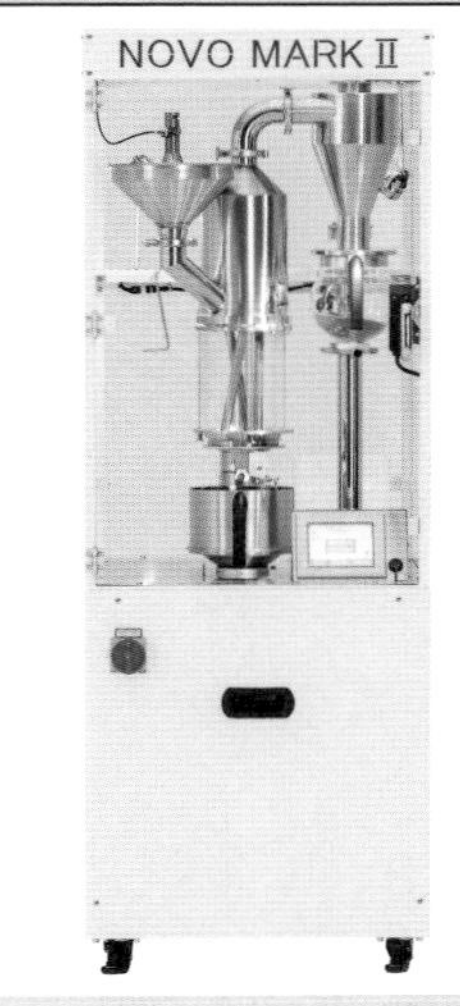

ダイイチデンシ

NOVO

容量 1kg以内

熱源 熱風／電気

全自動焙煎機、プログラムで初心者でも簡単に焙煎できる、設置場所の制約が少ない。その価値の分、価格はやや高め。

富士珈機

ディスカバリー

容量 250g以内

熱源 半熱風／直火／ガス

日本製／サンプルロースターとして便利。

パナソニック

The Roast Expert

容量 50g以内

熱源 熱風／電気

一般家庭用／サンプルロースターとして便利、iPhone ／ iPad と連動（iOSのみ対応）。

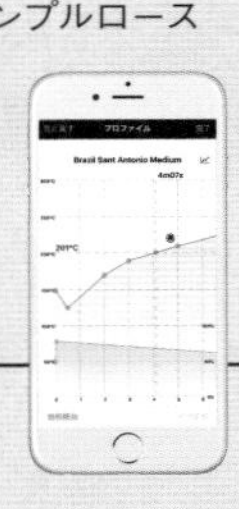

ダイイチデンシ（株）
https://baisenki.com/company

パナソニック
https://panasonic.jp/roast/

（株）富士珈機
http://www.fujiko-ki.co.jp

焙煎を楽しむ

1 手網や家庭用の小さな焙煎機で焙煎をする人も増えてきました。ただし、個人で楽しむ場合でも、おいしい風味のためには生豆の品質が最も重要です。さらに焙煎した豆を抽出してその良し悪しの判断をするにはテースティングスキルが必要です。ですから、自分で焙煎するとしても、よい店のよい豆をいつもお手本にすることが重要です。

2 写真の小さな焙煎機は、iPad、iPhoneと連動します。①熱源が電気である、②プロファイルを指で簡単に操作できる、③操作が簡単である、④サンプルローストとしても使用できるなどの利点があり便利です。

しかし、①プロファイルを少し変えただけで風味が変化してしまうこと、②そのためテースティングスキルがないと自分でプロファイルを決められないこと、③生豆で50ｇ（煎り上がりが44ｇ）しか焙煎できないことなど気になる点もあります。それでも、操作が簡単で、10分あれば焙煎が完了します。また、連続して焙煎でき便利です。

3 プロファイルは無限に作成できますがそれにともない風味は変わります。

パナソニックの焙煎機 The Roast Expertを使用し、グァテマラ・パカマラ種と雲南・ティピカ種を焙煎してみました。

パナソニックの焙煎機
The Roast Expert

ローストのプロファイル

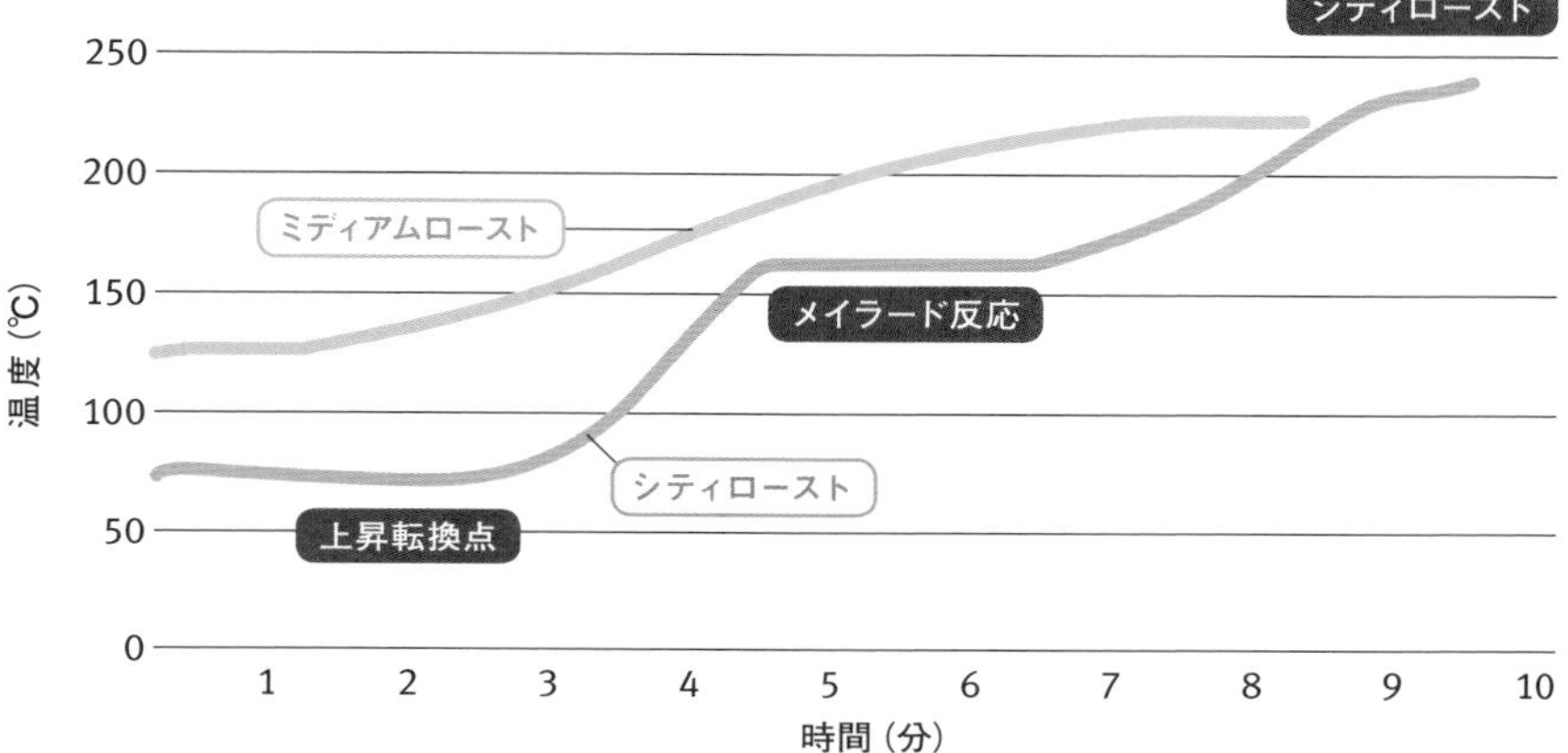

筆者が作成したローストのプロファイル。この焙煎機ではフレンチローストの深い焙煎は難しくシティローストのプロファイルを作成。連続焙煎が可能です。

グァテマラ産／パカマラ種／ 2018-19 ／ 20gで240mlを2分で抽出

焙煎度	pH	Brix	テースティング	score
Medium	5.1	0.9	フローラルで、果実の風味	44/50
High	5.2	1.1	オレンジにラズベリー、クリーンで華やか	48/50
City	5.4	1.2	黒ブドウや乾燥プラム	45/50
French	5.5	1.2	乾燥プラム、苦味が強くなる	40/50

パカマラ種はミディアムからシティローストあたりで華やかな果実の風味が出ます。

中国雲南省産／ティピカ種／ 2019-20 ／ 20gで240mlを2分で抽出

精製法	pH	Brix	テースティング	score
湿式	5.4	0.8	きれいなティピカですが、酸味、コクがやや弱め	39/50
PN	5.4	1	甘い余韻がありますが、冷めるとかすかに渋味	38/50
乾式	5.4	1	よい乾式ですがカップにばらつきも出ます	37/50

ティピカ種の生豆の外観は肥料不足の印象。豆のサイズも小さめ。全体的に他のティピカ種の産地に比べ酸味がやや弱く、冷めるとかすかに濁り感が出ます。ただし、雲南のティピカ種は希少。ScoreはLesson 11の評価方法によります。

Lesson 4

抽出の「基本のき」を理解する

この20年間、生豆の品質は向上し、さらに焙煎機の種類も増加し、コーヒーの風味はより豊かになりました。そのような大きな変化の中で、求められる抽出は「生豆の品質を十分に反映した焙煎豆が持つ風味のポテンシャルを表現すること」以外にありません。そして、多様な風味の個性を表現するためには、従来の抽出を再考し、柔軟に対応していく必要を感じています。

本書における抽出は、主にハンドドリップとし、コーヒーの風味の「多様性」を知り、新たな「おいしさ」を発見し、自分自身の最良の抽出チャート[*1]（Coffee brewing chart）を完成させることを最終目標（Lesson9）にしています。

本書では、自らの味覚と比較するために、抽出液の酸の強さをｐＨ計で、抽出液の濃度をＢｒｉｘ計で計測しわかりやすく表示しました。

しかし、測定数値には、測定温度、抽出時の熱水温度、粉の粒度、焙煎日からの経過日数、抽出方法による誤差がありますので、あくまで目安とお考えください。

※pHの1.0の差は、味覚において10倍程度の差がありますので、例えばpH4.8ケニア産とpH5.1のブラジル産の酸味の強さは官能的に感知できます。
※Brixは、水にショ糖を溶かした溶液は光の屈折率が水よりも大きくなるという原理を用いた数値で、液体のなかに溶け込んだ質量である濃度を意味します。コーヒー抽出液には、多糖類（水溶性食物繊維など）の一部や多くの物質が溶け込んでいます。
※抽出液の測定は、25℃±2℃で3回計測（n=3）しています。
※試料は、入港後3か月以内の生豆を焙煎して使用しています。
※全て、生産履歴の明確なSPですが、表示は生産国、生産地区までとしました。
※Lesson4以降の抽出は、表示のない場合は熱水温度93℃±2℃で抽出しています。

抽出の基準値

下の表は、ペーパードリップ、フレンチプレスで25gの粉を使用し3分で240ml抽出した時の数値、エスプレッソは、20gの粉を25秒で40ml抽出した時の数値。L値は、分光色差計SA4000（日本電色工業製）による数値です。

焙煎度	L値	pH	Brix		
			ペーパー	フレンチプレス	エスプレッソ
ミディアム	22.2	4.8~5.0	1.7	1.5	
ハイ	20.2	5.1~5.2	1.6	1.5	
シティ	19.2	5.3~5.4	1.5	1.5	
フルシティ	18.2	5.5~5.6	1.5	1.5	11.0
フレンチ	17.2	5.6~5.7	1.4	1.5	

ペーパードリップ

フレンチプレス

エスプレッソ

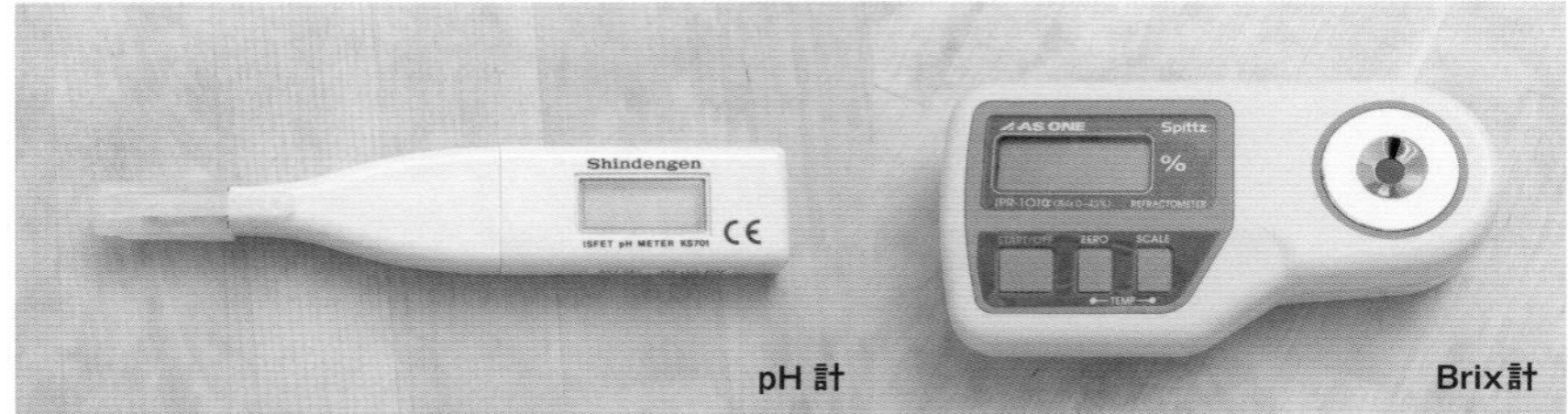

pH 計　**Brix計**

●pH計（アイスフエトコム（株）ポケットpH計）　Brix計（アタゴデジタル糖度計）

＊1　抽出チャート：様々な粉の量と抽出時間の組み合わせから生じる風味を官能評価とpH、Brixの数値と照らし合わせた表。そこから自分の好みを見つけることが可能となります。

粒度、粉の量、熱水温度、抽出時間、抽出量により風味は変化する

1

コーヒーの抽出とは、「粉砕したコーヒーの粉に、85～95℃の熱水を注ぐ、もしくは浸すなどの方法により、コーヒーに含まれる純良な成分を溶解し、浸出させ、飲用に適する抽出液を作ること」です。様々な抽出器具が開発され、日常的に使用されています。

2

コーヒーの風味は、①粉の粒度、②粉の量、③熱水の温度、④抽出時間、⑤抽出量により影響を受けます。

「粒度が細かい、粉の量が多い、熱水温度が高い、抽出時間が長い、抽出量が少ない」状態であれば、成分の溶解度は高くなり、液体の濃度（Ｂｒｉｘ＝溶液１００ｇあたりに、溶質が何ｇ溶けているかを表した質量パーセント）は高くなります。結果として濃縮感のある風味になります。

したがって、抽出においては、適切な風味を生み出す粒度、粉の量、熱水温度、抽出時間、抽出量の相関を理解することが「基本のき」となります。

|3| よく本には、「中挽きで、２人分の粉25ｇを使用し２６０mlを85℃の湯で2分間かけて抽出します」と書かれていますが、正しいのでしょうか？

２人分の抽出が、20ｇで３００mlではいけないのでしょうか？　２人分の粉が30ｇで湯が95℃ではいけないのでしょうか？　こうした当たり前のように言われていることに疑問を持つことから抽出の基本はスタートします。

|4| グラフ(1)は、粒度、抽出時間、熱水温度を同じにして、粉の量と抽出量のバランスだけを見たものです。ブルーのラインを標準的な風味と仮定すると、ラインより上は濃度の高い領域となり、下は濃度の低い領域になります。

また、グラフ(2)は、抽出時間が長くなれば（もしくは粉の量が多く、粒度が細かくなれば）Ｂｒｉｘが高くなり、濃度の高いコーヒーになることを示しています。

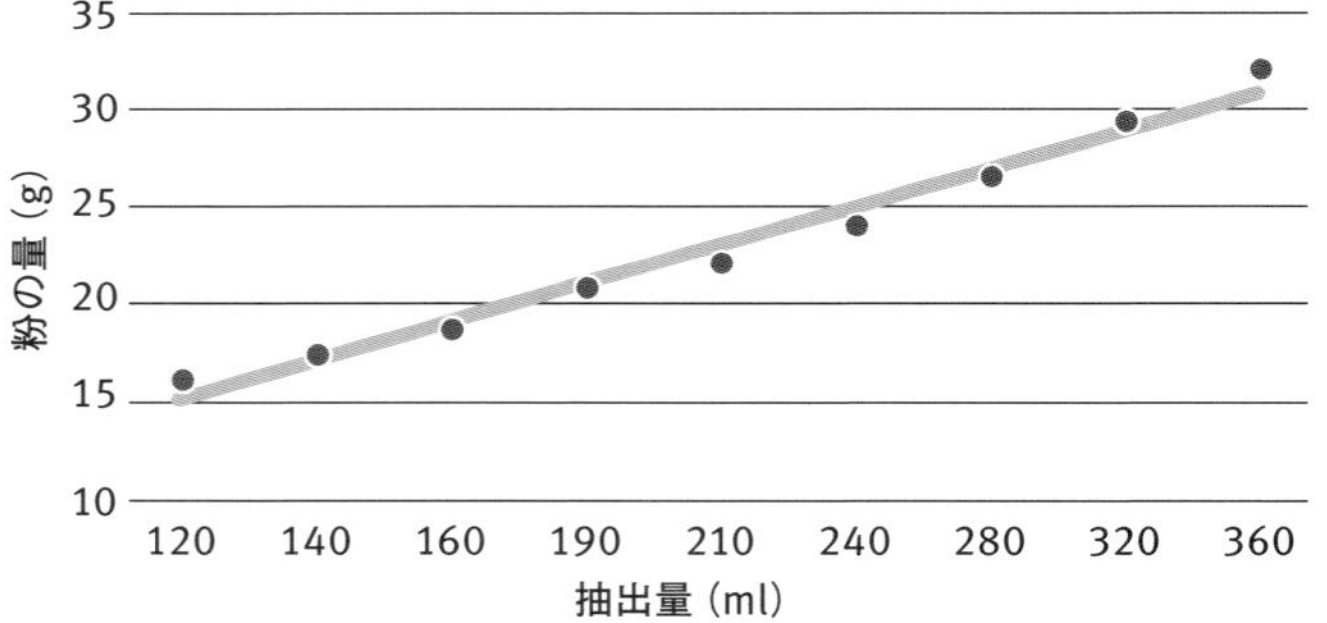

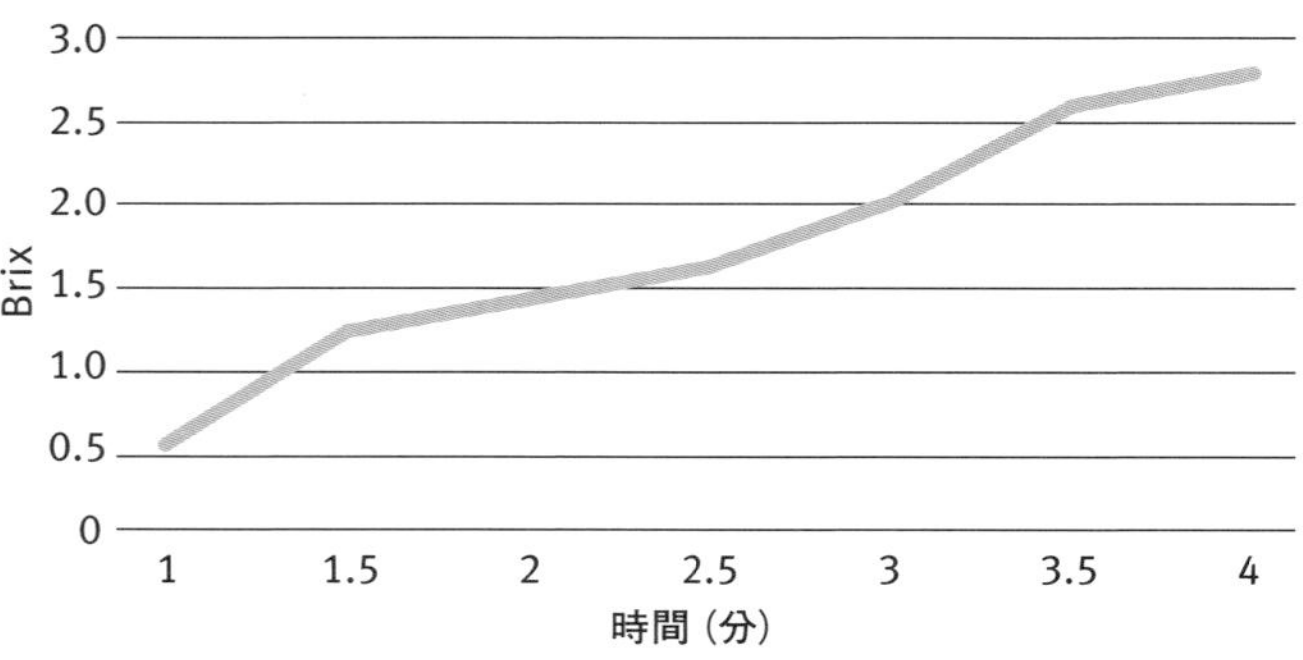

透過法と浸漬法の違いを知る

1 コーヒーの風味は、焙煎度、粉の粒度、粉の量、抽出時間、熱水の温度などで変動しますが、さらに抽出方法や抽出器具で大きく変わる可能性があります。抽出方法は大別すると透過法と浸漬法とエスプレッソの3種類（P87表）となります。

2 透過法はドリップともいわれ、ペーパードリップ、ネルドリップなどがあります。ドリップは、簡単にいえば「湯を少量ずつ断続的に注ぐ（もしくは蒸らす）ことによりコーヒーの成分を溶解し、浸出させ、ろ過する抽出方法」となります。

喫茶店、コーヒーショップ及び家庭でもこの方法が多く取り入れられています。2010年以降は、米国でもバリスタ[*2]がペーパードリップに興味を持ち広がりました。また、ペーパーを使用しないステンレスなどの金属フィルターも増加傾向にあります。競技[*3]会なども国内外で行われています。

本章での透過法は、熱水を少量注いで20～30秒蒸らしてから湯を注ぐ方法と、少量ずつ断続的に熱水を注ぐ方法の2種に分けて考えることとしました。

3 浸漬法は、フレンチプレス、サイフォンなどが代表的で、「粉全体が湯に浸っている状態で成分を抽出する方法」です。

フレンチプレスは扱いが簡単で、２０００年以降日本でも広がりを見せています。２０１０年以降は、サイフォンも見直され（１９９０年以前の喫茶店全盛期はサイフォン使用店が多かった）つつありますが、一般家庭での使用は少ない状態ですので本書では省きました。

4

生豆を焙煎すると、水分が蒸発し、細胞組織は収縮しますが、さらに加熱すると内部は膨張し蜂の巣のような空胞（多孔質構造・下写真）ができます。このとき、コーヒーの成分が空胞の内壁に付着し、炭酸ガスが閉じ込められます。多孔質構造の空胞の大きさはフレンチローストで０・０９㎜ほどで、粉砕しても粉の中にこの構造が残りますが、細挽きほど空胞が壊れやすく、炭酸ガスは失われ、成分は空気に触れて酸化しやすくなります。この空胞内の炭水化物（多糖類）などの成分を熱水で溶解しやすくする作業を「蒸らす」ということだと推

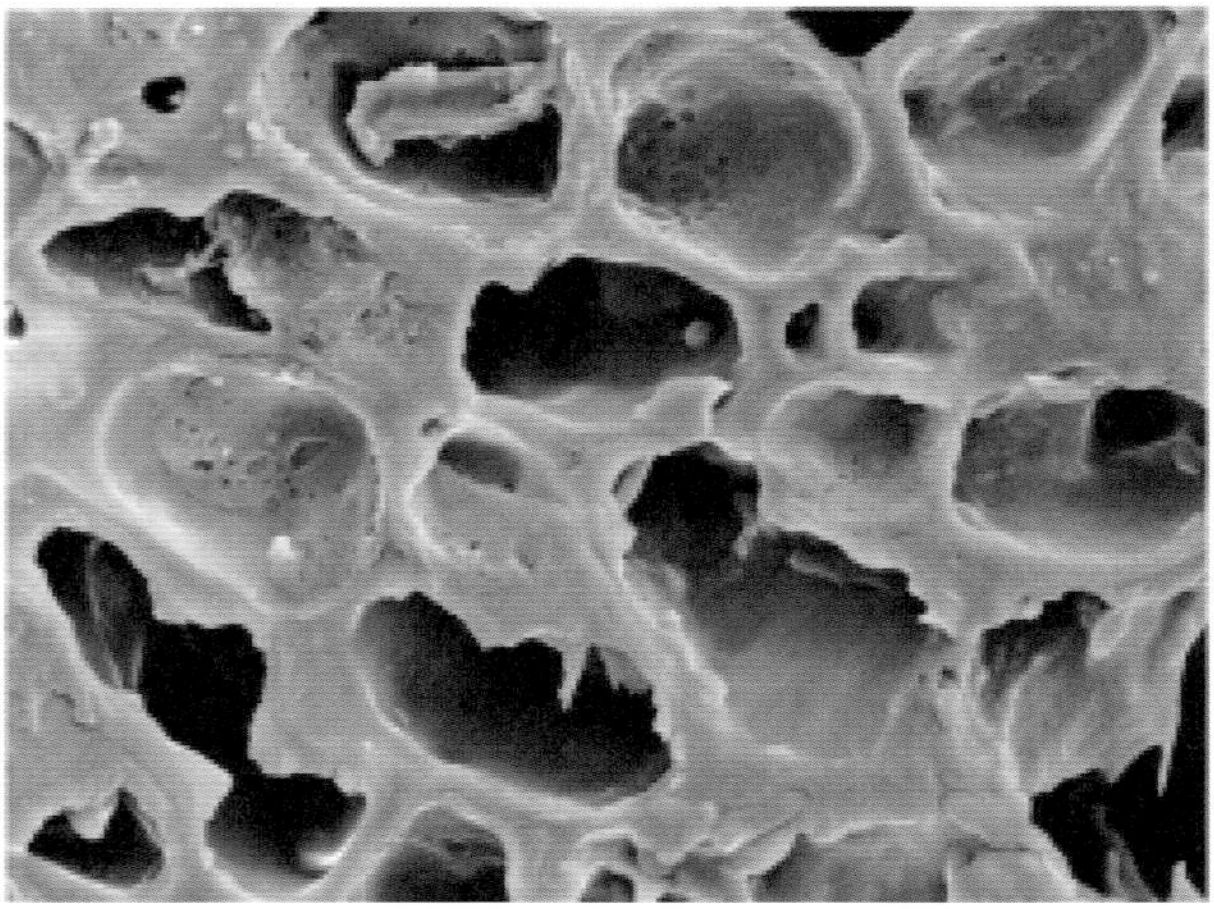

多孔質構造：電子顕微鏡/空胞はCO_2ガスで満たされ、可溶物が閉じ込められています。

測します。

5 断続的透過法とは、少量の湯を連続して注ぐ方法です。熱水が粉の層に徐々に浸透し、成分を溶解し、その成分を含んだ熱水が下の層に浸透しさらに成分を溶解していくということが断続的に行われ、全体として濃縮された抽出液を生み出していく方法です。

＊2　バリスタ：イタリアのバール（コーヒー店）で働く人をはじめ、幅広くコーヒーカウンター内でコーヒー（エスプレッソなど）を抽出する人の総称。
＊3　競技会：SCAJ（日本スペシャルティコーヒー協会）では、JHDC（ジャパンハンドドリップ選手権）、JSC（ジャパンサイフォニスト選手権）、JBrC（ジャパンブリューワーズカップ）などの競技会を開催しています。

主な抽出方法

蒸らし透過法

手法　熱水を注ぎ20～30秒蒸らし、さらに熱水を注ぎます

抽出器具　**ペーパードリップ**

断続的透過法

手法　熱水を少量ずつ、断続的に注いでいきます

抽出器具　**ペーパードリップ**
ネルドリップ

浸漬法

手法　粉と熱水が常に接している状態になります

抽出器具　**フレンチプレス**
サイフォン

エスプレッソ

手法　7gの粉で30mlのコーヒーを30秒で抽出します

抽出器具　**エスプレッソマシン**

抽出方法による味覚の差

グァテマラ・アンティグア産／湿式／シティローストpH 5.4

25ｇの粉を使用し2分30秒で
240ml抽出し味覚センサーにかけた結果

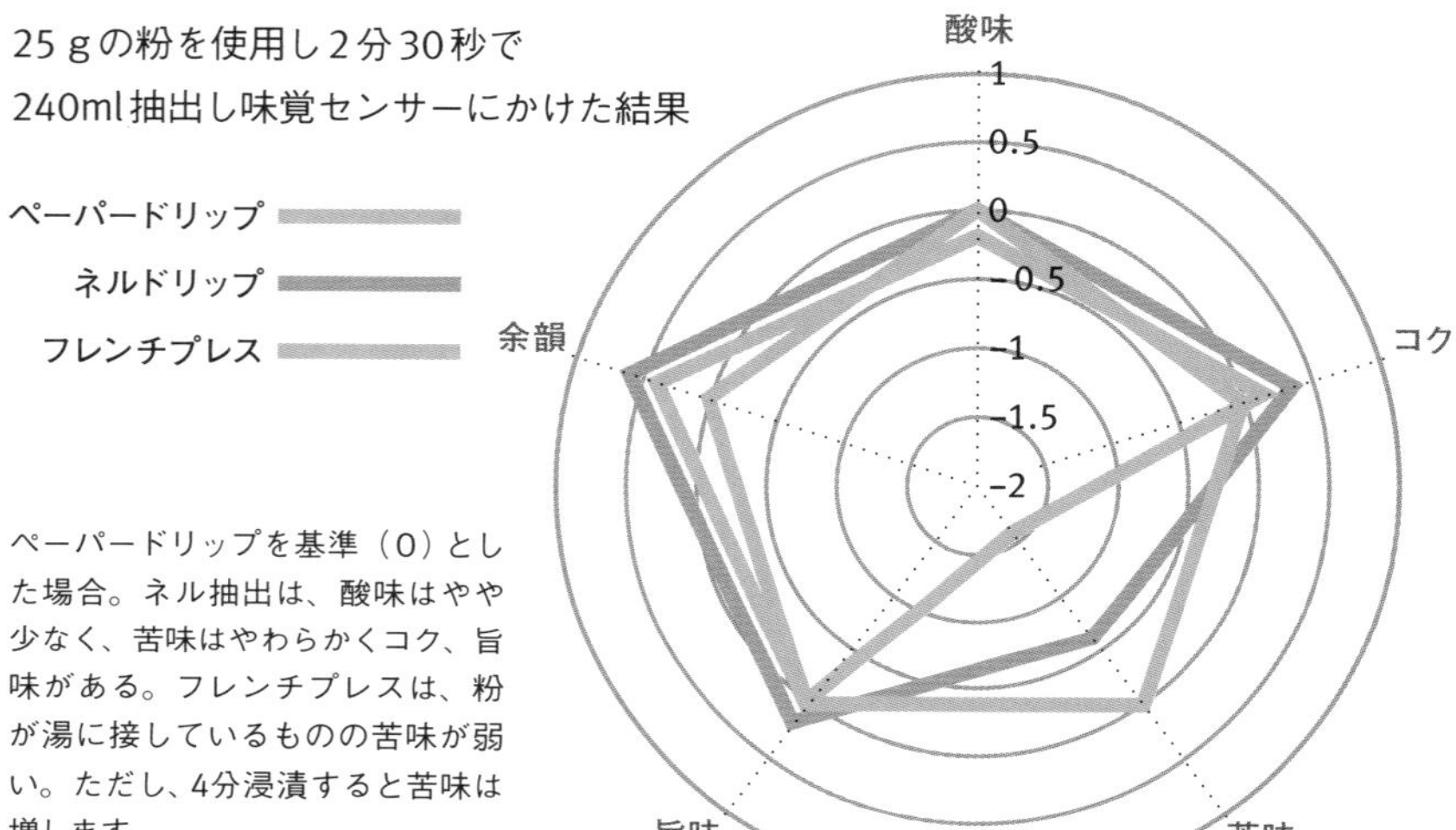

ペーパードリップを基準（0）とした場合。ネル抽出は、酸味はやや少なく、苦味はやわらかくコク、旨味がある。フレンチプレスは、粉が湯に接しているものの苦味が弱い。ただし、4分浸漬すると苦味は増します。

抽出器具のメリット・デメリット

ペーパードリップ

長所 好みの味を作ることができる
後処理が楽

短所 抽出が難しく、風味が変動しやすい

ネルドリップ

長所 なめらかなコクのあるコーヒーを作ることができる

短所 抽出が安定しない
ネルを水につけて保管するなど手入れが面倒

フレンチプレス

長所 抽出条件を決めれば簡単に抽出できる

短所 微粉で抽出液に濁りが生じる
器具を洗う手間がかかる

本章で使用する基本の抽出器具

＊○印は必須アイテムで△はあれば便利です。

おいしいコーヒーを抽出するためには、抽出器具が必要になりますので、整理しました。

器具	必要度	説明
ドリッパー	○	主に円錐形と台形の2パターン
ペーパー	○	各メーカー推奨のものを使用しました
金属フィルター	△	ペーパーを必要としませんが微粉が出ます
グラスポット	△	抽出量がわかるので便利。ビーカーでも可能
ドリップポット	○	ペーパードリップには必須
計量スプーン	△	一般のスプーンで代用可能
湯沸かしポット（やかん）	○	ティファールなどが便利（温度計付きもある）
温度計	△	あれば便利
はかり	○	正確な抽出量を測るため必要
タイマー	○	正確な抽出時間を測るため必要
コーヒーミル	○	できれば準備してください
フレンチプレス	△	ペーパードリップ以外の抽出

抽出方法にあった ドリップポットを 選択する

|1| コーヒーの抽出には、抽出方法に見合ったドリップポットが必要になります。

ドリップポットは、やかんもしくは湯沸かしポットから熱水（98℃前後）を移して使用します。ポットに注がれた熱水は95～96℃になり、粉と熱水が接するときの最初の温度は93～95℃前後となります。

この時ポットに蓋をすると温度が下がりにくくなり、蓋なしの場合は抽出の2～3分の間にやや温度が低下します。

|2| 2人分くらいまでの抽出には700ml前後の容量のポットが持ちやすく、400～500mlの熱水を入れ

じょうろタイプ（注ぎ口が長い）

最近はこのタイプを多く見かけます。初めに30秒蒸らし、数回に分けて淹れるような方法には向いています。粉の中心から外側に向って注ぎやすい反面、熱水がやや放物線を描くため狙ったポイントからずれやすいものもあります。また、ラッセルホブスのように点滴ができるようなものもあります。

カリタ

ハリオ

ラッセルホブス

て使用します。3人分以上であれば熱水を注ぎ足せばよいでしょう。なお、抽出ポットは抽出のためのものですので、直接火にかけないようにしてください。

点滴タイプは一滴ずつ落とすことができます

点滴タイプ

根元が太く、先が細いようなタイプは、熱水を一滴ずつ落とす、もしくは10ml程度の熱水を狙ったポイントに注ぐような抽出に向いています。

私は、ユキワのポットの注ぎ口をベロのように曲げたものを使用していましたが、その後はカリタの銅ポット（700ml）などを使用しています。

1000ml以上の容量が大きなポットは、重く、肘に負担がかかりますので避けたほうがよいでしょう。

カリタ

ユキワ

月兎印

ミルの性能は風味に大きな影響を与える

|1| 焙煎豆では、十分に成分が抽出されませんので、粉にして抽出します。そのためミル（粉砕機器）が必要になります。お店で粉の状態で購入することもできますが、焙煎したての新鮮なコーヒー豆を自分で挽くとコーヒーの風味をより深く体験できます。

|2| 家庭向きの手動、電動ミルのほか、業務用の電動ミルもあります。中煎りから深煎りまで均一に挽け、微粉（0・1㎜以下程度）が少ないほうがよいといえます。粉砕部の構造は様々で、その性能により風味に影響が出ます。

|3| ハンドルを回す手動式は、粒度の調整が簡単にできるものが便利です。やや挽く手間がかかりますが、デザインも様々でディスプレイ効果もあります。手動ミルは、力を込めてハンドルを回すため、やや重いほうがしっかりと手で固定できて回しやすいと思います。ビンテージのミルも人気があります（下写真）。

|4| ミルに必要な性能は、①均一に挽けること、②微粉が少ないこと、③

ビンテージコーヒーミル

耐久性があることなどが考えられます。微粉は味をややきつくしますが、本書では特に微粉を除きません。どうしても微粉が気になる方は、茶こしなどを使用すればよいでしょう。微粉を除いたものと除かないものをブラインドで飲み比べ、どちらが好きですかとセミナーで30人に質問しましたが、好みは半々に割れました。

主な手動式ミル

コーノ

軽やかに挽け、高性能ですが、20年前に販売終了しています。

ポーレックス

セラミックの歯で、分解して洗えます。持ち運びに便利です。

http://www.porlex.co.jp/

ハリオ

多くのミルがあります。日本のメーカーで安定性があります。

https://www.hario.com/

プジョー

車よりも先にミルを製造していた老舗メーカー。価格がやや高めですが性能は確か。

http://peugeot-mill.com/mill/coffee.html

カリタ

日本のメーカーで、昔から多くのミルを作り安定性があります。

https://www.kalita.co.jp

ザッセンハウス

価格がやや高めですが安定した性能です。

https://0141coffee.jp/?pid=116645891

様々な電動ミルと選び方

1 電動ミルで、羽を回転させ豆を粉砕するもの（プロペラ式）は安価ですが、粉度の調整ができません。均一に挽くために途中で蓋を開けて確認し、振りながら挽くなどの工夫が必要です。微粉が多く出る傾向があります。

2 固定歯と回転歯との間隔をダイヤルで調整して粉砕する構造のミル（フラットカッター）の電動ミルは家庭用、業務用で普及しています。粒度を調整できますので、家庭での使用も増えています。私はいくつかの電動ミルを使用（Ｐ95）しています。

3 均一に挽けるものがよいミルです。フラットカッターのものであれば、粒度調整ができますので価格やデザインで決めてもよいでしょう。但し、どのようなミルで挽いても粉の粒度はある程度は分布します。ミルは重要ですが、神経質になりすぎて豆の品質をないがしろにしないでください。摩擦熱は、かなりの量を連続して挽かない限り問題ありません。

留意すべきことは、①粉にしたらすぐに使用すること、②細かくしすぎないことです。粒度が細かすぎると表面積が大きくなり、抽出時間がかかり、抽出液が濃くなりすぎます。

私が使用している主な電動ミル

カリタ
CM-50

プロペラ式は粒度がわかりにくく、途中で確認が必要。振りながら使用し、秒数を決めておくとよいでしょう。

デロンギKG364J

比較的細かい粒度にすることが可能。ペーパードリップ用には粗挽きの目盛りで可能です。大学の研究室で使用しています。

ハリオEVC-8B

1万円代と価格が安いのが魅力です。家庭用として使用するのがよいでしょう。

カリタ
ナイスカットG

小型ミルの定番であるナイスカットミルがリニューアルし、ナイスカットGに。最近はカリタミルの種類が増加しています。

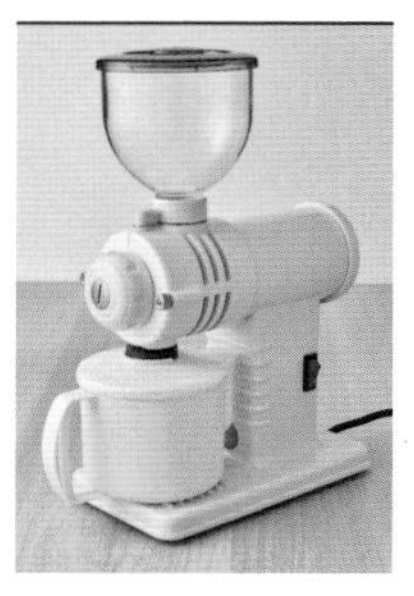

フジローヤル
みるっこ

この大きさでは性能がよく、耐久性があります。小規模喫茶店の使用に耐えられます。

キッチンエイド
KGC0702

家で毎朝のコーヒー抽出の際に使用していますが安定しています。

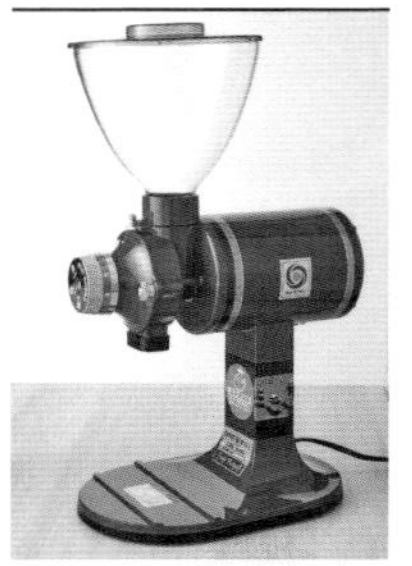

フジローヤル
R-440

研究所のセミナーで使用しています。昔から喫茶店で見かけます。業務用。

ディッティング
KR-804

中挽きから極細まで細かく挽きます。風味が濃くなる傾向が見られます。喫茶、焙煎豆の挽き売り店で使用できます。業務用。

Lesson 5

様々なドリッパー

ハンドドリップの「正しい方法は？」という問いに答えることは難しいものです。コーヒーは嗜好品だから「人それぞれおいしいと感じられればいいでしょう」といってしまえばこの本は必要なくなりますので、できるだけ多くの方が客観的に「おいしいと感じることのできる」抽出技法に迫ってみました。

10年前までに比べると、近年では様々なドリッパーが誕生し、何を使用すればよいのかわかりにくくなっています。2010年代からハリオのV60の使用が米国で広まり、プアオーバー（Pour over／上から注ぐ）という聞きなれない言葉も使用され、ペーパードリップは日本だけのものではなくなりました。湯を注いでから攪拌するなど、従来では考えられなかった抽出方法もみられ、その技法はYouTubeや多くの書籍で知ることができます。

このような抽出の多様化の中で、まずは原点に帰り、ドリッパーの機能性を確かめることから始めました。最終的には、コーヒーのよい風味を表現するためには、焙煎豆の持つポテンシャルが最も重要で、次に抽出の技術があり、最後にドリッパーの機能が重要と考えます。

したがって、ドリッパーの機能性で風味が決まるというより、湯の注ぎ方などの抽出技法のほうが重要といえるでしょう。この章では、様々なドリッパーをうまく使いこなすヒントを提案します。

ドリッパーの機能性について知る

1 各メーカーによって形状の異なる多くのドリッパーが作られていますが、湯の透過に若干の差異がみられます。そのため、各ドリッパーで同じ淹れ方をした場合にはドリッパーの形状から風味に微妙な違いが生じます。最終的には、メーカー推奨の淹れ方を踏襲し、それぞれのドリッパーの特徴に合わせて自分の淹れ方を工夫するのもよいかもしれません。

2 各ドリッパーには、リブ（溝）があり、ペーパーとの隙間を作ることで湯の通り道を作っています。このリブの形や長さも様々ですが、抽出の仕方次第で熱水の通過をコントロールできますので、風味はリブより湯の注ぎ方により大きな影響を受けると考えられます。ただし、リブのないドリッパーは湯の透過効率が極端に悪くなり抽出には適していません。

3 私は、1990年の開業当時からコーノの円錐ドリッパーを使用しています。

当時はカリタやメリタが大部分でしたので差別化のために使用しました（ハリオの円錐〈ハリオV60〉はまだ発売されていませんでした）。現在、研究所の抽出初級セミナーでは、ハリオ円錐も使用しています。

各ドリッパーの機能とBrix

エチオピア・イルガチェフェ産／シティロースト pH5.4 ／ n=3

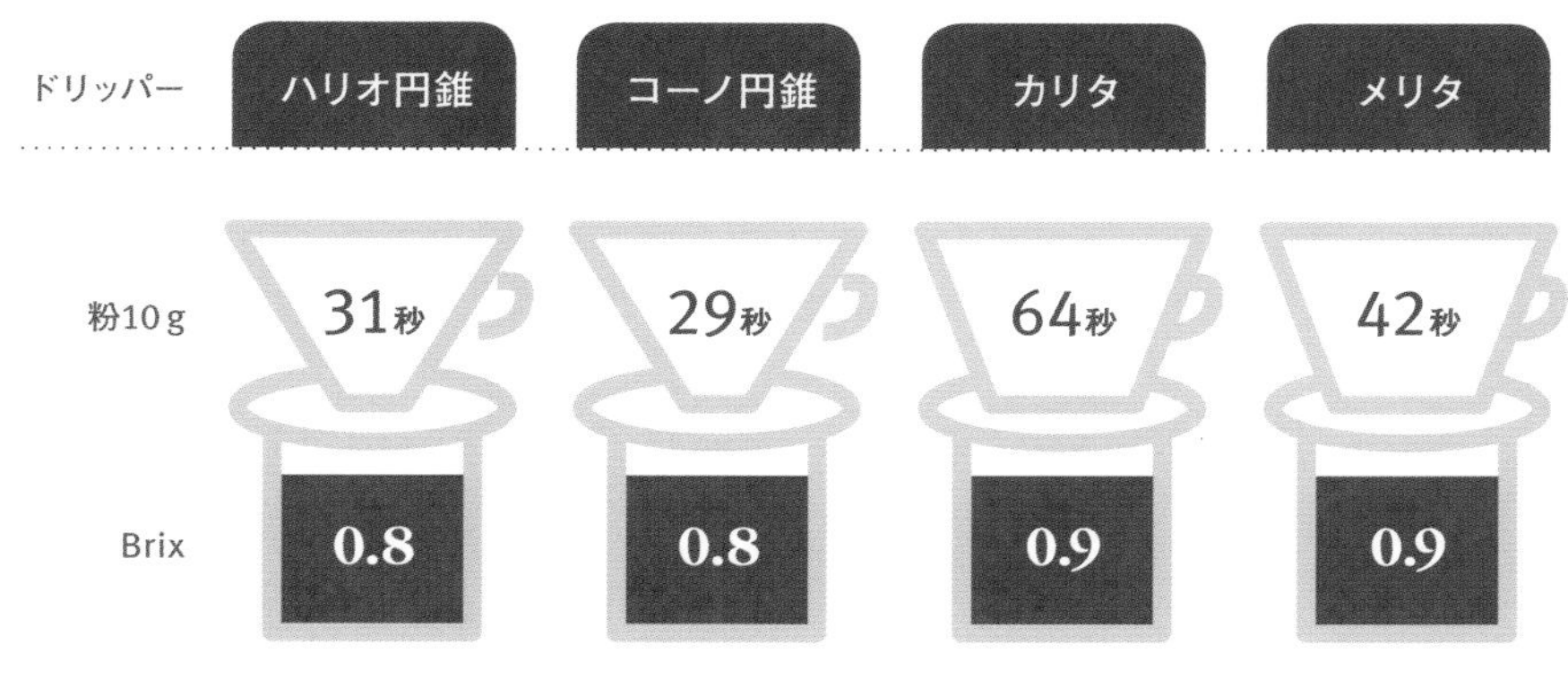

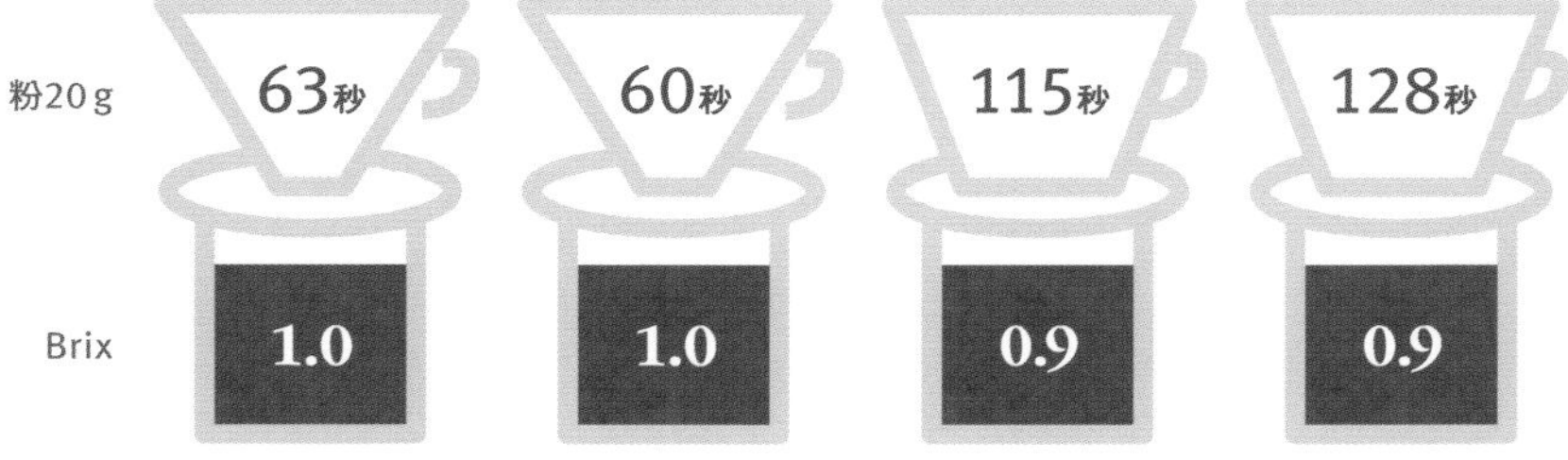

熱水の透過時間に大きな差はみられない　　　ドリップに浸漬法の要素が入り込む

ハリオ円錐　**コーノ円錐**　**カリタ**　**メリタ**

※粉10gに150mlの熱水を、粉20gに250mlの熱水を一気に注ぎ、それぞれ100ml、200mlの熱水が落ちる速度を計測しました。秒数には多少の誤差があります。
円錐は比較的早く熱水が落ちます。そのため濃度を出すためには熱水の投入量をコントロールしてドリップする方法がよいと考えられます。

台形はドリッパーに熱水がたまるため落ちる速度が緩やかになります。カリタ、メリタ共に150mlまでは同じスピードで落ちますが、残り50mlの落ちるスピードが遅くなりますので、熱水の注ぎ方に工夫の余地があるように思えます。
また、熱水の落ちる速度およびBrixは、焙煎からの経過日数の影響も受けます。

伝統的なドリッパーの形状にあった抽出方法とは

1 ペーパードリップ用のドリッパーには、カリタ、メリタ、円錐形のコーノ、ハリオなどがあります。コーヒー店や消費者はそれぞれのドリッパーを使用し、様々な抽出方法で抽出していますので、各メーカーは抽出方法についてあまり関与しない方向にあります。

2 各メーカーの推奨抽出方法をホームページから抜粋しました。

実際に抽出してみると、メーカー推奨の方法には時間が明記されていないため、抽出を一定にするのは意外に難しいと感じます。そのために多くの店は自分のやりやすい方法で抽出しているように思います。最終的には、抽出液の風味で客観的に判断することになりますので、客観的に風味を判断するスキル（Lesson11）が重要になります。

3 各メーカーのドリッパーを使用し、できるだけメーカー推奨方法に従い抽出してみました。粒度はすべてやや粗挽き（P147表）にしました。

抽出液の濃度に違いが出るため風味の質に差異が生じますが、焙煎豆の品質がよければ、すべておいしいコーヒーになります。ドリッパーの選択は個人の好みになりますが、すべてのドリッパーは、熱水の注ぎ方を変えることで好みの味を作ることができる可能性があります。

ドリッパー
1

カリタ

3つ穴

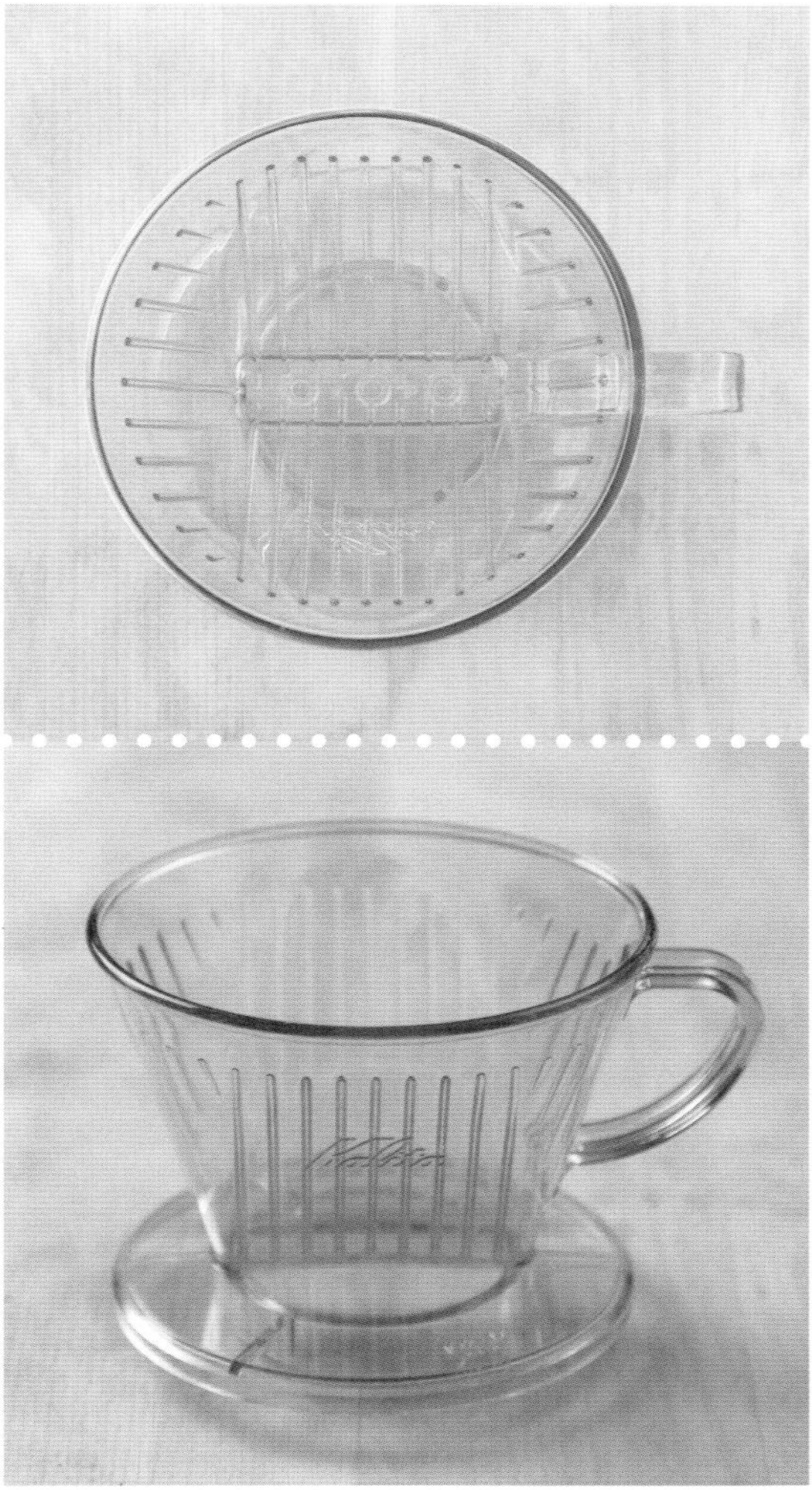

メーカー推奨の抽出方法

92℃の湯を30mlゆっくり注ぎ30秒待ち、2投目は「の」字を書くように3周湯をのせる。3～4投目は2投目と同じように「の」の字を書くように湯をのせていく。

Comment

カリタのこの方法は、一般的に広く浸透している方法です。ドリップに浸漬法の要素が加わります。

エチオピア・イルガチェフェ産／W／シティロースト pH5.3／25gで240ml**抽出**

抽出時間 100 **秒**　**Brix** 1.3

なめらか、飲みやすい。150秒で抽出すればややコクが出ます。

ドリッパー

2

メリタ

1つ穴

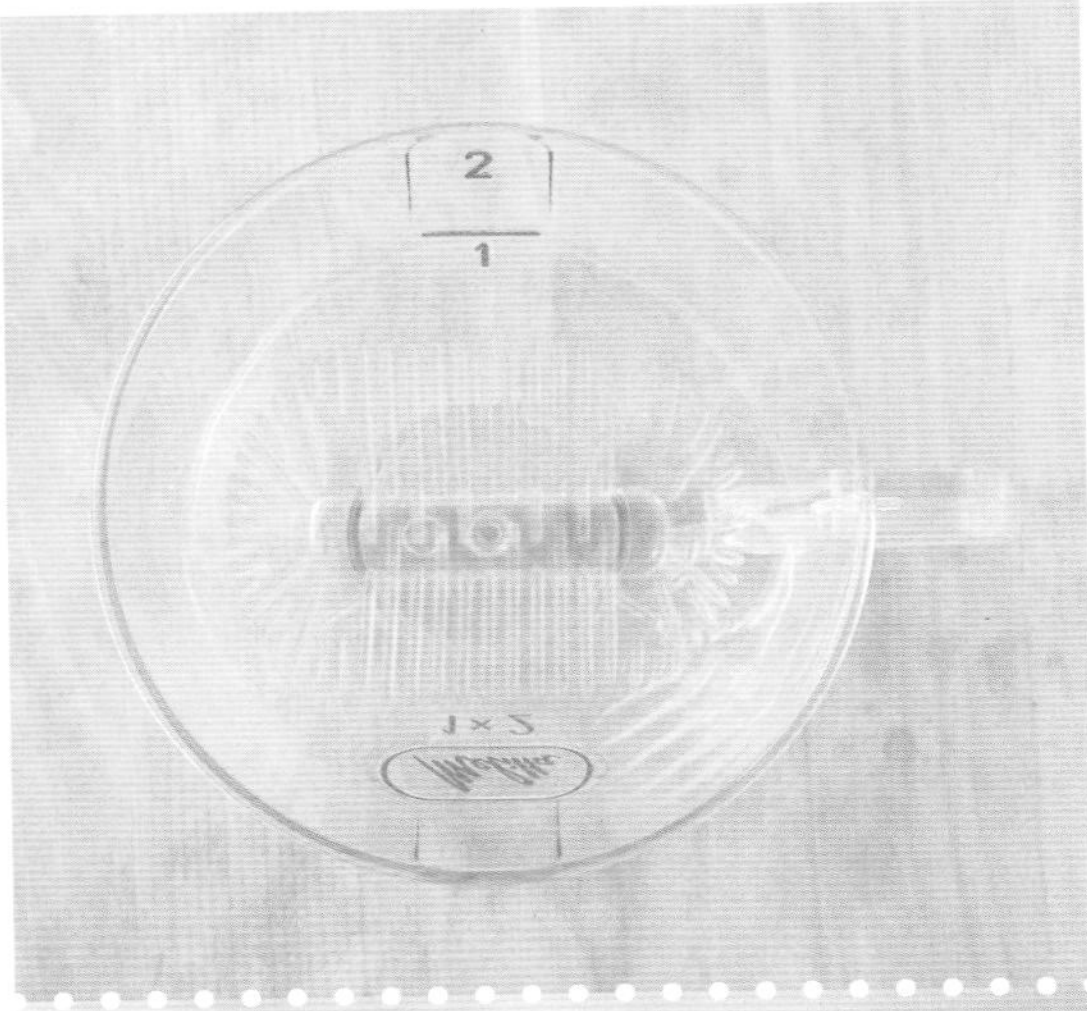

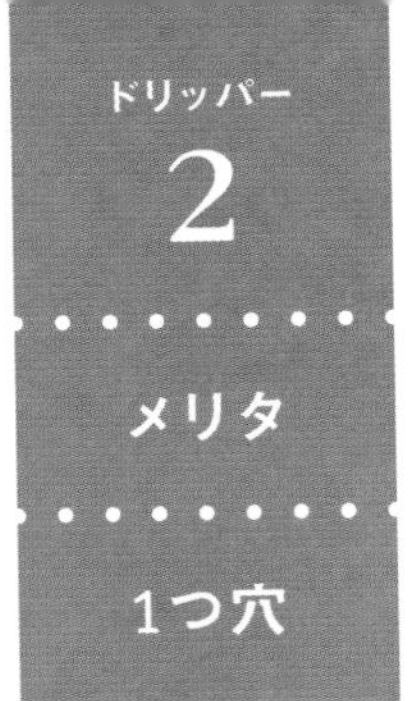

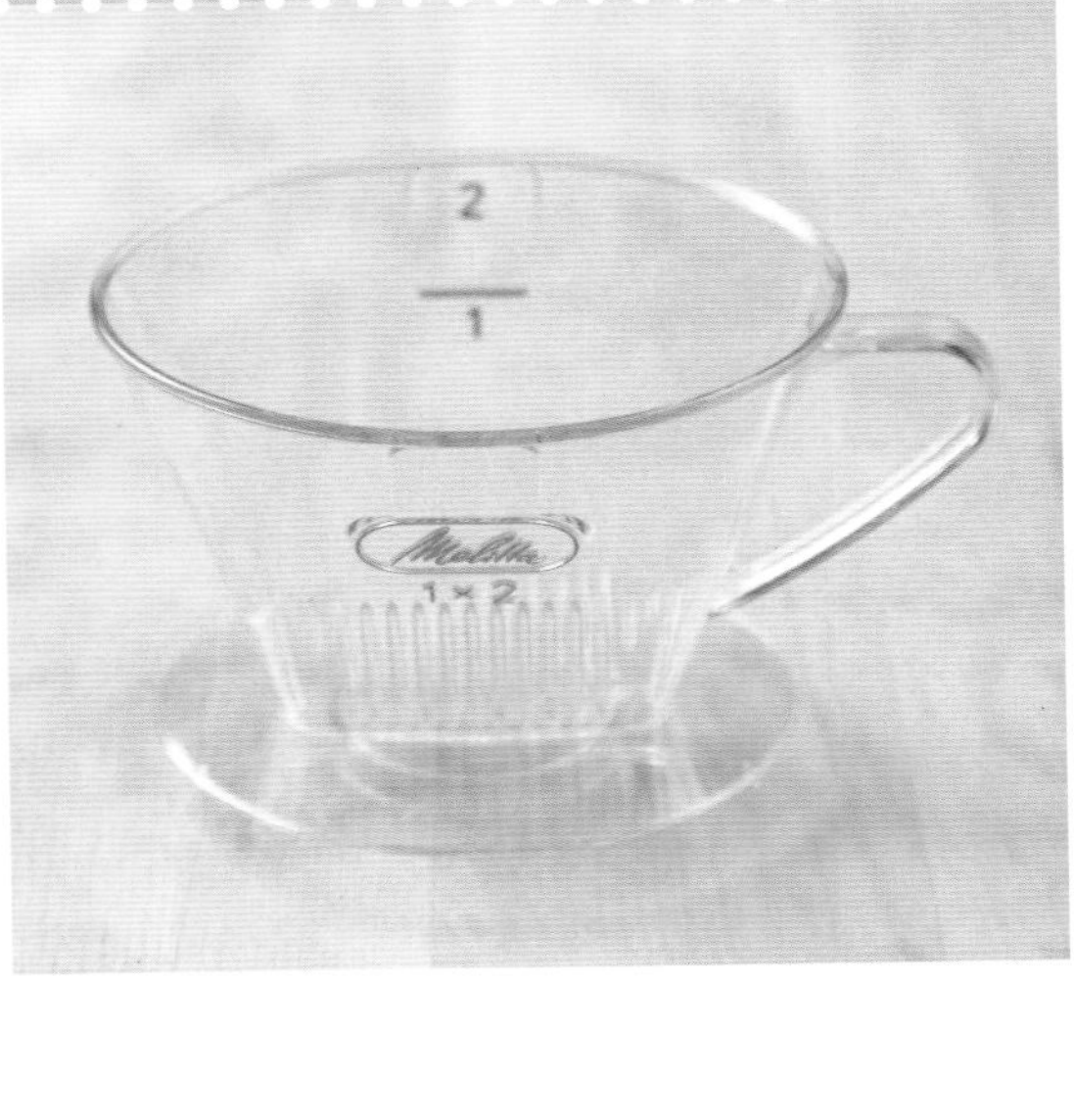

メーカー推奨の抽出方法

内側に刻まれたミゾが、お湯の流れをコントロールする設計。コーヒーを蒸らした後、必要な杯数分のお湯を一度に注ぐ。豆の量とお湯の温度はコーヒーを作る人の好みで調整する。

Comment

熱水を一気に注ぎますが、熱水がたまりますので浸漬法の要素が加わります。ペーパードリップとしては最も簡単な方法といえます。

エチオピア・イルガチェフェ産／W／シティローストpH5.3／25gで240ml抽出

抽出時間 90秒　Brix 1.2

軽やか、かすかに酸味。他より早く抽出されますので粒度を細かく調整してもよいです。

ドリッパー

3

ハリオ

円錐

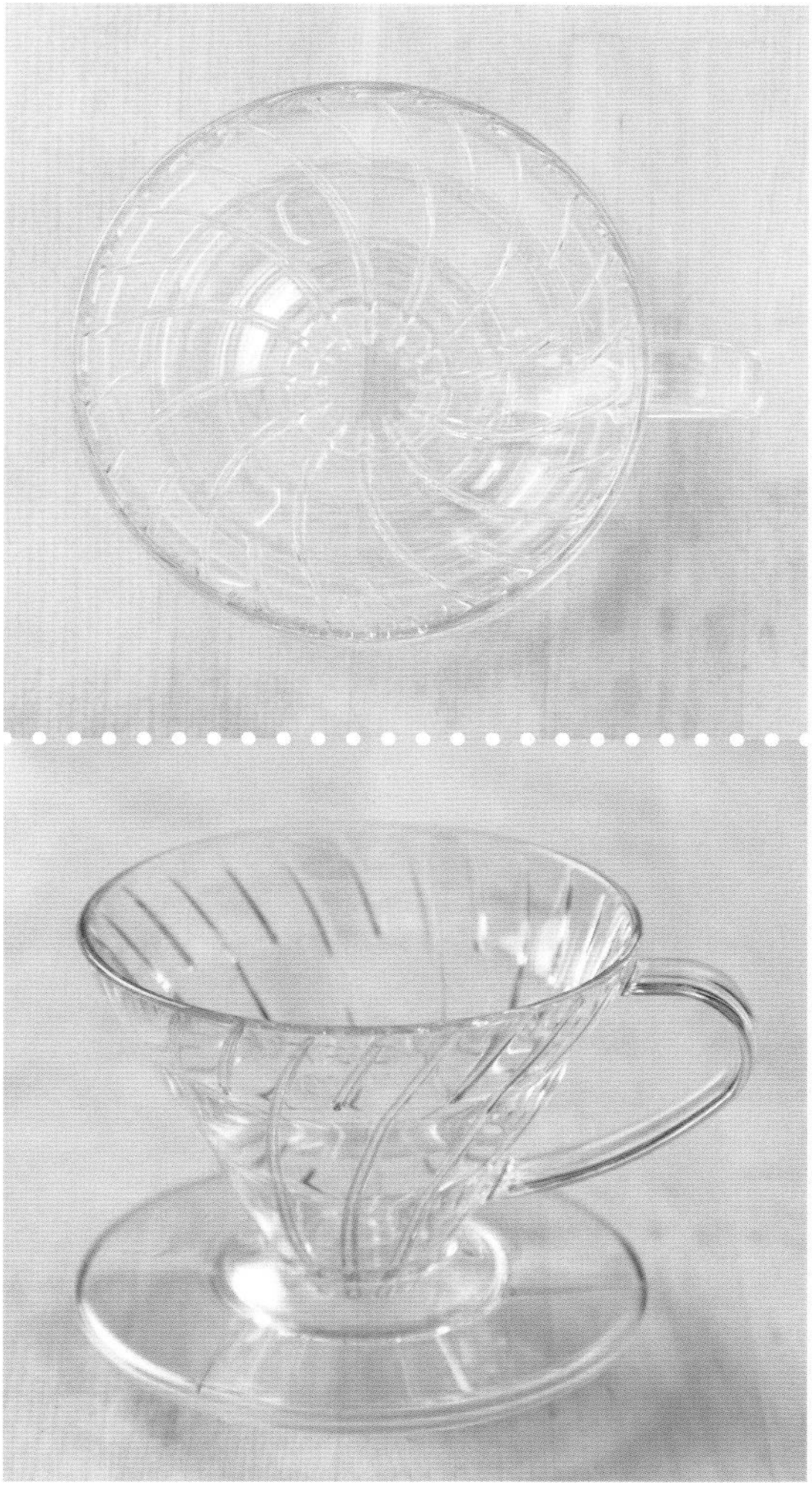

メーカー推奨の抽出方法

93℃の湯を注ぎ30秒蒸らしてから、3分以内で抽出する。10～12g で120ml抽出が基準。

Comment

湯が通りやすくするためのリブがらせん状に刻まれています。米国でも広く使用されています。

エチオピア・イルガチェフェ産 ／ W ／**シティロースト** pH5.3 ／ 25g **で** 240ml **抽出**

抽出時間 120 **秒**　**Brix** 1.5

香りがよい。ややコクが出ます。

メーカー推奨の抽出方法

湯を少量注ぎ、30秒ほどして抽出液が落ち始める。お湯を落とす範囲を500円玉ほどに広げ、少し太く注ぐ。目指す抽出量の1/3が落ちたら、さらにお湯を落とす範囲を広げスピードを上げる。残り1/3になったらフィルターのフチまで一気に、静かに注いで、この状態をキープしたまま目標量を抽出。灰汁を落とさないようにフィルターをグラスポットから外す。

Comment

リブが下部のみに刻まれているためしっかりした風味のコーヒーに向くと考えられています。ドリッパーを開発した故河野敏夫氏は少量の湯を切るように断続的に注いでいました。湯量を自在にコントロールする技術が必要になります。

エチオピア・イルガチェフェ産／W／シティロースト pH5.3／25g で 240ml 抽出

抽出時間 120 **秒**　　**Brix** 1.5

しっかりしたコクが表現できます。

多種多様なドリッパーの開発の動き

コーノ、ハリオ、カリタ、メリタのペーパードリップに対し、オリジナルのドリッパーの開発が顕著にみられます。多種多様なドリッパーの販売の動きは、それだけハンドドリップが浸透してきた証拠といえるかもしれません。

様々なドリッパーを、メーカーの推奨方法を参考に試してみましたが、結果として風味は、ドリッパーの機能性より湯の注ぎ方と抽出時間に大きな影響を受けるため、それぞれのドリッパーをうまく使用すればよいでしょう。

※すべて熱水は93℃±2℃で抽出、粒度はやや粗目で統一したうえでメーカー推奨に準じて抽出

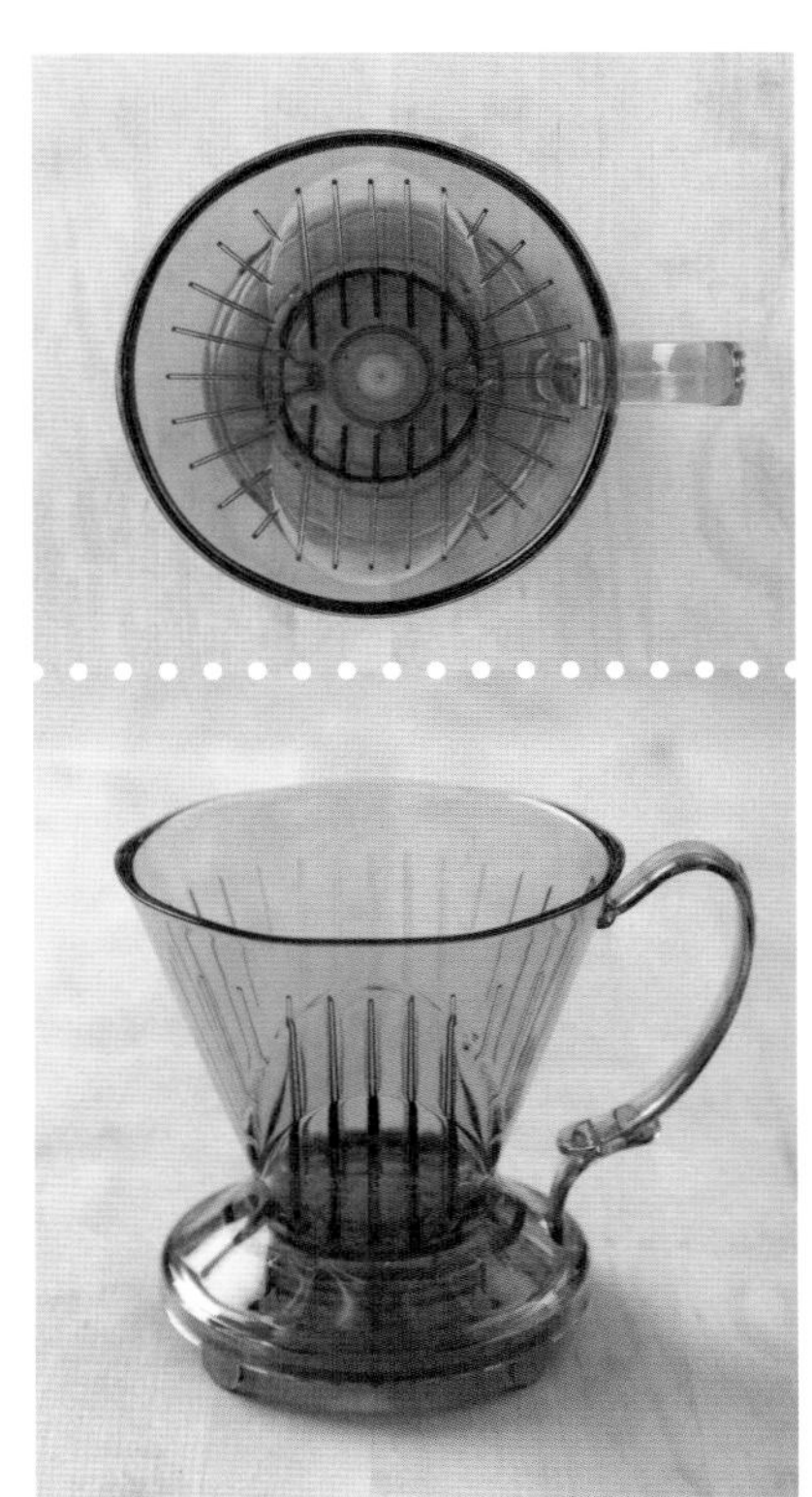

クレバー 浸漬法

20gの粉に95℃の熱水を250ml注ぎ4回攪拌し浸漬。風味は、熱水温度、抽出時間の影響を受けにくい傾向が見られます。透過法に比べ濃縮感は出にくいといえますが、便利な器具で安定した抽出ができます。

ブラジル・セラード産／SW／
フルシティロースト／20g で 250ml **抽出**
抽出時間／4 分
pH／5.7　Brix／1.3

クレバー　https://c-friend-co-jp.jimdo.com/clever-coffee-dripper-handybrew/

ハリオ
ステンレス

初めに50ml注ぎ、30秒待ち、300mlを2分で注ぎ、抽出液が落ちるのを待つ（3分）。抽出方法は蒸らし透過法のペーパードリップと同じ。ペーパーは必要なく便利ですが、やや濁りは生じる。

ブラジル・セラード産／SW／
フルシティロースト／20gで250ml**抽出**
抽出時間／160**秒**
pH／5.7　Brix／1.2

カリタ
ガラス　ウェーブ

初めに30ml注ぎ30秒蒸らし、4投目までに計300ml注ぐ。湯がたまる構造ですが、ガラスウェーブは底の穴が大きく湯は早めに落ち、軽やかなコーヒーができる。同じ形状のステンレスウェーブの方が底の穴が小さく濃度のあるコーヒーができる。

ブラジル・セラード産／SW／
フルシティロースト／20gで250ml**抽出**
抽出時間／110**秒**
pH／5.7　Brix／1.1

LOCA
陶磁器

フィルターに湯を通し、粗目の粉15gに熱水を注ぎ30秒蒸らしてから、3分程度で200～250mlを抽出。毎回水洗いし、湯通ししてから使用する。目詰まりし、抽出スピードが遅くなった時は10分間煮沸する。

ブラジル・セラード産／ SW ／
フルシティロースト／ 20gで 250ml **抽出**
抽出時間／ 200 **秒**
pH ／ 5.7　Brix ／ 0.9

※LOCAはドリッパーの使用頻度、保管状態の影響を受けますので、ネルと同じような管理が必要です。

マウンテン
磁器

浅煎りは中挽、熱水90℃で300ml、深煎りは中細挽、84℃で250ml抽出する。湯をゆっくり注ぎ、35～45秒待ち、抽出量の半分まではゆっくり、後半は早めに抽出。比較的早めに落ちる構造。

ブラジル・セラード産／ SW ／
フルシティロースト／ 20gで 250ml **抽出**
抽出時間／ 110 **秒**
pH ／ 5.7　Brix ／ 1.2

ドリップ・シャワーとは何か

|1| ドリップシャワー（熱水がシャワー状に注がれる）は、コーヒーメーカーで当たり前に取り入れられ、また業務用の一杯抽出の機械にも使用されています。

このような方式の原点は、抽出のブレをなくし、かつ簡便化しようとする考え方によります。

|2| この方法を初めに取り入れたのは、アルミ製のドリップシャワー（（株）珈琲サイフォン／販売終了・P109写真）だったように思います。

ペーパーをセットした円錐ドリッパー

※セラフィム（Seraphim）
給排水設備、温水器はカウンター下に配置されます。

抽出プログラムを設定して使います。

https://www.brewmatic.co.jp/curtis/lineup/seraphim/

の上にドリップシャワーをセットし、湯を中心の小さな部分に注ぎます。最初の1滴が落ちたら後は全体に湯を投入すれば自動的に熱水がシャワーのように落ちていきます。

この方法は、誰でも簡単にコーヒーを淹れられる便利なものです。熱水が落ちる量とスピードが小さな穴でコントロールされる仕組みで、非常によくできた製品です。

2〜4人用と10人用がありますが、すでに非売品で、30年間保管していたものを本書のために撮影しました。

|3| ハンドドリップを簡単にしようと様々なコーヒーメーカーが作られてきた歴史があります。最近では豆を挽くミルが内蔵され、自動で抽出されるコーヒーメーカーも販売されています。しかし、30年間コーヒーに関わってきましたが、現在もハンドドリップは家庭でのコーヒー抽出の主流（SCAJ2019市場調査）となっています。ハンドドリップは、一見面倒に見えますが、実は①簡便で、②スピーディーで、③自在に風味を作ることができる方法です。

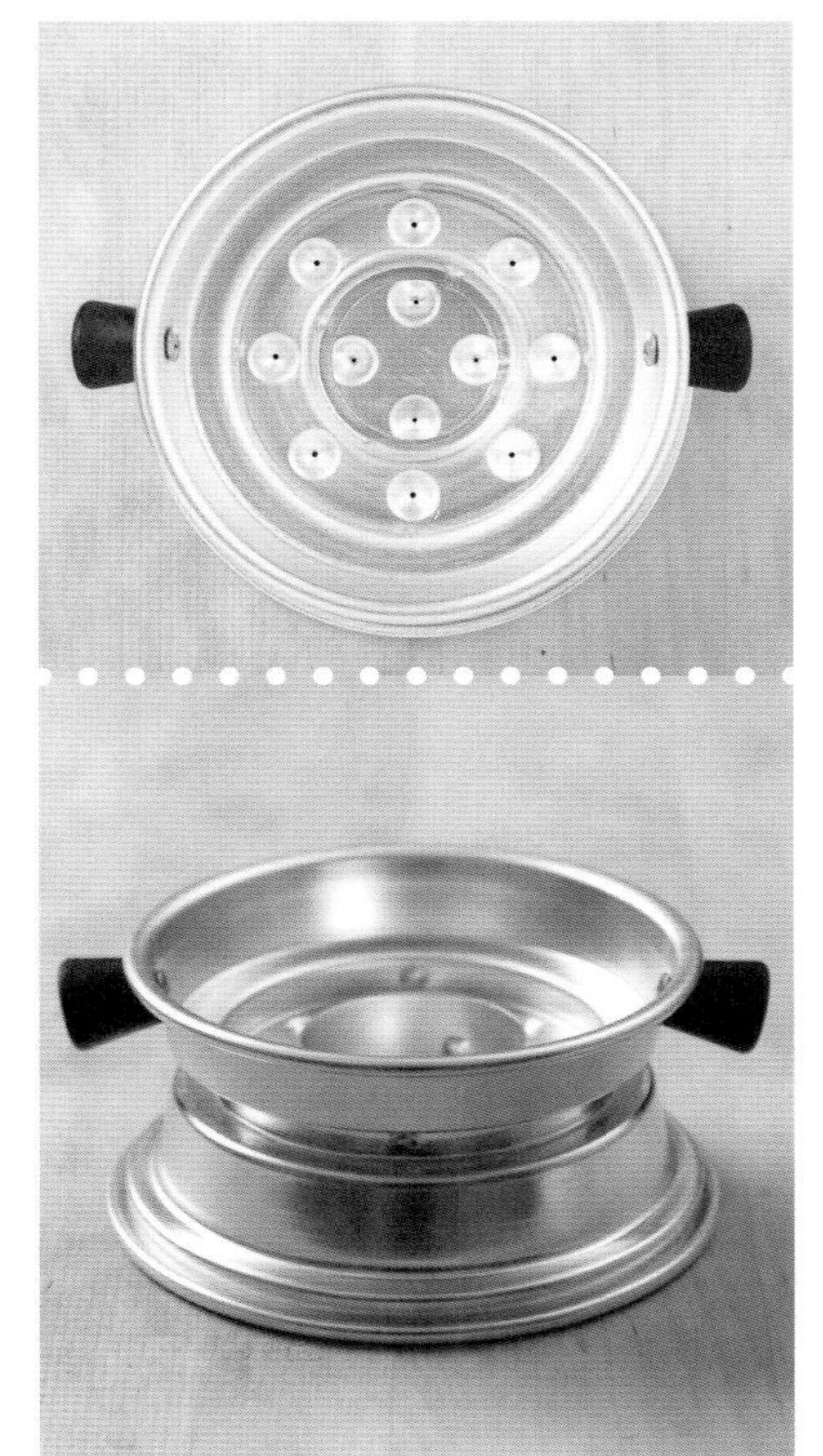

Lesson 6

プアオーバードリッパーの多様化

2010年代に入り、ブリューワーズ選手権[*1]などが広まり、世界的にエスプレッソ以外の抽出方法や器具に関心が高まりました。それまでエスプレッソ一辺倒であった抽出に新しい可能性を見出そうとするバリスタが増加したのです。とりわけ、ペーパードリップへの関心は拡大し、米国を中心にプアオーバー（Pour over）という言葉が使用されるようになりました。

サンフランシスコのブルーボトル（Blue Bottle Coffee 2002〜）は、日本の抽出方法に関心が深く、ペーパードリップやサイフォンを使用し始め、その後リチュアル（Ritual Coffee Roasters 2005〜）、フォーバレル（Four Barrel Coffee 2008〜）、サイトグラス（Sightglass Coffee 2009〜）などのマイクロロースターが、米国西海岸の新しいコーヒー市場を開拓し、抽出方法もエスプレッソ一辺倒から多様化しました。

一方、サードウェーブの中心的存在であったポートランドのスタンプタウン（Stumptown Coffee Roasters）、シカゴのインテリジェンシア（Intelligentsia Coffee）などのロースターも自社のパイロットショップでペーパードリップなどの新しい抽出方法を試み、若いマイクロロースターたちは、こぞってハリオのドリッパーを使用するようになりました。

＊1　ブリューワーズ選手権：抽出技術を競う競技会。コーヒーの魅力をどのように引き出すか、技術や知識とともに、競技者の創意工夫が問われます。公式の焙煎豆が使用され、純粋に味覚のみが評価されます。ペーパードリップ、ネルドリップ、フレンチプレス、エアロプレスなど手動の器具に限定されますが、幅広い抽出器具の使用が許されています。

米国における抽出革命

|1| シアトルのスターバックスが多店舗展開し、1996年には日本にも進出したことでエスプレッソに対する関心が高まりました。その後2000年代に入り世界バリスタ選手権が開催され、世界のコーヒー抽出はエスプレッソマシンが中心になりました。それから10数年の歳月を経て、2度目の抽出革命が起きました。

|2| シカゴのインテリジェンシア社やポートランドのスタンプタウン社は、一時期ハリオの円錐ドリッパーを使用しペーパードリップブームの火付け役になりました。ポートランドのマイクロロースター[*2]のコーバは、ケメックス用に開発したコーン（KONE／金属製の円錐ドリッパー）を使用し、エスプレッソ以外の抽出方法が浸透しました。

|3| バリスタは、ドリップという抽出方法にも関心を持つようになり、コーヒーショップの抽出は多様化しています。日本のスターバックスロースタリー[*3]は、ケメックス[*4]、オリジナルのドリッパー（陶器一つ穴）、ドリップシャワー、サイフォンなどを活用して多様な抽出をしています。各社のドリッパーを使用し抽出（P114～116）してみました。

＊2 マイクロロースター（Micro roaster）：店内に小型の焙煎機を設置し、焙煎豆を販売する店で、多くの店ではコーヒー（エスプレッソマシン使用が多い）も飲めます。日本の自家焙煎店と同じ業態ですが、業務用のコーヒー販売に主眼を置く傾向が強く、米国市場では急速に成長しています。

＊3　スターバックスロースタリー：スターバックスの新しい業態の旗艦店。シアトル、上海、ミラノ、ニューヨークに次いで日本は5店目。

＊4　ケメックス：折ったペーパーをのせ抽出する方式。それに合うステンレスのフィルターが開発されました。

SCA展示会

SCA展示会

シカゴ・インテリジェンシア

SCA展示会

ロサンゼルス・インテリジェンシア

シアトル・スターバックス1号店

ポートランド・スタンプタウン

ポートランド・コーバ

https://www.starbucks.co.jp/coffee/reserve/

中挽き 25g
90 ～ 96℃**の熱水**
350ml

❶ コーヒーの粉の中央から少しずつ熱水を注ぐ。サーバーに1～2滴液が垂れる程度、20～30秒蒸らす。

❷ 熱水をゆっくり少しずつ中央に注ぎ、高さを出す。

❸ 2回目に注いだ熱水が落ちきる前に3回目の熱水を注ぐ。

❹ 必要量になったらコーヒーが落ちきるまで待たずにドリッパーを外す。

スマトラ・マンデリン産／スマトラ式／フレンチ pH5.8
25g **で** 350ml **抽出**
抽出時間 150 **秒** **Brix** 1.2

コスタリカ・タラズ産／ PN **／シティ** pH5.5
25g **で** 250ml **抽出**
抽出時間 150 **秒** **Brix** 1.5

https://coavacoffee.com//

●●●●

2

コーバ

ステンレス

中挽き粉 25g
93℃の熱水
350ml

❶ Coavaコーヒーロースター(ポートランド)が、KONE BREWING SYSTEMとしてケメックス用に開発。Able Brewing社が販売している。初めに50ml注ぎ、30秒待ち、400mlを2分で注ぎ、抽出液が落ちるのを待つ。

スマトラ・マンデリン産/スマトラ式/フレンチロースト pH5.8 25gで350ml抽出	抽出時間 130秒 Brix 1.1
コスタリカ・タラズ産/PN/シティロースト pH5.5 25gで250ml抽出	抽出時間 130秒 Brix 1.5

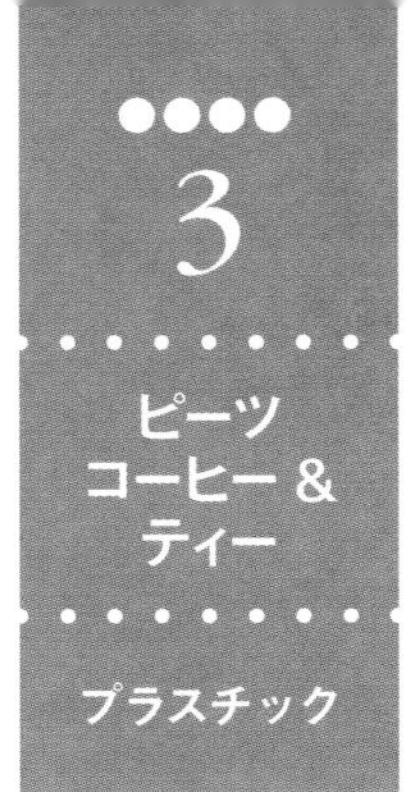

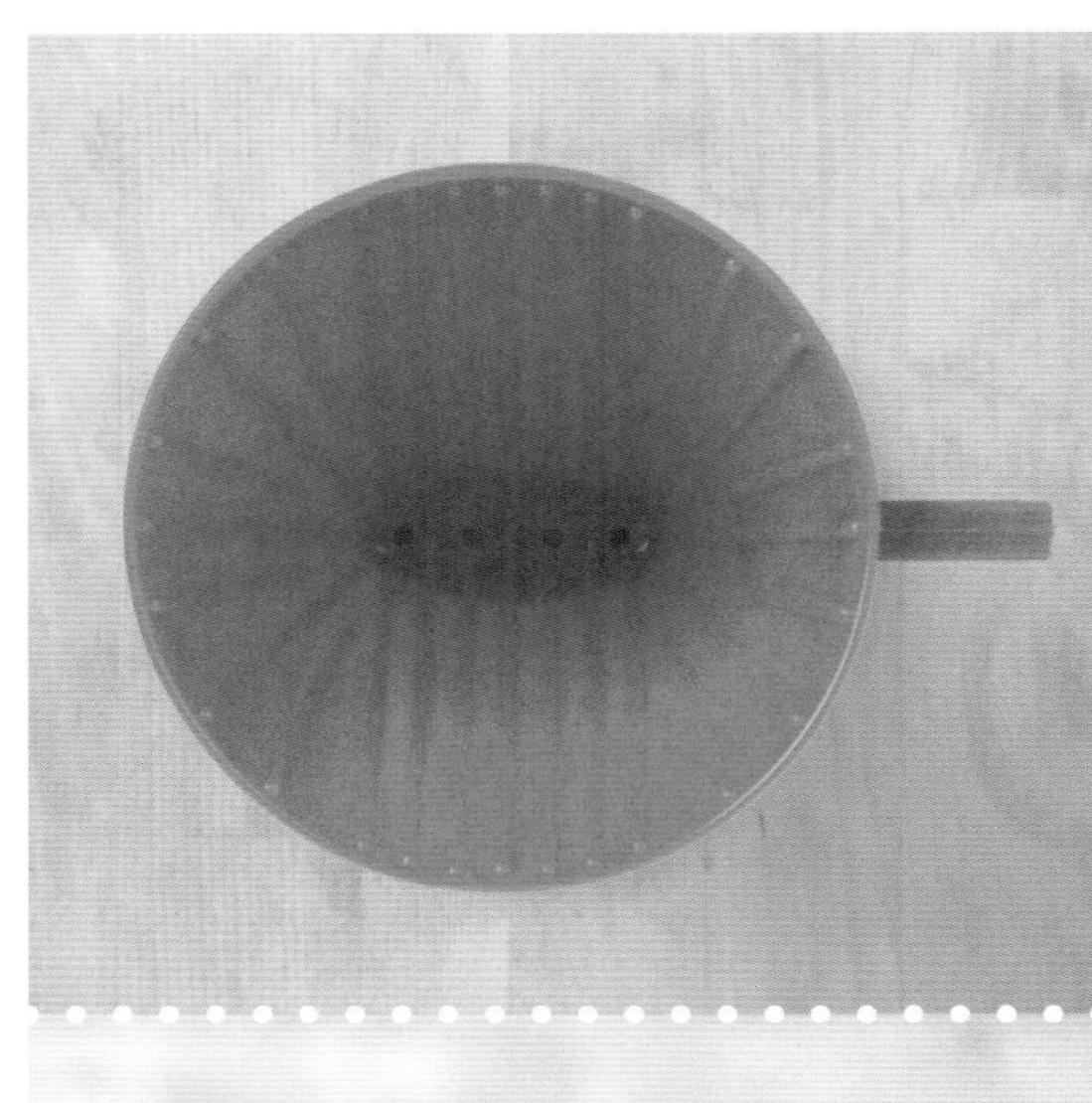

中挽き粉 25g
93℃の熱水
350ml

❶ 4つ穴ドリッパー。ピーツコーヒーが2002年に日本出店した時に来日した当時のCEOからいただいたもの。初めに50ml注ぎ、30秒待ち、400mlを2分で注ぎ、抽出液が落ちるのを待つ。

スマトラ・マンデリン産／スマトラ式／フレンチロースト pH5.8
25g で 350ml **抽出**

抽出時間 130 **秒** **Brix** 1.0

コスタリカ・タラズ産／ PN ／**シティロースト** pH5.5
25g で 250ml **抽出**

抽出時間 130 **秒** **Brix** 1.5

＊コーバ及びピーツコーヒー＆ティーについては、抽出方法が不明のためスターバックスの方法に準じました。

Step 1

Begin with clean equipment.

すべての道具を清潔にする。

Step 2

Place filter in pour-over brew basket and set on top of decanter. Preheat by pouring hot water through. Discard this water.

ドリッパーにフィルターをセットする。サーバーに予熱用のお湯を入れ、湯を捨てる。

Step 3

Place the brew basket with filter on a cup, and put everything on the scale. Add the coffee to the filter and then tare the scale.

2をサーバーにのせ、分量のコーヒー粉をドリッパーに入れる。

Step 4

Start the timer and pour 50 grams of water over the coffee. Make sure to saturate all the grounds thoroughly.

タイマーをスタートさせ、50mlの湯をコーヒーに注ぐ。湯をコーヒーに浸透させる。

Step 5

Allow to bloom for 30 seconds.

30秒蒸らす。

Step 6

Continue to slowly pour the remaining 350 grams of hot water over the coffee for the next 2:30 to 3 minutes, keeping the brew basket halfway filled with water during the brew process.

フィルターの中のコーヒーがふくらんだ状態を保ちながら、2分30秒から3分かけて、残りの湯を注ぐ。

Step 7

When all the water has been poured over the grounds and the filter has begun to drip very slowly, remove and discard the filter.

すべての湯を注ぎ終わったら、粉がしぼむ前にドリッパーをサーバーから外す。

●●●●

4

SCAの抽出方法

Guidelines for Brewing with a Two Cup Pour Over by SCA

SCA推奨の2杯分のコーヒーの淹れ方

PARAMETERS／準備するもの

Your Two-Cup Pour-Over Brewer
2杯用プアオーバードリッパー

Coffee: 22grams set at medium-fine grind
中挽きのコーヒー粉 22g

Water: 400 grams or milliliters at 200° F / 93.5° C for brewing
93.5℃（華氏 200℉）の湯400ml

Additional water at 200° F / 93.5° C for preheating
予熱のための 93.5℃（華氏 200℉）の湯

Filters: #2 size Decanter Gram scale
#2 サイズのフィルター

Brewing time／抽出時間

Between 2:30 and 3 minutes
2分30秒～3分

※SCAでは、粉の量と使用する水の量の比率は、1:18 前後を推奨しています。日本の感覚からすると粉の量に対し、水の投入量がやや多いと思います。

Lesson 7

私の抽出方法

私は、開業（1990年）する前の1年間は、毎日のように抽出の練習をしました。ドリップポットから湯を落とす量のコントロールや目指すポイントに落とす技術を磨きました。そして、開業後は1日100杯のコーヒー（1杯500円でお代わりを50円にしました）をペーパードリップし、そのおかげで風味のコントロールができるようになりました。

当時は、喫茶店においても生豆の品質や焙煎の良否より抽出技法にこだわる時代で、その方法は十人十色でした。現在は、優れた品質の生豆が多く流通し、さらに小型焙煎機の性能もアップしたことで、風味豊かな焙煎豆が流通するようになりました。情報源も多様化し、インターネットで簡単に抽出方法を知ることもできます。また、各種競技会も開催され、多くのコーヒー関係者が真剣に抽出に取り組んでいます。

しかし、情報の拡散は逆に「どのような方法がよいのか？」「誰の方法を参考にすればよいのか？」を曖昧にしてしまい、抽出方法が多様化したことでかえって初学者を混乱させているように感じます。

私はこれまで10冊の本を出版してきましたが、主に生豆の品質についての記述が多く、抽出については詳しく書いてきませんでした。10年ぶりの刊行となる本書ではコーヒーの最後の仕上げである抽出に焦点を当ててみました。

堀口珈琲研究所の基本抽出はコク(Body)を表現する抽出方法

で、コーノのほうがやや湯の落ちる時間は遅めになります。但し、この基本抽出方法で、同じ時間で抽出した場合には両者の風味差をブラインドで区別することは意外に難しいと感じました。

|2| コーヒーの風味の輪郭を形成するのは、主には酸味とコクです。

酸味は焙煎豆に含まれる総酸量（滴定酸度／Titratable Acidity 6〜8ml／100g）に負うところが多く、それらは有機酸として微量が抽出されます。総脂質量及びメイラード反応によるショ糖＋アミノ酸の影響を多く受けるコク（Body）の抽出は、抽出技法による面が大きいと考えます。

|1| ドリップは「コーヒーの純良な成分を溶解し、浸出させ、ろ過すること」です。円錐ドリッパーでは、湯を少量ずつ断続的に注ぐことにより、初めに上部の粉の層の成分を溶解し、それが中央部、下部に熱水とともに行き渡ることにより、濃縮された抽出液を得ることができます。

ハリオはリブ（溝）が螺旋上に刻まれ、コーノは短いリブになっていますの

|3| 私は、深い焙煎であっても酸味とコクのバランスが取れた風味を最良と考えています。堀口珈琲研究所の抽出方法は、コーヒーの成分を十分、かつ過度にならない程度に抽出する方法です。

|4| やや粗挽きの粉25gを準備し、93℃±2℃の熱水（初めに粉にかかるときの温度）で2分30秒かけて240ml抽出します（P122〜123）。私は、焙煎度に関係なくこのレシピで抽出し、すべての豆をテースティングします。

ただし、風味を楽しむためには粉の量や抽出時間を修正します。

|5| 湯の注ぎ方の基本は2つです。①太く注がず、粉に湯が浸透するように細く注ぎます。②ドリッパーの中心に注ぎ、横から抜けてしまう端には注ぎません。

湯の注ぎ方

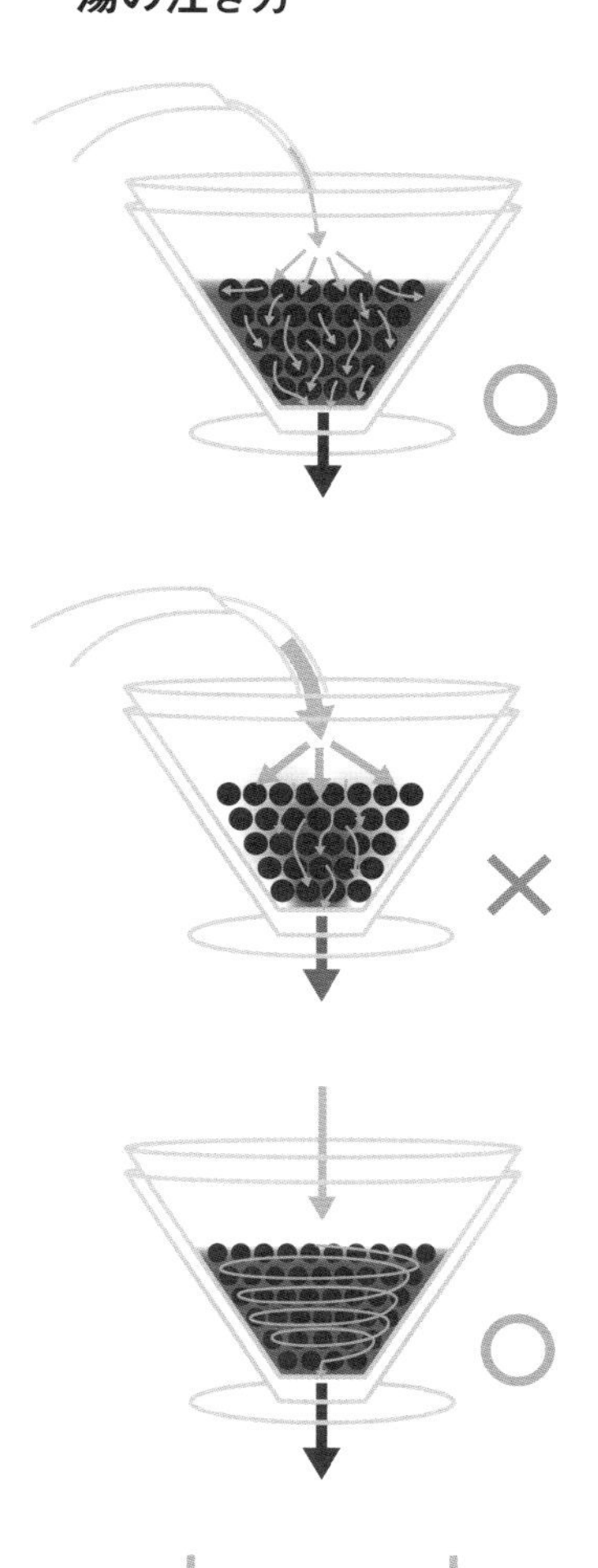

基本の抽出方法

ハリオのドリッパーを使用

1 粉を平らにし、香りを嗅ぎます。

Point | 粉の香りを嗅ぐ習慣をつけると違いが分かるようになります。

2 93℃±2℃の熱水を粉の中心に10ml程度注ぎます。

Point | 熱水は少量ずつ注いでいきます。

3 さらに10ml注ぎ、20～30秒後に1滴が落ちるまでそれを繰り返します。

Point | 初めの1滴(ファーストドリップ：FD)が落ちるまでの秒数は風味に大きく影響します。濃厚な風味を求める場合はFDまで40秒かけます。

4 FD以降は、熱水量を多めにし、粉の中心から外側に(500円玉くらいの範囲)に円を描くように熱水を注ぎ、平らになったらさらに熱水を注ぎます。

Point | 粉に近い位置から熱水を注ぎます。
熱水は垂直及び横に浸透します。端に湯をかけるとドリッパーの横から湯が抜けます。

5 1分30秒で約100ml程度を抽出します。

Point | はかりとタイマーで抽出量と時間を見ながら抽出します。

6 熱水を多めに注ぎ、残りの1分で140mlを抽出します。

Point | 抽出が終了したときに、粉は陥没していない状態になります。

|6| 基本抽出の応用として、抽出時間を変えて練習してください。風味が大きく異なることがわかります。品質の良いコーヒーであれば、1分30秒から3分の抽出時間内であれば、イレギュラーな風味は生じません。

はじめの1分で濃厚な液体を抽出し、1分半で100～120ml抽出します。

基本抽出の応用　シティ／25gで240ml抽出／コーノ円錐

	抽出時間	1滴目	30ml	100ml	Brix
1	3分	40秒	90秒	120秒	2.0
2	2分30秒	30秒	60秒	90秒	1.8
3	2分	20秒	50秒	70秒	1.8
4	1分30秒	20秒	40秒	60秒	1.5

※1滴が落ちるまでの間にコーヒーの成分が溶解されます。その秒数で大まかな味の輪郭が決まります。2が標準の淹れ方。濃い風味を求める場合は1を、薄目を求める場合は3または4を選択します。

20ml－10秒リズム抽出法

|1| なるべく風味がぶれないように、規則的な方法で簡単に抽出する方法が「20ml－10秒抽出法」です。粉25ｇで２４０mlの抽出を考えてみましょう。

|2| 初めに粉に20ml程度の熱水を粉の中心から外側に円を描くように注ぎます。注ぎ始めてから10秒（注いでいる時間も含め10秒です）待ち、次にまた20ml注ぎます。また10秒待ち20ml注ぎます。これを繰り返します。２分半前後で３００ml程度の熱水を投入し、２４０ml程度抽出できます。

|3| しかし、はかりを使用しても注ぐ熱水の量のコントロールは難しく、完璧に行うことはできませんが、練習することで熱水を注ぐ量と抽出の速度の感覚をつかむことができます。一定のリズムで熱水を注いでいく方法で、リズム抽出法といってもよいかもしれません。基本の抽出の練習になりますし、品質のよい焙煎豆であれば、この抽出方法でもおいしいコーヒーが抽出できます。

スタラー抽出法

1 スターラー（Stirrer：磁力を利用して攪拌子を回転させ、液体を攪拌する装置）の上に、グラスポットやビーカーなどの容器を準備し、攪拌子（磁石）を入れます。2人用グラスポットに粉25gと93℃±2℃の熱水を300ml入れ、3分攪拌した後、ペーパーで濾します。風味のブレは少ない抽出法といえます。スターラーは、安いものであれば5000～10,000円程度で買えます。

2 大学院でのpH、滴定酸度の測定では、抽出のブレを抑えるためにスターラー抽出法を選択しました。ただし、粉を篩にかけ、粒度[*1]を細かくしましたので、ペーパーでは濾せず、強制吸引器具を使用しました。焙煎・粉砕した試料5g（ミディアムロースト／L値22.2～23.2）を200mlビーカーに入れ、93℃の熱水を110ml注ぎ、スターラーで3分間攪拌・抽出した後、ガラス繊維のろ過器でろ過しました。

3 また、味覚センサーの試料作りもこの方法を採用しました。試料10g（L値22.2～23.2）を中挽きにし、200mlビーカーに入れ、93℃±2℃の熱水を120ml注ぎ、3分間スターラーで攪拌しました。コーノのドリッパーを使用しペーパーでろ過し、急冷し常温にしてから味覚センサーにかけました。

＊1　粒度：実験で使用するときの焙煎度合いや粒度をどの程度にするかは、決まった方法があるわけではなく、試行錯誤しました。

ネルドリップを試してみる

|1| ネルは、ペーパーより目が粗く、また紙より成分の吸着が少ないという特徴があります。熱水を注いでコーヒーの層を通過させる基本の抽出であれば、ネルはより多くのコーヒー成分の抽出が可能と考えられ、深い焙煎に適した抽出方法と想定されます。ペーパードリップのメリットとしてクリーンな風味があげられますが、ネルドリップの強みはコク（Body）のある風味だと考えます。コーヒーの液体に、なめらかさなどの粘性や濃縮感が増します。

フレンチローストのコーヒーをネルで抽出すると、甘い香りが充満します。

液体は濃厚で、やわらかな苦みの中に甘さを感じることができ、コーヒーの醍醐味を体験することができるでしょう。

|2| ネルの抽出はペーパーより風味に影響を与える変動要因が多く、その風味を安定させるためには、高度な抽出技術を要します。

❶ネルの形状（縦に長い、横に広がる）、厚み（生地の質）、起毛（片起毛、両起毛・P128写真）などで抽出速度が変わるため、それぞれのネルの特徴をつかみ抽出します。

❷濡れた状態のネルを使用します。タオルに挟み水分をどの程度取るかにより抽出速度が変わりますので、ネルの状態を一定にする必要があります。

❸ネルの使用回数によりネルにしみ込んだ微粉が影響し風味が変わるため、使用回数によって変わる抽出速度を微調整す

る必要があります。

❹ コーヒー豆は、焙煎日からの日数で風味が変化していきますので、経過日数と❶～❸のネルの状態の中で適切な抽出をする必要があります。

ネルドリップで、同じ風味を維持するためには、常に抽出技法の微調整をする必要があります。

|3| ネルの保管方法は、布が乾燥しないように水につけ、適宜新鮮な水に取り換えるのが一般的です。長期間保管する場合は、水気を切り冷凍用袋などにいれ冷凍してもよいでしょう。50回程度使用したら新しいものに取り換えます。

|4| ネルを使用した場合は、ペーパーに比べより厳密なレシピ（P129表）が必

片起毛と両起毛

片起毛ネルの抽出については、熱水を注ぐと起毛が立つため、湯が側面から抜けないように起毛を外側にするという考え方があります。起毛を内側にしたほうがより濃厚な香味になるという人もいます。しかし、Brixの数値および官能評価では両者に大きな差異は生じません。多くのコーヒー店主は、ネルの形状、布の縫い方、二枚はぎ、三枚はぎ、片起毛、両起毛などにこだわり、1杯抽出もしくは数杯抽出するなど様々な方法で抽出しています。最終的にはテースティングをして風味判断する以外ないでしょう。

ネルは水につけておく。

要になります。このレシピは、私がネル抽出専門店のために開発したものです。昭和の時代は、やぐら[*2]にハーフポンド（≒225g）もしくは1ポンド（≒450g）用のネルをセット（クリップで止めるなどする）し、200〜250gもしくは450〜500gの粉を使用し抽出する店も多くありました。ペーパードリップによる一杯抽出が普及する前の時代です。本来ネルは100g程度以上の粉で抽出すると、濃厚でおいしい風味を出せます。

しかし、大量のコーヒー抽出液は、その後酸素と結合し酸化する可能性が高く、新鮮さや繊細さが減少します。また、提供時の加熱による風味低下が予測できますので、できるだけ短時間のうちに提供する必要があります。

＊2　やぐら：ネル抽出用に開発されたステンレス製の器具

堀口珈琲研究所のネル抽出レシピ　ネル・ハリオ 1-2 人用

ロースト	ハイ	シティ	フレンチ	カフェオレ	アイス
使用量/g	20	22	25	25	30
1滴目	35~45秒	40~45秒	50~60秒	50~60秒	70秒
1分半	45ml	20~30ml	5~10ml	5~10ml	5ml
2分	130ml 終了	60~70ml	20~30ml	20~30ml	10ml
2分半		130ml 終了	60~70ml	60~70ml	30~40ml
3分			130ml 終了	110ml 終了	50~60ml
3分半					80~85ml
4分					130ml 終了
pH	5.1	5.4	5.6		5.7
Brix	1.5	1.5	1.5		1.8
2杯とり	30g＋1分 260ml	32g＋1分 260ml	35g＋1分 260ml	35g＋1分 220ml	40g＋1分 260ml

濃縮コーヒー（エキス）の抽出に挑戦する

|1| 本書でいうコーヒーエキス[*3]は、濃厚で深みと濃縮感のあるコーヒーをいいます。エキスを抽出するには、焦げや煙臭のないフレンチローストのコーヒーで、通常の抽出量に対し、2倍から3倍程度の粉を使用します。残念ながら通常の抽出量との成分値の違いまでは判りませんが、「苦味の中に甘味や旨味をより感じ取れるコーヒー（P131表）」といえます。ペーパードリップで基本抽出したBrix1.4程度のコーヒーより濃度の高いBrix4.0程度のコーヒーとなります。（エスプレッソダブルの場合は少量の脂質が溶解していますのでBrixは10程度と高くなります）

|2| フレンチローストの豆55g、メッシュは中挽き、熱水は93℃スタート。コーノの4人用円錐ドリッパーで、5分30秒で200〜300ml抽出します。濃厚ですのでデミタスカップに100ml以内が飲用の適量でしょう。

|3| このやわらかな風味の感覚を表現するには、基本の抽出の2から3倍の時間をかけますので、熱水をより少量ずつ注がなければなりません。熱水の注ぎ方はかなり重要なファクターとなり、粉に優しく注ぐ感覚が必要になりますので、豊かな味覚の感性とともにスキルも大切になります。

＊3　エキス：一般的には、薬物や食品の有効成分を水・アルコール・エーテルなどに浸して抽出し濃縮したものをいいますが、本書では高濃度に抽出したコーヒーを意味します。
工業用の製品である缶コーヒーやペットボトルコーヒーなどのRTD（Ready To Drink）製品に使用されるコーヒーエキスは、濃縮を繰り返したBrix20程度のものです。

濃縮コーヒー（エキス）の抽出方法

1 粉に1滴ずつ熱水を落としていきます。粉全体に熱水が浸透していくまでゆっくり注いでいきます。

2 1分から1分30秒で初めの1滴が落ちてきます。5ml程度ずつの熱水を中心から外側に向かって注いでいきます。甘い香りが立ち上ってきます。

3 粉全体に湯が浸透し、粉が膨らみます。成分が溶解し浸出し、細く少量の濃厚な抽出液が落ちてくる状態です。4分で120ml程度を抽出したら、熱水をやや多めに注ぎます。

4 5分で240ml程度の抽出を目安に熱水を注ぎ、5分30秒で300ml程度の抽出をめざします。抽出液は濃厚ですが、うまく抽出すればなめらかでやわらかな苦味を堪能できます。

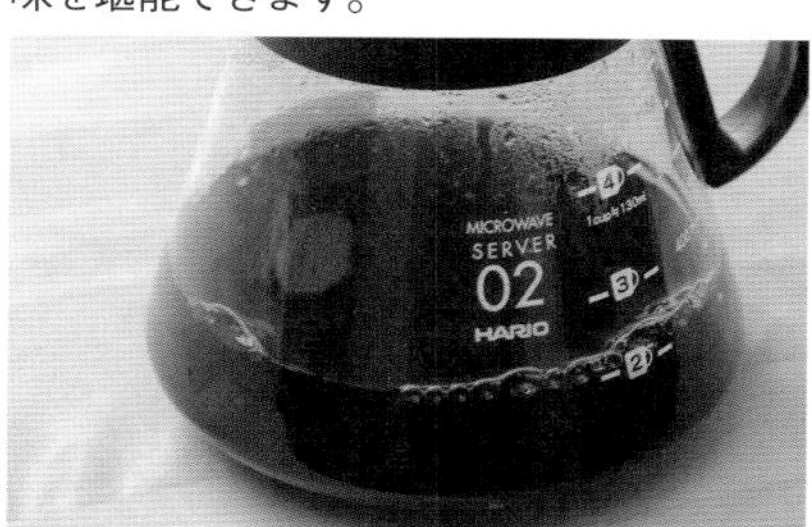

エキス抽出レシピ　ケニア・キリニャガ地区産／W／フレンチロースト／pH5.6

焙煎度	粉の量	FD	抽出時間	抽出量	pH	Brix	風味
フレンチ	55g	80秒	330秒	300ml	5.6	4.0	甘く濃厚

＊シティまでの焙煎のものを使用すると、酸味が強くなり、抽出過多で風味も重くなる傾向があります。水分が抜け、メイラード化合物の複雑な甘味と旨味があると推測される深煎りの豆が向いています。

1 フレンチプレスは、誰でも簡単に操作できます。プレス器に粉を入れ、熱水を注ぎ、軽く攪拌し、粉と湯が接した状態で3分前後成分を抽出します。最後に、金属のフィルターで粉を下部に押し込みます。

2 この方法は、最後まで粉が湯の中にあることで、深い焙煎のコーヒーでは苦味を強く感じやすくなるため、ミディアムからハイロースト程度までの焙煎に適合すると考えられています。しかし、フレンチプレスを実際に試してみると、適切な焙煎をされたコーヒーであれば、ミディアムからフレンチローストまで幅広い焙煎度のコーヒーに適応することがわかります。

フレンチプレスは微粉が気にならなければ簡単で便利な抽出方法

3 付属の金属のフィルターは、微粉を通過させますので、抽出液の濁り感をぬぐい切れません。官能的には、テクスチャーであるコク（なめらかさや粘性）をマスキングしてしまうことも考えられますので、この点が、この器具を使用するかしないかの分かれ目となりそうです。

4 また、よく「オイル分が抽出されるので風味がよい」という方も多いのですが、熱水抽出で脂質*4は溶解しません。ただし、深い焙煎をすると豆の中から油脂がにじみ出て表面を覆います。この油脂は、フレンチプレスやネルなどの目の粗い素材のろ過では透過し、抽出液の表面に浮かびますが微量です。抽出液のBrix（濃度）が高いわけではありませんので一概にコク（Body）のあるコーヒーができるとはいえないでしょう。ただし、エスプレッソの場合は0.1ｇ／30mlの乳濁した脂質が溶解[＊5]しています。

＊4　脂質：脂質の定義は有機溶媒（クロロホルム、エーテル、メタノールなど）には溶けるが水には溶けないというものです。
＊5　Ernesto Illy／科学で味わうコーヒーの魅力／日経サイエンス／2002

|5| ハイロースト（pH5.2）の中挽きの粉20gを使用し、フレンチプレスで抽出し抽出チャート（P134図）を作成してみました。フレンチプレスは、粉を多く使用すると重い味になりがちです。粉の量を減らすか、抽出時間を短くし、さっぱりした風味のコーヒーに仕上げた方がよいと考えられます。ただし、そうすると基本のペーパー抽出よりBrixは低くなりますので、風味の濃縮感を求める方より、軽やかな風味を求める方に向いている抽出法といえるかもしれません。

フレンチプレスは、2人用から3～4人用まで様々な大きさのものが販売されています。

フレンチプレスの抽出チャート ハリオール・ブライト2杯用を使用

グァテマラ・パカマラ種／ハイロースト pH5.2 ／ 300ml の熱水／ 4 分／ n ＝ 13

	2分	3分	4分	5分
10g	0.45 薄い 紅茶のよう	0.45 薄い 紅茶のよう	0.70 麦茶のよう ややコーヒー感	0.90 飲みやすくなる 酸味と 甘味がでる
15g	0.75 薄い かすかに甘味	0.85 香りよい、華やか 甘味とコク	0.85 酸、コクの バランスよい 甘味	1.15 濁り感、渋味 味がぼやける
20g	0.85 やわらかな酸 甘い余韻、軽い	1.30 酸、コク、 甘味の バランスがよい	1.30 しっかりした酸 コクもあり ベスト	1.35 粉っぽい、渋味 酸味は弱い
25g	1.25 酸味しっかり ややコク	1.40 酸が濁り感で 消える やや粉っぽい	1.85 しっかりした味 粉っぽい	2.00 濃厚、粉っぽい ざらつく

数値はBrix　n=13の平均値ですが若干のブレがあります
10gの場合は5分かけると飲みやすくなる
15gの場合は3分でも4分でも共に酸味、コク、甘味のバランスがよく軽めのコーヒー
20gの場合は3分4分共にしっかりした酸味とコクがあり、バランスがよい
25gは粉が多く濁り感が出るが、2分なら許容できる風味
2分では成分の溶解が不十分だが、25g使えば風味は出る
5分では抽出過多になり渋味が出る傾向があるが、10gであれば飲みやすい

アイスコーヒーは今や世界で飲まれている

100gのフレンチローストの粉をいれ、800ml抽出して冷蔵庫で冷やしておきました。それを1日に数回繰り返しました。店ではその日のうちに消費しますが、家庭では次の日まで使用してよいでしょう。品質のよいコーヒーは濁らずきれいな状態で、味も落ちません。

品質のよい焙煎豆であれば透明感のあるアイスコーヒーができます。

①急冷法

私が開業した1990年は急冷法でアイスコーヒーを提供する店はほとんどありませんでしたので、この方法の普及のために採用しました。

アイスコーヒー一杯を抽出するとき、20〜25g（中挽き）のフレンチローストの粉で100〜120ml熱水抽出し、氷の入ったグラスに注ぎ急冷しました。

アイスオーレなどミルクを加える場合は、かなり濃度のある抽出液でなければ薄くなってしまうため、1L用のネルに

アイスコーヒー（急冷法）

フレンチローストの粉で濃い目に抽出したコーヒー（P131の濃縮エキスを参照）を、氷を入れたグラスに注いで作ります。氷が溶けて薄まるため、濃く抽出しなければなりません。

アイスコーヒー（水出し）

フレンチローストの粉を50gと水650ml（～800ml）を容器に入れ、冷蔵庫で8時間程度もしくは一晩寝かせます。好みで粉の量を調整します。写真はハリオ／水出し珈琲ポット

②水出し

2010年代には米国でコールドブリュー(Cold Brew)という水出しコーヒーが登場しましたが、もともとは日本の喫茶店の一部が提供していたものです。

コーヒーの成分は、水でも溶解しますが、時間がかかります。

一滴ずつ落とす業務用の器具は昔から使用されていて、8時間から12時間程度で水が落ちきるように調整するしくみです。家庭では容器に粉を入れて、水を入れ数時間待ち、適当な濃度のところでペーパーで濾せばよいでしょう。水出し専用の器具も多く販売されています。

水出しは、苦味がやわらかくなり、味はマイルドになりますが、反面香りは弱いように感じます。

甘味や苦味を感じにくくなり、酸味は感じやすくなりますので、浅い焙煎の軽い味よりは深めの焙煎のしっかりした味のほうがコーヒーらしいと感じます。

抽出液は、高温で抽出した場合より風味が持ちます。冷蔵庫に入れて24時間程度であれば風味の変質は少ないでしょう。

スマトラ島産・マンデリン／フレンチロースト pH5.8

	時間	粉	抽出量	テースティング
急冷式２人用	3分	25g	160ml	香り高いアイスコーヒー
急冷式４人用	5分	50g	320ml	濃厚な風味のアイスコーヒー
水出し浸漬法	8時間	50g	580ml	すっきりした風味のアイスコーヒー

Lesson 8

抽出における風味の変動要因を確認する

よい栽培環境で育てられ、きちんとした精製プロセスと適切な流通を経て日本に届いた豆は、おいしいはずです。これまでは、多くの人が「負の風味をよくするためにどうすればよいのか」という観点からコーヒーを見てきたような印象を受けます。現在は、鮮度劣化していない高品質の生豆および焙煎豆を入手することが可能な時代です。

極端な言い方をすれば「よいコーヒーを使うことを前提とし、ある程度適切な抽出をすれば、多少の抽出時間の差、熱水温度の差、挽き具合の差、抽出量の差、粉の量の差は大きな問題ではない」といえます。Lesson9でチャートを作れば、そのことが理解できると思います。よいコーヒーはpHやBrixに差があってもそれぞれにおいしさがあります。

要は、様々な要因で「風味が変わる」ということがきちんと理解できていればよいわけです。最終的には、ドリップによる抽出液は、個人の経験値と感性の合わさった産物ということになるのだと感じています。

コーヒー抽出液の98・6%が水。風味への影響は大きい

|1| コーヒー抽出液の98・6%は水分ですので、水は風味に大きな影響を与えます。

天然水には主にカルシウムイオンとマグネシウムイオンが含まれ、水1000ml中に溶けているカルシウムとマグネシウムの量を表した数値を「硬度」といいます。WHO(世界保健機関)の基準では、硬度が0〜60mg/L以下を「軟水」、120mg/L以上を「硬水」としています。日本の水道水では、硬度100mg/L以上の地域はほとんどありませんのでほぼすべて軟水です。

|2| 世界中の水質は異なりますので、最近のブリューワー選手権(Brewers Cup)などでは、カルシウムを5ppm(5mg/L)添加するなどの事例も見られます。しかし、ミネラルを添加すると水質条件が変わりますので何らかの規制が必要にも思えます。

|3| 焙煎豆の基本成分として灰分(ミネラル)は4%前後含まれます。抽出

液もカリウムは65㎎（150ml中）と、マグネシウム6㎎、カルシウム2㎎、ナトリウム1㎎に比べ圧倒的に多く含まれています。

ミネラルの味は、一般的にはカリウム（酸味）、カルシウム（苦味＋塩味）、マグネシウム（苦味）、ナトリウム（塩味）などといわれます。それらの組成がコーヒーの風味に影響を与える（P142表）可能性があります。

4 市販されている水と水道水でコーヒーを抽出し、テースティングし、さらに味覚センサーにかけました（P142図）。一般的にいわれるように軟水がコーヒーの酸味とコクの風味バランスには適しています。ミネラル含有量が低い水はコーヒーを過剰抽出する傾向があるともいわれますが、そのようなことはありませんでした。むしろ欠点豆の少ないSPの場合は、ミネラルが少ない純水や軟水のほうがコーヒー本来の風味を引き出しています。

5 日本各地の水質は異なりますので同じ豆を使っても地域によって風味は異なるように感じます。浄水器は、基本的には人体に影響を及ぼす化学成分などを除去して安全でおいしい水を作る目的で使用されます。日本の一般的な家庭用浄水器は、活性炭を利用したものが主流で残留塩素やカルキ臭、カビ臭、水道管のさび臭などを取り除きますので、取り付けたほうがよいでしょう。

水による風味の差

エチオピア産／ハイロースト／20g に 250ml の湯を注ぎクレバーで 4 分間抽出

pH①は水、pH②はコーヒー抽出液 ミネラルの数値はmg

水の種類	硬度	pH①	pH②	風味	Brix
純水（ミリQ）*1		7.0	5.0	やわらか、なめらか、きれいな柑橘果実の酸、クリーン、香り高い	2.0
水道水	60mg/L	7.4	5.1	アフターに強い酸味、やや味が重くかすかに雑味も混ざる	1.8
軟水（日本）	30mg/L	7.1	5.0	なめらかな触感と酸味、クリーンでよい風味　Mg0.1 ～ 0.3 ／ Ca0.6 ～ 1.5 ／ Na0.4 ～ 1.0 ／ K0.1 ～ 0.5	2.0
硬水（仏）	304mg/L	7.4	5.4	マグネシウムが多く苦味、味の余韻が重い､液体に濁り感がでる Mg2.6 ／ Ca 8.0 ／ Na0.7	1.9
温泉水（日本）	1.7mg/L	9.5	5.4	なめらかで飲みやすい、コーヒーでは酸味が出にくい Mg 0.01 ／ Ca0.05 ／ Na5.0 ／ K 0.08	1.9

Mg=マグネシウム、Ca=カルシウム、Na=ナトリウム、K=カリウム

味覚センサーの結果

純水と軟水は酸味が際立ち、風味のバランスがよい。

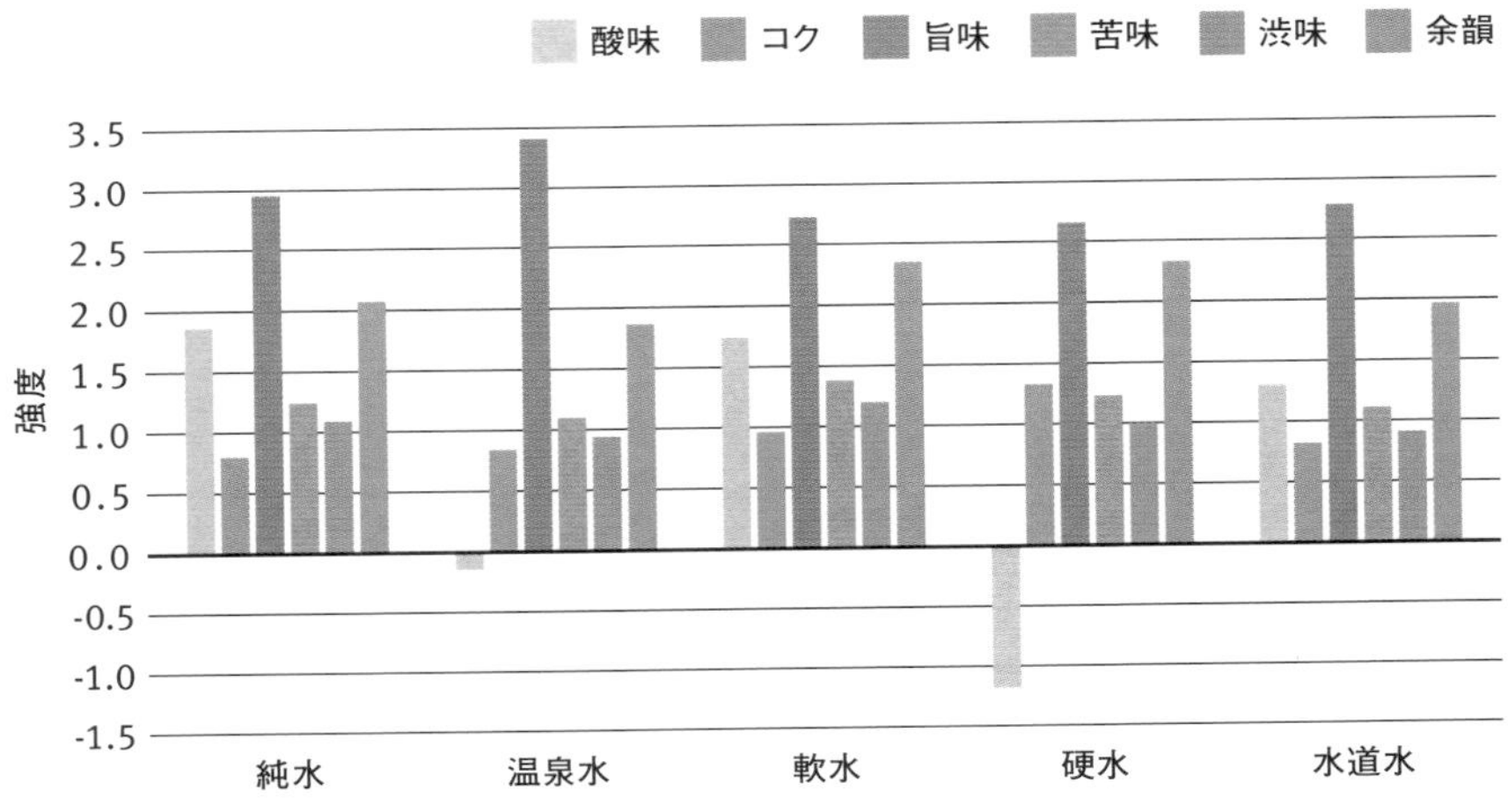

熱水温度は抽出時間と相補的な関係にあり味の質感に影響する

|1| 抽出の熱水温度については、80～95℃まで様々な見解があります。

本書では85～95℃を推奨しますが、実験ではすべて93℃±2℃で抽出しています。米国でも90℃前後の熱水温度を推奨する事例が多く見られ、SCAのカッピングの規約は93℃です。

しかし、熱水温度と抽出時間は相補的な関係にあり、一方の条件を変更する場合は一方の調節によって、ある程度は同様の抽出を行うことが可能だと考えられます。93℃±2℃の熱水に対し、80～85℃の場合は抽出時間を長くすれば成分の溶解度は同程度になると推測されます。一般的には高温であれば苦味成分が強く出ますので、温度の高い湯を利用した場合は、抽出時間を早めにする、粒度を少し粗目にするなどして対応したほうがよいでしょう。

|2| 抽出温度は、抽出後の抽出液の温度にも影響します。私は、熱いコーヒーを好みますので、抽出器具を温めた後、93℃±2℃の熱水を使用します。

＊1　ミリQ：超純水製造装置「ミリQ」で作られた超純水のことで、イオン交換樹脂を利用しています。超純水は水中の不純物を極限まで除去した極めて純度の高い水です。大学の研究室で使用しています。

湯の温度は、初めに粉に触れたときの温度を指します。

3 様々な温度の熱水でコーヒーを淹れてみました。80℃の場合は、抽出後の温度が60℃以下と低くなります。抽出後の過熱は風味の変質につながる可能性がありますので、熱水は85℃以上の温度がよいと考えます。また、95℃の高温でも豆の品質がよければダメージ（欠点豆）の風味は出ません。

4 透過法（ペーパードリップ）では、温度の影響を受け風味は変化しますので、抽出する人のスキルや意思が反映されます。対して、浸漬法（クレバー）では、抽出濃度の差は少なく、比較的温度の影響を受けにくいと考えられます。

熱水温度の違いによる風味の差

使用豆／コスタリカ・タラス産／湿式／ハイロースト pH5.2

20gの粉に熱水250mlを入れ、3分間浸漬法（クレバー）で抽出　n=3

熱水温度	抽出後温度	風味	Brix
水	25℃	さわやかで飲みやすい	1.6
80℃	58℃	やや軽い風味だが飲みやすい、抽出後の温度が下がる	1.3
85℃	62℃	柑橘果実の酸味が豊か	1.3
90℃	65℃	柑橘果実の明確な酸味にコクが加わる	1.3
95℃	68℃	コクのあるコーヒーで余韻に酸味を感じる	1.4

＊水出しは300mlビーカーに粉20gを入れ、水250mlを注ぎ常温で15時間浸し、ペーパーでろ過。

粒度はコーヒーの風味に大きな影響を与える

|1| 粒度（メッシュ：mesh：粒子の大きさ）は、風味に大きな影響を与えます。粒子の大きさが細かければ粉内部の空胞は少なく、成分のろ過が遅くなり結果として濃く抽出されます。粗ければ空胞が多く、熱水の落ちが早くなり、濃度は低くなります。

|2| 粒度は、各会社や店により異なり統一性はありませんが、全日本コーヒー公正取引協議会[*2]の基準があります。また、ミルで粉砕してもすべてが均一になるわけではありませんので、粒度[*3]は分布します。SCAでは、20メッシュの篩0・833㎜（tyler：米国規格）で70〜75％通過するものをカッピング基準としています。

|3| どの粒度がよいかは、抽出器具との相性もありますが、その都度粒度を変えてしまうと、風味のテースティングが困難になります。粒度は、一度決めたらあまり変更せず、粉の量、抽出時間、抽出量で風味を調整したほうがよいでしょう。

本書では抽出方法（ペーパードリップ、ネルドリップ、フレンチプレス）に関わらずやや[*4]粗挽きを基準としています。粉砕により豆の表面積は千倍程度まで増えます。[*5]もし、細挽きを0・1から0・5㎜、中挽きを0・5〜1・0㎜程度、粗挽きを1・0〜2・0㎜程度と仮定した場合、この0・5㎜の粒子の大きさの差は、コーヒーの風味に決定的な差をもたらします。

焙煎豆を挽くと多少のばらつきが生じ、微粉（0・1㎜以下）も出ます。篩にかければすっきりとし、ややクリーンになりますが、反面コーヒーらしい濃さは減少します。気になるのであれば茶こしなどで振って試してください。本書の抽出では篩にかけて微粉を取り除くことはしていません。

通常の粉と微粉除去後の粉との抽出比較

コロンビア産／湿式／シティロースト／pH5.4／18g**を**2**分で**150ml**抽出**／n=30

ブラインドでA.Bどちらがよいか（好きか）を選んでもらうと意見は割れました。

	粉の状態	風味	好み
A	通常の中挽きの粉	しっかりした味の印象	13名
B	微粉を取り除いた粉	飲みやすく、きれいな印象がある	17名

＊2　全日本コーヒー公正取引協議会基準：①粗挽き：挽いた粉粒はザラメ状又はそれ以上の粗さ、②中挽き：グラニュー糖程度の粗さ 、③細挽き：グラニュー糖と白砂糖の中間の粗さ 、④極細挽き：細挽き以下の粗さ 。

＊3　粒度分布：ミルで挽いた粒子のばらつきの割合。

＊4　やや粗挽き：すべての抽出は、フジローヤルのR-400のダイヤル4（coarse粗目）を使用しました。

＊5　石脇智広／コーヒー「こつ」の科学／柴田書店／2008／P91

中挽き ダイヤル3　Brix 1.6

1mmの篩を70％程度通過します。しっかりした味になりますが、アフターにやや苦味を感じます。

粒度の違いによる風味の差

フジローヤル R-400 で粉砕

やや粗挽き ダイヤル4　Brix 1.5

1mmの篩を50％程度通過します。香りが高く、酸味とコクのバランスがよい、しっかりした風味になります。すべての焙煎度に適応しますが、特にミディアムからシティローストに向きます。

Brixの数値は基本の抽出（25gの粉で2分30秒で240ml）をした場合

粗挽き ダイヤル5　Brix 1.4

1mmの篩を30％程度通過します。特にシティからフレンチローストに向きます。抽出液の落ちはやや早く、軽やかです。粉を多めに使用すると濃度が出ます。

粉の量でコーヒーの濃度を調整する

|1| 粉をどの程度使用すればよいのかは一概に言えません。一般的には、中煎りであれば、一人分120mℓ～130mℓの抽出量とした場合は15g程度、2人分であれば10gプラスし25g程度、それ以上の場合は8～10gずつ加算していけばよいでしょう。最近はコーヒーカップが大きくなる傾向がありますので、一人分150～180mℓとした場合は、若干粉の量を多くして15g+2～5gとすればよいでしょう。

粉の量による風味の差

コロンビア・ナリーニョ県産／湿式／シティロースト／pH5.4
ペーパードリップ（ハリオ）で240mlを2分30秒で抽出

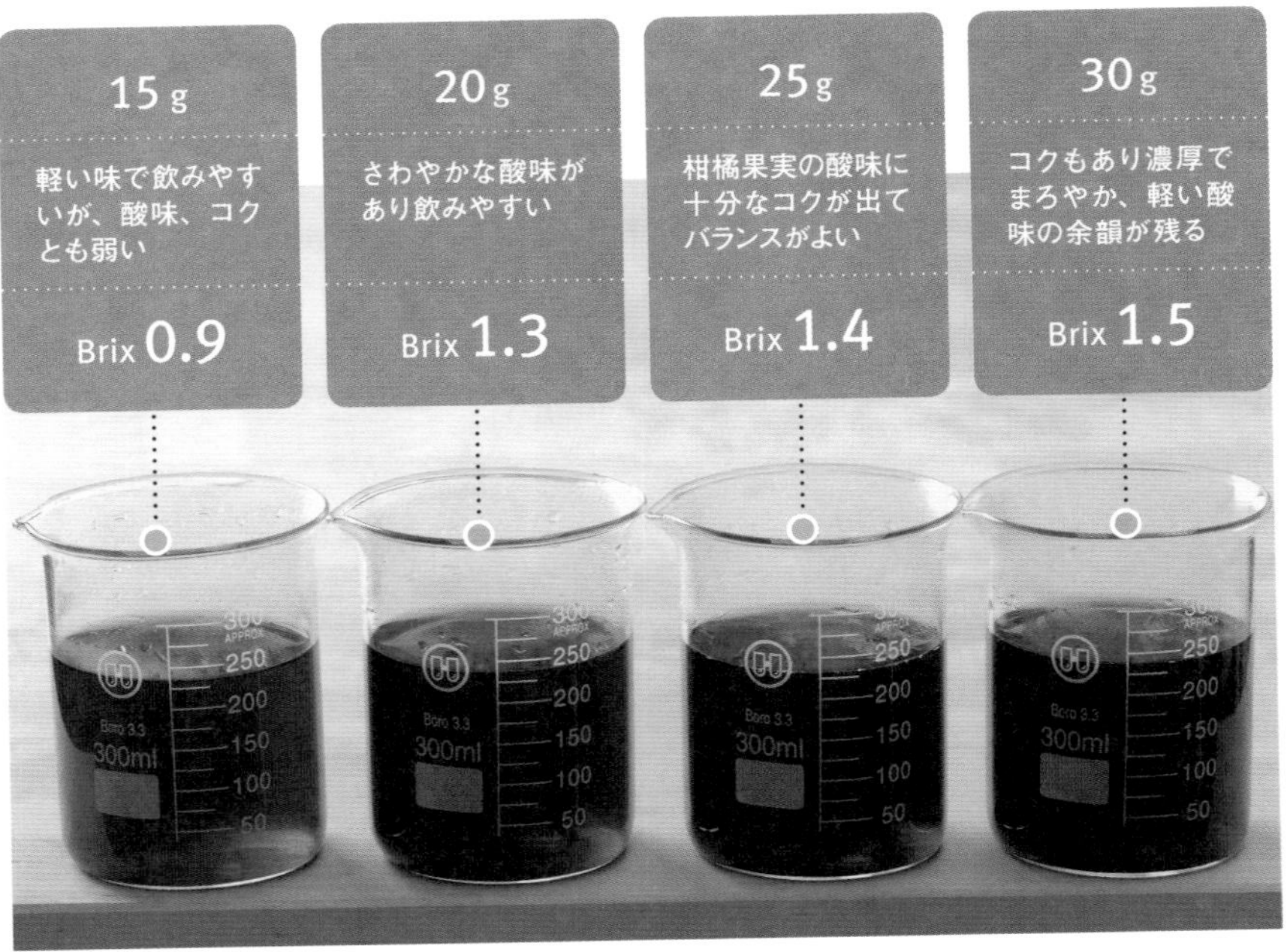

|2| 焙煎度の異なるコーヒーを抽出する場合の粉の量は、濃度で考えるとわかりやすいでしょう。深い焙煎のフレンチのほうが水分及び成分が抜けていますので、同じ抽出時間ですとＢｒｉｘ（濃度）が低くなる場合もあります。

したがって、よく焙煎された苦味のやわらかなフレンチローストのコーヒーは、ミディアムローストのコーヒーより軽やかで飲みやすいと感じる方もいます。したがって、フレンチローストでしっかりした風味を求める場合は、粉の量を多く使用すればよいということになります。

コーヒーを初めて飲むような学生と私とではコーヒーの感じ方は大きく異なります。ＳＰのハイローストはミディアムより酸味は弱くなりますが、初めて体験するような場合は強い酸を感じるようです。

逆に、フレンチローストは苦味もありますが、まろやかで飲みやすいと感じた学生も多く見られました。

焙煎度の違いと風味の差

グァテマラ・アンティグア産、
エチオピア・イルガチェフェ産、コスタリカ・タラス産／
25gを2分30秒で240ml抽出　n＝120

生産国	焙煎度	pH	Brix	風味
グァテマラ	ハイロースト	5.2	1.5	柑橘果実の甘くさわやかな酸味、3つを比べると濃度があり、酸味を強く感じます
エチオピア	シティロースト	5.5	1.4	ブルーベリーのような果実の風味、バランスがよく、かすかに酸味も感じます
コスタリカ	フレンチロースト	5.6	1.3	プルーンなどの黒系の果実の風味、やや苦味を感じますが、まろやかで飲みやすい

1 ここまでで、粒度（やや粗挽き）、熱水の温度（93℃±2℃）、2人分の粉の量（25g）は安定した抽出バランスであることが明らかになりました。あとは、抽出時間と抽出量のバランスを見ればよいだけになります。

2 ケニア産のシティロースト（pH5.4）の粉25gを使用し、やや粗挽きで熱水93℃±2℃で抽出時間を変えペーパードリップ（ハリオ）で抽出してみます。1分から5分で240mlを抽出し風味を比べます（P151）。

　結果として、時間が長いほど濃度は濃くなります。1分では抽出不足で5分は抽出過多に感じます。生豆の品質がよく、焙煎が適切で、2〜4分の抽出であれば、何分がよいとは一概にいえないでしょう。

抽出時間と抽出量を変えることで風味をコントロールする

3 次に、抽出時間を一定にし、抽出量を変えてみます。抽出量を少なくすれば濃くなり、抽出量を多くすれば薄くなります。つまり、抽出時間もしくは抽出量を変えることで自在に風味のコントロールができます。

　ここまでくると、粉の量と抽出時間で風味を感覚的に予測できるようになったと思います。コーヒー抽出の基本はクリアーできています。

抽出時間による風味の差

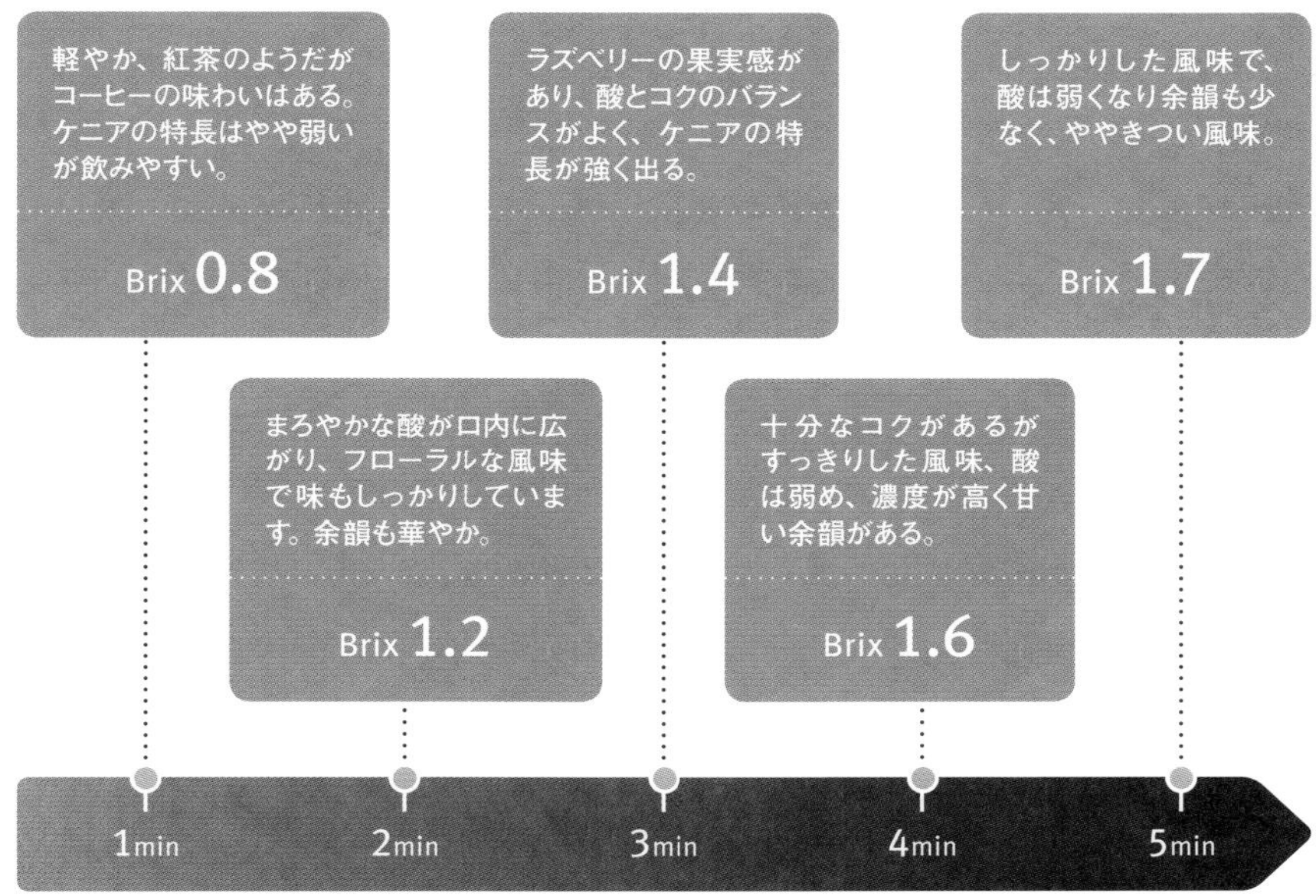

抽出量による風味の差

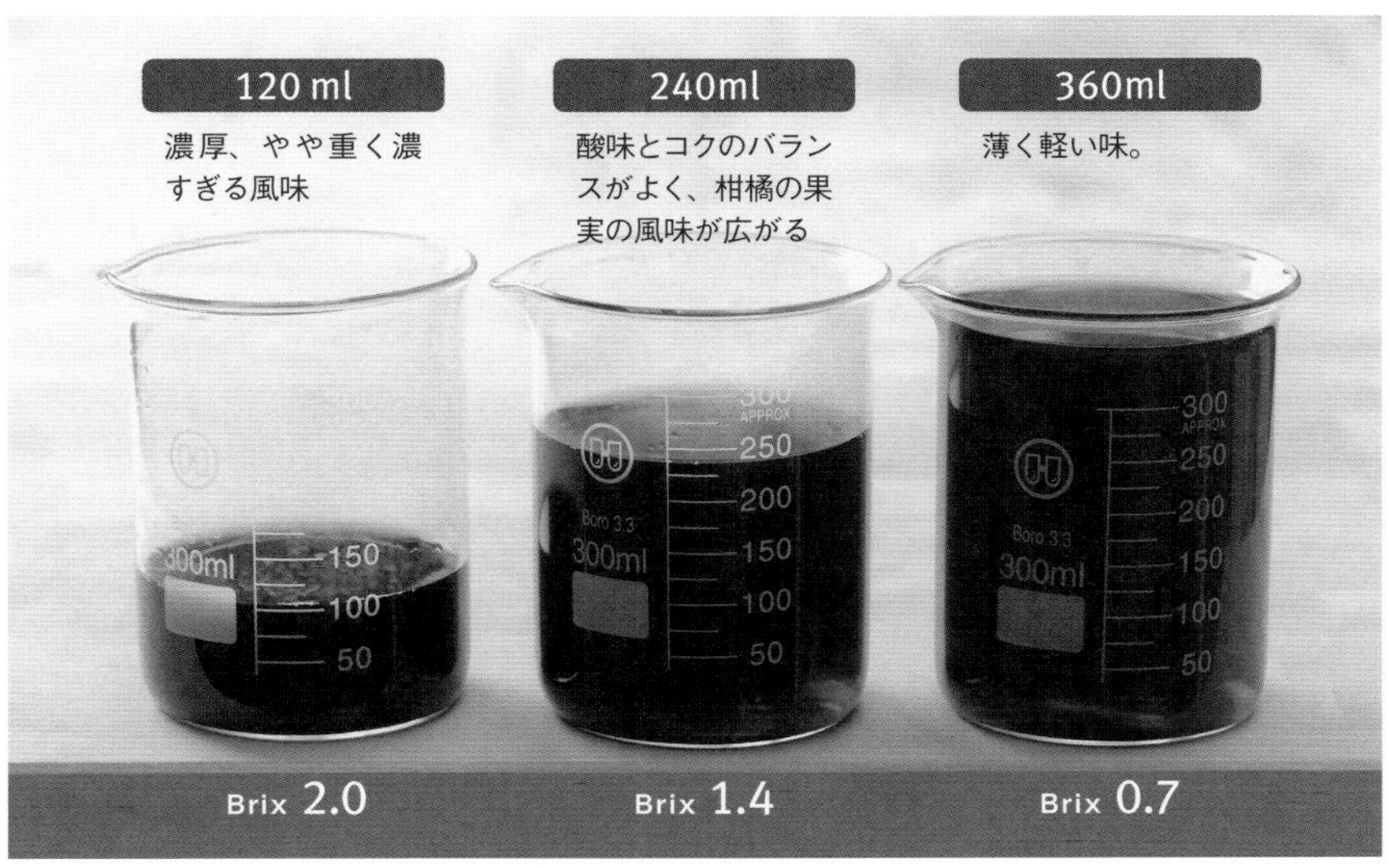

焙煎度の違う豆の抽出方法

|1| コーヒーには様々な焙煎度があり、それぞれに合った抽出方法が必要となります。表は私のミディアムロースト（中煎り）、シティロースト（やや深煎り）、フレンチロースト（深煎り）の基本抽出レシピです。

これを基準に自分でアレンジすればよいでしょう。

|2| ①粒度、②粉の量、③熱水温度、④抽出時間、⑤抽出量の全てを一定にすると、フレンチロースト（焙煎により水分及び成分が減少している）はＢｒｉｘ（濃度）が低くなる傾向があり、軽やかなコーヒーとなります。したがって、シティロースト、フレンチローストの豆でしっかりした風味のコーヒーを飲みたい場合は、①粒度、③熱水温度、⑤抽出量は固定しつつ、②粉の量を増やすか、④抽出時間を長くするのがよいでしょう。

基本抽出レシピ

ペーパードリップ 2 人用　ハリオ V60 で抽出

	ミディアムロースト	シティロースト	フレンチロースト
粉砕の粒度	やや粗挽き	やや粗挽き	やや粗挽き
粉の量	20g	25g	25~30g
熱水温度	93℃±2℃	93℃±2℃	93℃±2℃
抽出時間	2分	2分30秒	3分
抽出量	240ml	240ml	240ml
pH	4.9前後	5.3~5.4	5.6前後
Brix	1.5	1.8	1.8

コーヒー抽出の様々なこだわり

日本では、昔からコーヒー抽出にはこだわりが多く、「チャフ（薄皮）を飛ばす」、「ペーパーに湯通しする」、「湯で薄める」など抽出に関して様々な方法が行われてきました。それらについて検討してみました。

1 チャフ

焙煎過程で、生豆表面のシルバースキン（薄皮）はサイクロン（集塵機）にチャフとして落ちます。しかし、中煎りの場合はセンターカットの部分の薄皮が残り、粉にするときに摩擦による静電気でミルに付着します。シティローストくらいになれば、薄皮はサイクロンにほぼ落ち、フレンチローストであれば目立ちません。

チャフは、風味への影響は少ないと考えられますが、雑味になる可能性もありますので混ざらないほうがよいでしょう。チャフのみを抽出するとやや焙煎の煙の匂い、薄いお茶やハーブティー系の味がします。吐き出すようなものではありませんので、過度に神経質になる必要はありません。

チャフ

チャフを抽出

2 ペーパーの湯通し

抽出の際にペーパーに湯をかける事例が見られます。ペーパーに味やにおいがある場合に熱水をかけて対処するためと思われますが、それでにおいがとれるとは考えられません。最近は無臭のペーパーが多いと感じます。しかし、浸漬法などで長めの抽出をすると紙質のにおいを感じることがまれにありますので、実際にティファールで沸かした熱水にペーパーを10分間浸し、においの官能差を実験してみました。ハリオV60、カリタウェーブ、メリタホワイト、カリタブラウンのペーパーで試しましたが、ブラインドでにおいを感知するのは難しいと感じました。

また、湯通しをしたペーパーとしないペーパーに湯を１００mlかけたときのろ過時間にはほぼ変わりありませんので、湯をかける必要性は感じません。

3 抽出液を湯で薄める

濃厚なコーヒーを抽出し、湯で薄めて風味を作るという考え方もあり、そのような方法も行われています。抽出の最後のほうは成分が抽出された後の薄い液体になりますので、湯で薄めるという考え方も成り立ちます。

エチオピアの湿式コーヒーのシティロースト25gの粉を使用し、２分30秒で２４０ml抽出しました。抽出は、初め80ml、中間に80ml、最後に80ml抽出と３回に分けそれぞれの風味を見ました。２回目、３回目の抽出液に欠点や濁りなどの負の風味はみられず、すべての抽出液が混ざったものが、そのコーヒーの本質的な風味と考えてよいでしょう。

3分の1 抽出の風味の差

Lesson 9

自分の抽出チャートを作成する

本書は、主にハンドドリップを通し、コーヒーの風味の「多様性」を知り、新たな「おいしさ」を発見し、自分自身の最良の抽出チャート[*1]を完成させることを最終目標にしています。

コーヒーについての様々な情報があふれ、多様な抽出方法を簡単に雑誌、書籍、インターネット、YouTubeで知ることができるようになりました。しかし、なぜそのような方法で抽出するのかは説明されていません。「抽出時間や粉の量を調整してください」と説明されますが、実際にはどうしたよいのかがわからないことが多いと思います。

本書は、そのために、多くの抽出を繰り返し、官能評価と照らし合わせました。実際に読者の方々にも様々な抽出を試してもらい、抽出のスキルを上げると同時に、コーヒーの風味を理解していただければと思います。

最終的に「こうすれば、こういう味になるんだ」ということがわかれば、後は自分の求める風味のコーヒーが簡単に作れるはずです。

今回は、抽出時間を一定にし、粉の量と抽出量の関係をチャートにしました。抽出量を一定にし、粉の量と抽出時間の関係も実験しましたが、抽出時間は抽出量より風味への影響が少なく相関性が見られなかったためチャートを割愛しました。

＊1　チャート：チャートの作成にあたっては、筆者が抽出を行いましたが、一部「抽出中級編」セミナー参加者の抽出データ（n=8）も参考にしています。

オリジナルレシピの開発を目指す

|1| コーヒーの抽出液は、98[*2]・6%が水分です。しかし、何らかの成分が溶けています。炭水化物（水溶性の食物繊維など）が0・7g、タンパク質が0・2g（うちアミノ酸のグルタミン酸、アスパラギン酸が微量）、灰分が0・2g、脂肪酸が0・02g、その他タンニンが0・25g、カフェインが0・06g含まれ、さらに微量の有機酸、褐色色素などが含まれていると推測されます。

＊2　七訂食品成分表2016／女子栄養大学出版部／2016.4（10gの粉を使用し浸漬法で150mlを抽出したもの）

|2| 焙煎豆の組成は、28%程度が水溶性の成分で72%は不溶性と考えられています。水溶性の成分をどの程度抽出すればよいのか？ 抽出された成分と抽出量のバランスはどの程度がよいのか？ について、粉の量と抽出量と抽出時間ごとにテースティングをしていけば、適切な抽出チャートを作ることができます。

|3| SCAの「Coffee Control Brewing Chart」（P160）では、最もよい抽出はsolubules concentration（溶解物質濃度）が1・15から1・35、Solubles yield（収率）が18～22%としています（図の中央部分）。この理想的なバランス（Optimum balance）は、あくまで、

＊3　TDS計：米国では、Brix計ではなくTDS（Total Dissolved Solids）計で総溶解物質を測ります。日本では光が水を通過するときに、固形物が含まれていると起こる屈折を測るBrix計のほうが一般的です。果物の糖度などを測るときに利用されますが、コーヒーでは抽出液の濃度を比較するうえでの大まかな目安にはなります。なお、BrixとTDSの関係は、概ねBrix×0.79=TDSの数値になります。これらの抽出研究は、1950年代からのCBI（Coffee Brewing Institute 1957～）の多くの研究が受け継がれて、SCAのCoffee Brewing Handbookのプログラムに統合されてきたものです。https://scanews.coffee/2013/10/04/the-coffee-brewing-institute/

SCAの目安ですのでこの表にはこだわらないほうがよいでしょう。SCAの使用するTDS計[3]はBrix計同様に抽出時間、粒度などの影響も受けますので、今少し単純化して目安を作成したほうがよいと考えます。

例えば、下記の試料A、B、Cにおける抽出の場合、AはBよりBrixが高く、収率は13・4%とBの8・6%より高いといえます。Cは、粉の量が少なく、抽出量が多いにもかかわらず、Brixが高いため、収率は21%と高いといえます。

収率[4]は、抽出されたコーヒーの量×濃度÷使用したコーヒー粉の量で計算しました。

SCAの場合、粉と水使用量の比率は、1：18前後がよい（例えば3・75oz=106gで1・9Lの抽出）とされますので、Cがバランスのよい抽出に最も近いと推測されます。しかし、抽出は、粒度（メッシュ）、焙煎度、抽出時間、抽出技法などのファクターの影響を受けますので、A、B、Cのどれがよいのか？おいしいのか？については日本人の味覚で再検証する必要があります。抽出データを積み重ねテースティングを繰り返していくことにより抽出の指標を作ること

A. 抽出量240ml×Brix1.4÷25g=13.4
（300mlの熱水で抽出）

B. 抽出量240ml×Brix0.9÷25g=8.6
（300mlの熱水で抽出）

C. 抽出量300ml×Brix1.4÷20g=21
（360mlの熱水を使用）

＊4　収率：収率というのは、原料からどれだけ効率よく生成物が得られたかを示す%とも考えられます。

が可能となります。[*5] SCA Brewing Control Chartに入るようにセッティングするには、粉を細かくする、お湯の温度を上げる、抽出時間を長くする、などの方法が必要になりますので、あまり現実的とはいえないでしょう。

SCAの「Coffee Control Brewing Chart」

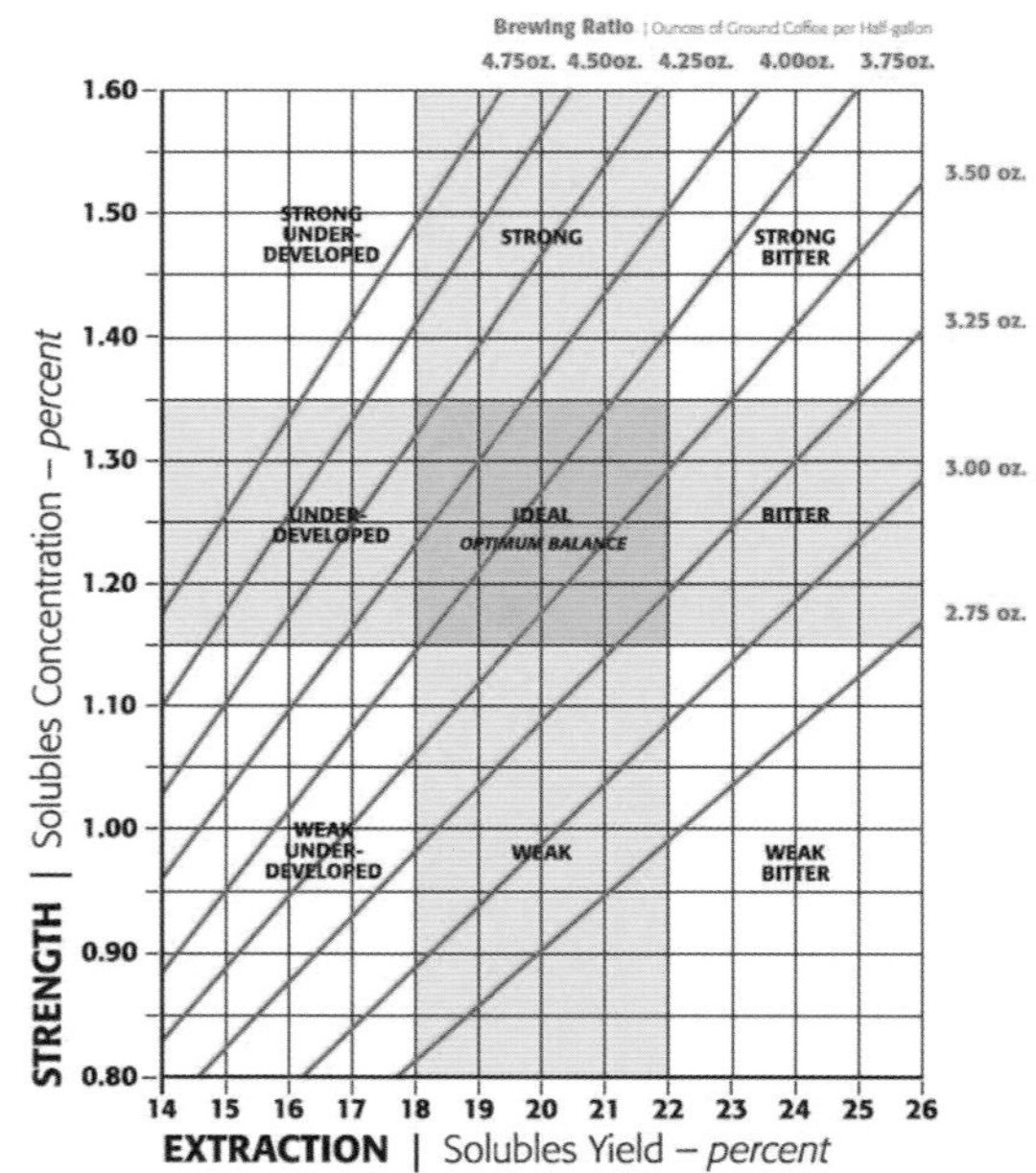

＊5 Coffee Control Brewing Chart

自分の抽出チャートを作成する

|1| 最終的に、既存の指標に頼らず自分の抽出チャートを作成することが理想的な抽出につながります。ここでは抽出液のＢｒｉｘを計測し、官能評価との相関を見ることにします。Ｂｒｉｘは、焙煎度、粒度、焙煎からの日数、抽出時間などで変化[*6]します。参考のために収率も算出しました。

このチャート[*7]を作成することで、風味の全体像を把握することができます。

＊6 抽出液のBrixは、温度により大きく変化します。例えば、30℃で1.55、25℃で1.65、20℃で1.75、15℃で1.95と温度低下とともに数値は上昇します。Brix計に温度補正機能がないため25℃±1℃で測定しました。

＊7 チャート作成にあたっての抽出は、筆者の基本の方法に基づき行いました。ファーストドリップは、15gの場合は15秒、20gの場合は20秒、30gの場合は25秒を目安に行い、最終抽出時間の誤差は15gの場合は8秒、20g及び25gの場合は5秒、30gの場合は3秒以内でした。データには若干の誤差があります。

ペーパードリップの抽出チャート例 1

ハイロースト

東ティモール産・ティピカ種（pH5.1）
粒度＝やや粗挽き　ドリッパー：ハリオ V60　熱水 93℃± 2℃　n=4

ハイローストのコーヒーの粉15g、20g、25g、30gを使用して、それぞれ120ml、240ml、360mlを2分30秒±3秒で抽出しました。

	120ml	240ml	360ml
30g	Brix 3.1　収率 12.4 濃厚な風味で酸味が強い	Brix 2.2　収率 17.6 濃度があり、柑橘果実の酸とコク	Brix 1.8　収率 21.6 酸味とコクのバランスがよい
25g	Brix 2.9　収率 13.9 しっかりした風味で、粘性があり、酸味の余韻	Brix 2.0　収率 19.2 やわらかな柑橘果実の酸味と甘い余韻	Brix 1.6　収率 23.0 さわやかな酸味、コクはやや弱め
20g	Brix 2.35　収率 14.1 やや濃度を感じる、酸味やコクがある	Brix 1.65　収率 19.8 やさしい酸味が心地よい	Brix 1.25　収率 22.5 濃度はややうすい、かすかな酸味、飲みやすい
15g	Brix 1.9　収率 15.2 やや酸味を感じるがコクは弱い	Brix 1.4　収率 22.4 うすく、酸味、コク共に弱い	Brix 0.95　収率 22.8 最も濃度はうすい、酸味は弱い

東ティモールのティピカ種は、オレンジのような酸味とやわらかなコクのあるコーヒー。この試料の場合は、Brixが1.65から2.0で、収率が19～22程度の抽出液が酸味とコクのバランスがよいと考えられます。

ペーパードリップの抽出チャート例 2

シティロースト

ペルー産・イエローブルボン種（pH5.3）
粒度＝やや粗挽き　ドリッパー：ハリオ V60　熱水 93℃± 2℃　n=4

シティローストのコーヒーの粉15g、20g、25g、30gを使用して、それぞれ120ml、240ml、360mlを2分30秒±3秒で抽出しました。

	120ml	240ml	360ml
30g	Brix 2.85 収率 11.4 最も濃い抽出液 バターのコク、甘い余韻	Brix 2.0 収率 16.0 しっかりした風味、複雑	Brix 1.65 収率 19.8 酸味が際立ち、コクとのバランスがよい
25g	Brix 2.55 収率 12.2 濃厚な風味 やや苦味の余韻	Brix 1.85 収率 17.8 酸味とコクのバランスがよい	Brix 1.45 収率 20.9 やわらかく飲みやすい、軽やかな酸味
20g	Brix 2.1 収率 12.6 しっかりしたコク	Brix 1.50 収率 18.0 やや軽やかで酸味とコクのバランスのとれた味わい	Brix 1.15 収率 20.7 ややあっさりした風味 飲みやすい
15g	Brix 1.85 収率 14.8 抽出時間長く雑味が出て、重い風味でバランスが悪い	Brix 1.15 収率 18.4 うすめの抽出、軽やかな風味	Brix 0.95 収率 22.8 もっともうすい抽出、風味が弱い

この試料の場合は、Brixが1.50から1.85で収率が17 ～ 20程度の抽出液が酸味とコクのバランスがよいと考えられます。

ペーパードリップの抽出チャート例 3

フレンチロースト

ケニア・キリニャガ産 (pH5.6)
粒度 = やや粗挽き　ドリッパー：ハリオ V60　熱水 93℃± 2℃　n=4

フレンチローストのコーヒーの粉15g、20g、25g、30gを使用して、それぞれ120ml、240ml、360mlを2分30秒±3秒で抽出しました。

	120ml	240ml	360ml
30g	Brix 3.3　収率 13.2 最も濃度がある、苦味が強い	Brix 1.9　収率 15.2 濃度があり、しっかりした苦味がある	Brix 1.55　収率 18.6 やわらかな苦味の中にかすかに甘味
25g	Brix 2.4　収率 11.5 しっかりした苦味と粘性	Brix 1.8　収率 17.3 やわらかな苦味とコク、かすかに甘い余韻	Brix 1.3　収率 18.7 さわやかな苦味、かすかな酸味
20g	Brix 2.2　収率 13.2 濃度があり、なめらかな舌触り	Brix 1.45　収率 17.4 さわやかな苦味の中に甘味が残る	Brix 1.1　収率 19.8 軽やかな中にややコクを感じる
15g	Brix 1.7　収率 13.6 程よい苦味	Brix 1.1　収率 17.6 苦味が抑えられ軽やかな風味	Brix 0.8　収率 19.2 最も濃度がうすく風味が弱い

焙煎の苦味が強い試料です。Brixが1.3から1.55 程度で収率が17 ～ 19程度の抽出液がなめらかで、やわらかな苦味、甘い余韻があります。

Brixと収率

ハイロースト、シティロースト、フレンチローストの抽出チャートをBrixと収率のグラフにしました。図中のRは相関係数で、Brixと収率には負の相関性があることがわかります。また、抽出のぶれも比較的少なかったと推察されます。

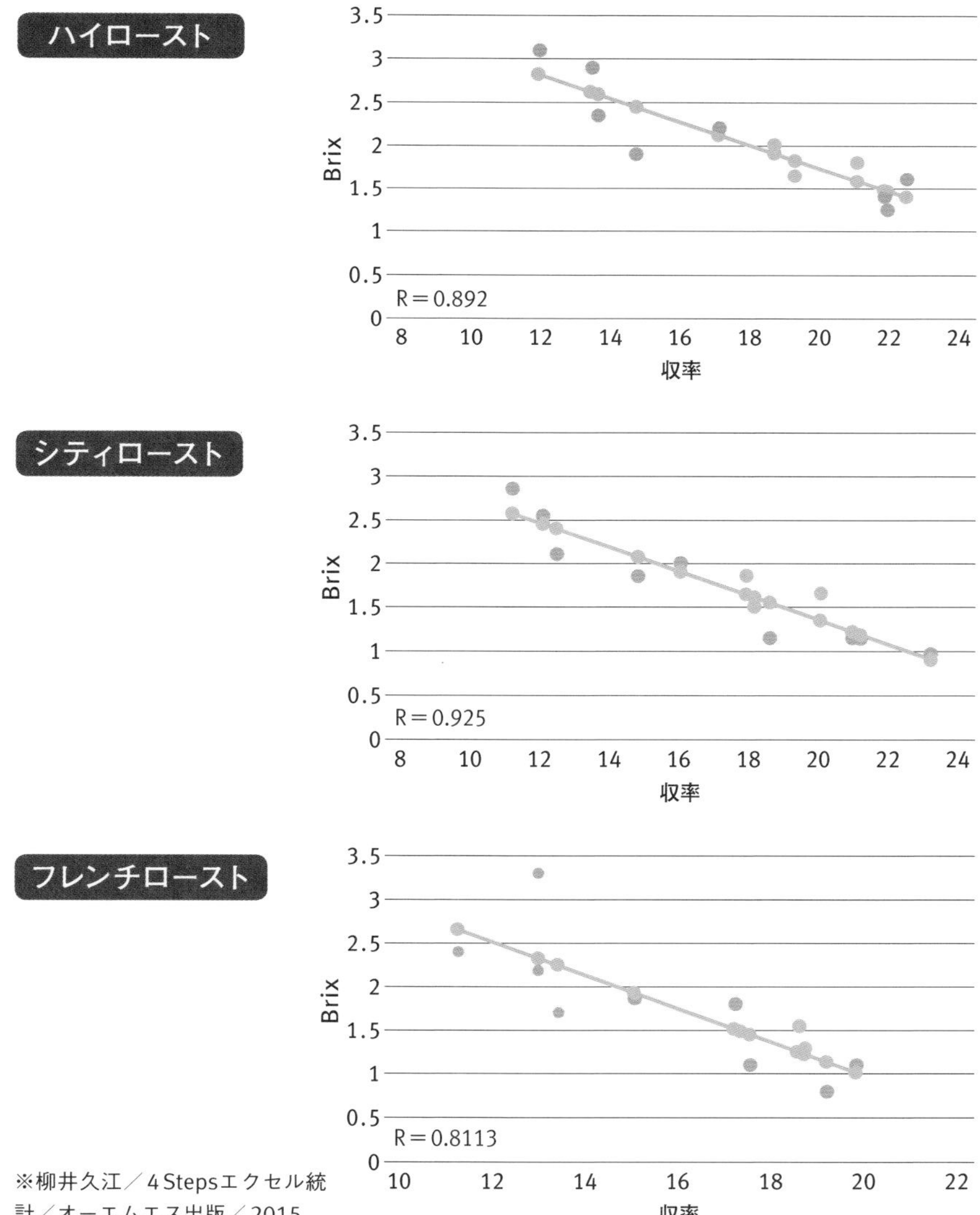

※柳井久江／4Stepsエクセル統計／オーエムエス出版／2015

Lesson 10

抽出したコーヒーの風味をどのように表現するのか

２０１０年以降もＳＰの生産地は拡大し、生産量も増加しています。それに伴いコーヒーの風味は複雑化してきています。ゲイシャ種やパカマラ種のような華やかな風味の品種の登場、もともと優れたテロワールを持つエチオピア、ケニア、スマトラ、コロンビア、コスタリカ産などの生豆の高品質化、優れた乾式精製豆の登場などにより、新しい風味を体験することができるようになりました。

市場の成熟は新たにコーヒーに携わる人を生み出し、日本のみならず世界的にマイクロロースター（自家焙煎店）は増加しています。

また、生産地を訪問するコーヒー関係者は増加し、国際的な交流も深まり、風味に対する共通言語の必要性がいやおうなしに問われる時代になっています。インターネットオークションも20年近くの歴史を刻み、10年前に比べてコーヒーの風味を表現する語彙は拡大しています。ＳＣＡのフレーバーホイール、ＷＣＲのLexiconなどは米国主導で作られ、それらの影響を強く受けた日本人も増加してきました。

このような流れの中で、コーヒーの風味を表現する語彙は極めて主観的な方向に傾き、コーヒー関係者の中でも共有しがたい違和感が生じてきています。生豆商社のコメントのコピーや主観的語彙の氾濫は、コーヒーの風味の理解を防げ、コンセンサスを阻害し始めているようにも感じます。

フレーバーホイールやLexiconは、きわめて優れたものですが、日本人の感覚は欧米人とは異なりますので、最近の語彙には違和感のある部分も多くあります。
日本人には理解できる「旨味」や「苦味」はSCAの官能評価表になく、Lexiconのベースとなる味は日本の味とは異なるものが多く見られます。

本来語彙は、多くの専門家によりリストアップされ、評価、検証され作成されるべきものですが、本書では、私個人の過去30年のテースティングの経験から作成しました。そのため違和感を抱く方も多いと思いますが、これをたたき台にして多くの方が風味表現に興味をもっていただければと思います。

グァテマラ・アンティグアでのホテルの朝食

テースティングの用語（語彙）

1 本書では、官能評価[*1]をテースティングという言葉に置き換え使用しています。コーヒーのテースティングは、おいしさの追及のためにあり、その風味を表す言葉がテースティング用語です。

コーヒーの場合は、香りと味は一体化していますので主には香味という言葉で表現したほうがよいと考えています。さらにそこにテクスチャー（食感、コクなど）が含まれる総合的な言葉として風味という言葉を使用しています。

本書では、感じ取ったコーヒーの風味を書き留め、自分のマトリクスを作っていくヒントを提示していますが、あまり言葉を増やさないようにし、多くの人と共通認識ができるように配慮しました。コーヒーのテースティングの表現については統一基準がなく、テースターが自由にアロマ、味、テクスチャーを表現しています。

そのために同じコーヒーでも飲む人が変わると感じ方の表現が変わってしまいます。最近は、過剰に思える風味表現が目立ち、パネリスト[*2]（Panelist）同士の共通感覚からの乖離が目立ちます。一人よがりのコメントが多く、本当に理解しているのかはなはだ疑問に感じます。

さらに、その表現がそのまま商品の宣伝やパッケージに使用されることも多いため、消費者の混乱を招く状態がみられることから、私を含め一部のコーヒー関係者は懸念を表明しています。

2 香りや味の表現は、その言語圏の食文化の影響を強く受けます。英語で作られたリストの直訳ではなく、日本語の発想で作られたものが実用的と考えます。

特に日本には食材が豊富で、生食も定着しているため、食味表現が多いのが特徴です。国際的な共通認識には、世界各国で語彙集が作られ、それらが統合されていくプロセスが必要だと考えます。

3 日本にも「消費者[*3]、コーヒー関係者、コーヒーテイスターの語彙」という研究があります。3者の評価を比べたもので優れたものだと思います。ただし、ベースとなる試料が高品質品に特化したものではないため、風味の語彙が限られています。

4 そこで、過去20年間のＳＰのテースティングを通して、コーヒーの中に見られる香味およびテクスチャーを、自分なりにまとめてみました。

これらは私の個人的な語彙の一部で、違和感を覚える方もおられるかもしれませんが、多くの方々の知見を集め、今後より充実したものが作成できればとあえて記しました。コーヒーは、嗜好品であり、生豆に含まれる化学的な成分が焙煎によって変化することで生まれる特別な飲み物といえるでしょう。香りと味は一体化していますので多くの食品、飲料業界ではフレーバーホイールが作成されて

います。コーヒーはSCAのものが広まっていますが、日本人の食文化から生まれる風味表現とは若干の違いがありますので、本書では「香り」と「味」と「テクスチャー」に区分しました。

＊1　官能評価（sensory evaluation）：人間の感覚を測定器のセンサーとして品質を測定する行為。多くの試料から最良のものを選択します。JIS Z 8144／官能評価分析-用語／2014

＊2　パネリスト：官能評価を行うために選ばれた評価員の集団をパネル（panel）といい、そのうちの一人はパネリストといいます。公正な判断（偏見を持たない）ができる人が適しています。大越ひろ、神宮英夫／食の官能評価入門／光生館／2009／P175

＊3　Fumiyo Hayakawa et al./Sensory Lexicon of Brewed Coffee for Japanese Consumes, Untrained Coffee Professionals and Trained Coffee Tasters/ Journal of Sensory Studies 25 917-939/2010

香り（Aroma）の用語

|1| 香りは嗅覚で感じます。
コーヒーはワインとは異なり、花の香りの種類の特定は難しいと感じます。コーヒーの花の香りは「ジャスミンのよう」といわれますのでそのあたりにとどめる方がよいでしょう。「花のような香り」でも十分だと考えます。

|2| 香りの分子のほとんどは気体になりやすい低分子有機化合物です。
コーヒーの香りは、生豆、焙煎豆を含め[*4]1000種近くありますので、個別に感知することは難しいと感じます。

香りは味と表裏一体ですので、味の言葉と重なりますが、個々の香味については香りの強いものと味の強いものがあるようにも感じます。そのためWCR[*5]のLexicon（語彙集）では強度も重要な要素としていますが、コーヒー研究者用の考え方でありコーヒー関係者や消費者には難しいと感じます。

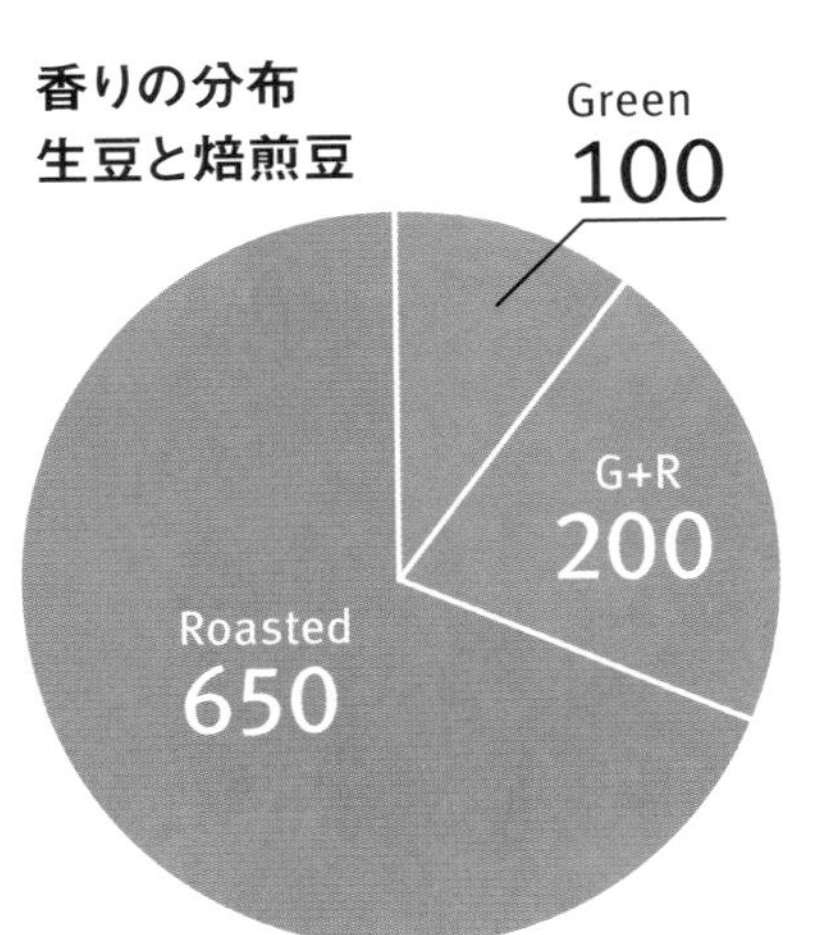

生豆が100種、焙煎豆が650種、生豆と焙煎豆共通のものが200種といわれます。

＊4　Ivon Flament/Coffee Flavor Chemistry/Wiley/ 2002 /P77
＊5　WCR：https://worldcoffeeresearch.org/work/sensory-lexicon/

|3| コーヒーの「香り」の評価は、粉の香りである「フレグランス」と抽出液の香りの「アロマ」に区分され、両者を総合的にとらえます。

ワイン研究家の故富永[*6]教授は、「香りを聴く」という言葉を使用し、香りをとらえることを高貴な姿勢と表現しました。

香りを嗅いだときに、フローラル、フルーティー、スイート（表）などを感じ取れればよいコーヒーと判断できます。これらは、コーヒーからなんとなく感じるもので、言葉には表し難い感覚です。また、香りは化学物質ですので、コーヒーの香りをリモネン[*7]（シトラス系）、リナロール（ジャスミン、バラなど）などの分子で表現することも可能ですが実際には調香師以外にはできませんので、本書ではその3つの言葉に集約しました。

主な香りの用語

用語	英語	香り	例え
フローラル	Floral	多くの花の甘い香り	ジャスミン
フルーティー	Fruity	柑橘系および熟した果実の甘い香り	多くの果実
スイート	Sweet	甘い香り	蜂蜜、カラメル

＊6　富永敬俊／アロマパレットで遊ぶ／ステレオサウンド／2006／P22
＊7　平山令明／「香り」の科学／講談社／2017／P152～

香りのキッド：「Le Nez du Cafe」（ルネデュカフェ）というコーヒーの香りサンプル36種類が販売されています。これは、Qグレーダー（Licensed Q Arabica Grader）の養成講座でも使用されています。
㈱ブランディングコーヒー
https://0141coffee.jp/?pid=130698499

酸味（Acidity）とフルーティー（Fruity）の用語

1 コーヒーは果実[*8]の種ですので、ＳＰには果実のような酸味を感じることがあります。基本は、柑橘果実の香味ですが、わずかに熟した果実などを感知できるコーヒーもあります。これまで多くのコーヒーをテースティングし、感じてきた果実の味を一覧にしました。私は、果実の香味を果実の色で区分します。

2 果実といっても微細なニュアンスしか感じ取ることはできません。日常の中で果物を食べる習慣を身につけるのがよいでしょう。私は毎日何らかの果物を食べています。ＡＳＩＣ（国際コーヒー科学会／２０１８）で米国のポー

オレゴン州ポートランドのスーパーマーケット

＊8　果実：コーヒーの香味表現の中で最も多く使用されるものはフルーティーの用語です。SCAのフレーバーホイール（P199～200参照）以外の語彙集で、全体の用語の半分程度をフルーティーの用語が占めるものも見受けられます。

トランドに行った時は毎日ブルーベリー、ラズベリー（赤、黄色）、ブラックベリーを食べていました。

3 フルーティーは、華やかで甘味のある香りや果実味のある味わいのことをいいます。以下のような果物のような属性をとらえることができます。米国人[*9]のフレーバーの感覚とは異なりますので、言葉を正しく使用する必要があります。

＊9　米国人：グリーンアップル、ストロベリー、チェリーなど多くの果物の味は国産と著しく異なりますし、またベリー系果実の区別などは日本人には難しい感覚です。

筆者が日常的に食べているフルーツの一部を撮影したもの

果実の用語

黄色い果実

柑橘果実は、クエン酸を基本としたコーヒーの基本酸味で最も重要です。大部分の高品質コーヒーに感じられます。酸の強い場合はレモン、やや苦味を伴う場合はグレープフルーツ、甘味を伴う場合はオレンジ、ミカン、ポンカン。

赤い果実

柑橘系の酸味にラズベリーが加わることで華やかさが増します。土壌のよい産地のパカマラ種などに見られます。その他優れた乾式のコーヒーにストロベリーが感じられることがあります。

黒い果実

ブルーベリーは、国産、オレゴン産のものが多く流通しています。エチオピアのウオッシュトなどに頻繁に感じることができます。その他ブドウ、プルーンなどは、やや焙煎が深く、ショ糖量が多い場合に感じられます。

乾燥果実

トルコ産などの乾燥イチジクは、やや焙煎の深い味わいのコーヒーに感じることがあります。乾燥プルーンは、やや焙煎が深いケニアやコロンビアのウイラ産などに見られます。

その他の果実

リンゴは、中米のコーヒーやティピカ種に感じる可能性があります。リンゴ酸そのものはよい風味に寄与する場合とそうでない場合がありますので、注意が必要です。ピーチやメロンは、柑橘果実の香味を覆い隠すような華やかな甘みを伴う香味の場合に使用します。エチオピアのイルガチェフェなどの湿式コーヒーを中心に見られることがあります。

トロピカルフルーツ

まれに、アップルマンゴー、パッションフルーツなどの華やかな果実をスマトラ産やケニア産に感じることがあります。また、パイナップルなどはパナマのゲイシャ種に感じることがあります。

※ラズベリーやブラックベリーなどは日本人にとって味をとらえにくいため、ジャムやケーキのピューレなどから香味を連想するのがよいでしょう。ストロベリーは「とちおとめ」を基準に。マンゴーは、アップルマンゴーを基準に。日本>台湾>メキシコの順に甘味は強くなります。リンゴは、アメリカの青リンゴではなく「ふじ」を基準に。ピーチやメロンも日本の様々な甘い香味を基準にします。

スイート（Sweet）の用語

|1| 無糖のコーヒー抽出液そのものに甘味を感じますので、コーヒーは不思議な飲料です。甘味の味覚テストの方法は、水1リットルにショ糖[*10]4gを溶かした水溶液と蒸留水との比較ですが、多くの人は区別できます。コーヒー抽出液の中にも甘い属性を感じ取ることができます。甘味を感じたときの表現でよく使用する言葉をまとめました。

これらの甘味を感じることのできるコーヒーは、SPの中でもよいコーヒーで、すべてのSPに感じられるものではありません。

＊10　ショ糖：コーヒーの甘味のベースは、ショ糖です。ショ糖（スクロース：sucrose）は、砂糖の主成分でブドウ糖（グルコース）と果糖（フルクトース）が結合したものです。

チョコレート

甘いチョコレートは、シティロースト以上の焙煎度のコーヒーに、ダークチョコレートは、フレンチローストのコーヒーの濃縮感の中に感じられることがあります。カカオはベリー系の香味ですので、チョコレートとは分けます。

バニラ

多くの高品質コーヒーに香りとして感じる傾向があります。

キャラメル

ショ糖の多い生豆をシティロースト以上の焙煎度にした場合に感じられる可能性があります。

ハニー

優れたコーヒーのアフターテーストに感じる場合があります。

シュガー

ミディアムローストからフレンチローストのコーヒーまでのアフターテーストに感知できる可能性があります。

その他の用語

|1| その他、これまで使用してきた言葉が多くありますが、その一部をあげてみました。多くのコーヒーに当てはまるわけではなく、まれにこの香味のニュアンスを感じ取れることがあります。

ティー

緑茶や紅茶の風味がごくまれにみられます。緑茶の中でも新茶の香味を感じることがあります。紅茶は、浅い焙煎、Brixの低いコーヒーに感じることがあります。エチオピアの湿式にみられるレモンティーの風味は高い評価をします。

ワイニー

エチオピア、イエメン及び中米の2010年以降に生まれたプロセスのよい乾式のコーヒーに感じます。発酵臭がない、もしくは微細なものに使用します。赤ワイン。

ハーブ

ハーブそのものを特定することは難しく、刺激の強くないハーブであればよい評価をします。

スパイス

シナモンは入港したての中米などの新鮮なコーヒーにみられ、風味のアクセントになりますが、他のスパイスはよい評価をしません。

レザー

マンデリン特有の新鮮な青い芝から森の湿ったにおいに変化していく中で感じられる香味です。

ナッツ

ナッティは、非常に多く使用される言葉ですが、ワインのミネラルと同じようにわかりにくい用語です。一般的には煎った木の実、麦芽、トウモロコシなどの香味ですが、ざらついた心地よくない負の風味でも使われます。

テクスチャー（Texture）の用語

1 テクスチャーは、口内で知覚できる物理的特性で、本書では、ボディ[*11]（日本語でコク）と同意語として使用します。溶液に対して溶質の多い場合は、テクスチャーに影響があります。水溶性の炭水化物（食物繊維）などは粘性に影響します。

ペーパードリップの場合、コーヒーの脂質のほとんどは抽出されませんが、抽出液に浮遊するわずかなコロイドは、口触りに質感を与えます。

コクの用語

用語	味	原因
バター	バターの粘性	焙煎豆の脂質量が多い、生豆のかさ密度がある
クリーム	クリームの舌触り	焙煎豆の脂質量がやや多い
重い	重い味	抽出時間が長い、抽出時の粉が多すぎる
軽い	軽い味	抽出時間が短い、抽出時の粉が不足している
なめらか	なめらか	抽出液に油性物質、コロイドが多い
厚みがある	厚みがある	抽出液に固有の溶質が多い
薄い	薄い	抽出液に固有の溶質が少ない
複雑	複雑な味	抽出液に多様な成分が溶け込んでいる

*11　ボディ：ボディは、生産国などではライトボディ、ミディアムボディ、フルボディなどと使用される事例は多く見らます。個人的には、ティピカ種のよいボディはシルキーで、スマトラ・マンデリンのよいボディはベルベットと区分します。

フレーバーホイール（Flavor Wheel）

|1|　SCAのフレーバーホイール（Flavor wheel 2016に改訂・P198図）は、一大、中、小とカテゴリーが区分され、一番内側の大カテゴリーは9つに区分され、さらに細分化されていきます。
「フレーバーホイール」とは、ある食品から感じられる香りや味の特徴を、類似性や専門性を考慮して円状かつ層状に並べたもので、その食品に関わる人が香りや味について共通認識を持ち、コミュニケーションを行うためのツールとして用いられます。

|2|　日本では、清酒、泡盛、ウイスキー、ビールなどの酒類では当たり前にフレーバーホイールはあり、紅茶や緑茶にもありますがコーヒーにはありません。

|3|　SCAのフレーバーホイールの大カテゴリーは、Floral, Fruity, Sweet, Nutty/Cocoa, Sour/Farmented, Green/Vegetative. Roasted, Spices, Otherの9種に区分されていますが、それらから派生するフレーバーを見ていくと、正の風味と負の風味が混在しています。また、フレーバーの基礎となる食材は米国のものが多いと推測され、このフレーバーホイールを日本人が使いこなすのは難しいのではないかと感じます。

4 米国内でもSCAのフレーバーホイールを修正したものや、簡素化したものも生まれています。[*12]カウンターカルチャー(Counter culture coffee)が作成したフレーバーホイール、シンプルな「Tastify」のフレーバーホイール（P198図）もあります。Tastifyはロースターと生産者が、異なる国で同時にコーヒーをカッピングでき、ウェブ上でTastifyを介してそのコーヒーについて協議することができます。

*12　カウンターカルチャー：米国ダーラム（Durham）に本社があり、ショップ展開はせず、トレーニングセンターを重視したロースター（焙煎会社）。

フレーバーホイールの大カテゴリーの基本語彙の比較

SCA	COUNTER CULTURE	
FLORAL FRUITY SWEET NUTTY/COCOA SPICES GREEN/VEGETATIVE ROASTED	FLORAL FRUIT SWEET&SUGARY NUT SPICE VEGETAL/EARTHY/HERB ROAST	左の７項目はほぼ同じような属性です
FARMENTED OTHERS	CHOCOLATE GRAIN&CEREAL SAVORY	残りの属性にやや違いがあります。

Lesson 11

抽出したコーヒーをどのように評価するのか

コーヒーは世界中で愛飲される嗜好飲料として長い歴史を持ちますが、その「おいしさ」については主観的に語られることが多く、品質や風味の良し悪しについて客観的にとらえられることは少ないと感じてきました。それらは、「コーヒーの風味とは何か?」「風味をどのように評価すればよいのか?」「よい品質とは何か?」という本質へのアプローチが不足してきたことに起因すると考えています。

コーヒーの風味には、嗜好品としての主観的な「おいしさの差」と客観的な「品質の良し悪しの差」があります。本書では、おいしさは生豆の品質によると考え、よい生豆が適切な焙煎と抽出をされたときに生み出される感覚と考えます。

したがって、高いレベルで「おいしさ」を体験するには、よいコーヒーの抽出方法を理解し、それらを多く体験し、嗅覚や味覚を訓練する必要があります。

最終的には、抽出液に対し、その良し悪しを自分で判断できるスキルを身につけることが必要になるでしょう。そのために、生豆や焙煎の知識、テースティングの方法を身につけることが必要になり、さらに味覚の開発が重要になります。

ワインを味わうには、ぶどうの栽培から醸造までの知識が必要になります。いきなり「ロマネコンティ」[*1]の風味は理解できません。ブルゴーニュ[*2]の様々なワインを「地域」「村」「クレマ(村の中の区画)」「生産者」と絞り込み、また「1級」、「特級」と順に飲んでいった結果として初めてその風味の偉大さを理解することができるのだと思います。コーヒー

＊1　ロマネコンティ：フランス・ブルゴーニュ地方の最高のワインといわれます。

＊2　ブルゴーニュ：栽培されているのはピノ・ノワールという単一の品種で、村の中の区画で格付けがされ、生産者によっても風味が異なり、価格差も生じます。

も同じように、初めてケニアを飲んだときの「レモンやパッションフルーツやアンズのような酸味」は、生産地のテロワールや精製工程による影響が大きいと考えられ、中米諸国産やコロンビア産などのコーヒーの「柑橘果実の酸味」を体験して初めて、その素晴らしさを理解できます。

　コーヒーの風味を理解するためには、コーヒーを評価する基準をきちんと学習する必要があります。コーヒーのおいしさは、「濁りのないクリーンさ」をベースとし、「クエン酸を中心に構成された有機酸の生み出すおいしさ」と「脂質や糖質、アミノ酸などが生み出すと推測されるやわらかな舌触りであるコクと甘味」が香味を構成し、さらに「カフェインや褐色色素の苦味」が加わり、「香り」とともに複雑な風味となって表れます。

　それらの風味を構成する「香り」「酸味」「コク」「クリーンさ」「甘味」をきちんととらえ、できるだけ客観性を持って評価していくスキルを学習します。

おいしさは、食品を摂取したときに引き起こされる快い感覚

1 ヒトには、味覚、嗅覚、触覚、視覚、聴覚が備わっています。味覚は化学物質が受容器（口腔内、舌、口蓋部）と接触することにより起こる感覚で、口腔内の物質が自分に心地よいか、そうでないかを見分けるセンサーといえます。

おいしさは、化学的要因[*3]（香味）及び物理的要因（テクスチャー）以外にも心理的要因、生理的要因などと合わさり、過去の食経験などの情報に基づいて脳が総合的に判断していると考えられます。また、伏木氏[*4]は、おいしさを、生命維持にとって大事な成分を含む「生理的なおいしさ」、食べなれた味は安全という「文化的なおいしさ」、情報であらかじめ味を評価できる「情報のおいしさ」、脳の報酬系で発生する「やみつき報酬のおいしさ」の４つに区分しています。

2 基本的な味覚の生理的な機能は、甘味はエネルギー、旨味はタンパク源、塩味はミネラル源として感知することであり、酸味は腐敗物のシグナル、苦味は毒物を忌避するシグナルとなります。しかし、日本人は食の体験から春の苦味（タケノコ、菜の花、フキノトウ）を、梅干しや柑橘果実の酸味を、昆布やカツオ節の旨味を体験していますので、

コーヒーに含まれる風味を判断できる素養があると考えられます。もちろんそれらを感じる閾値[*5]には個人差があります。

|3|

先天的に味覚の優れた人はごくわずかで、味覚は食の履歴そのものが構築するものだと考えられます。コーヒーに対する味覚も、様々な未知の風味との遭遇の中で、経験を積み重ねて体得していくものです。

コーヒーの風味理解には、よい風味のコーヒーに触れることが重要で、それを基準に様々なコーヒーの風味を比較することができるようになります。

食品の状態に起因するおいしさの要因

化学的要因	内容	物理的要因	内容
味	五味（酸味、苦味、塩味、甘味、旨味） 辛味、渋味	テクスチャー	口腔内で感じる力学特性、硬さ、柔らかさ、粒度感、滑らかさ、のどごしなど
芳香	鼻で感じる（orthonasal） 口で感じる（retronasal）	食品の温度 食品の外観	口から食道で感じる温度 見た目、鼻で感じるにおい

＊3 都甲 潔／感性バイオセンサー／朝倉書店／2001
＊4 伏木 亨他／においと味わいの不思議議／虹有社／2013／P163
＊5 閾値：感覚に興奮を生じさせる最低の刺激量。水とは異なり何らかの味が感じられる濃度（検知閾）をいい、はっきり味の質がわかる濃度を認知閾という。苦味（0.0003％）は人が毒を感知するため最も閾値が低く、次いで、腐敗を感知するために酸味（0.006）の閾値が低い。次に旨味（0.03）、塩味（0.07）、甘味（0.3）の順である。
大越ひろ、神宮英夫／食の官能評価入門／光生館／2009／P20

五味は、甘味、酸味、苦味、塩味、旨味

|1| コーヒーの主な味は、甘味、酸味、苦味といわれ、官能的に感知できますが、塩味と旨味は難しいかもしれません。五味の表[*6、9]（P193表）を作りました。

甘味（Sweetness）を引き起こすショ糖は、生豆に6～8g／100g含まれますが焙煎過程でカラメル化し、ヒドロキシメチルフルフラール[*7]（HMF：Hydroxymethylfurfural）などの甘い香りや複雑な生成物になります。

|2| コーヒーの酸味は、クエン酸などにより引き起こされる味（Acidity）です。酢酸、リンゴ酸、キナ酸などが組み合わされ、複雑な酸味を形成します。

|3| 苦味は、生豆に1～2％含まれるカフェイン、クロロゲン酸などを代表する物質により引き起こされる味覚（Bitterness）ですが、それらの物質の感知は難しいといえます。コーヒーの場合は、ショ糖とアミノ酸によるメイラード反応により生成されるメイラード化合物の影響もあると考えられます。

＊7　岡希太郎／コーヒーの処方箋／医薬経済社／2008／P69

|4| 旨味は、コーヒー生豆に含まれるグルタミン酸ナトリウム（アミノ酸全体量の22％程度）、イノシン酸ナトリウム（全体の9％程度）などのアミノ酸により引き起こされる感覚（Umami）です。アミノ酸は焙煎過程におけるメイラード反応により香り成分やメイラード化合物になるため、官能的な感知は難しいと思いますが、日本人はこの味に慣れていますのでトレーニングすれば感知できるかもしれません。抽出液にもグルタミン酸が微量含まれています。

|5| 渋味は、タンニンなどを代表とする物質により引き起こされる味覚（Astringency）で、コーヒーでは未熟豆などによる欠点の味になります。

|6| 塩味は、食塩などを代表とする物質により引き起こされる味覚（Saltiness）でコーヒーにはあまり関係はありません。

その他、後味は、コーヒーを飲んだ後、口腔が空になってもなお口内に残る持続性の感覚（Aftertaste）です。

|7| 他にも、コーヒーのテースティングで感じられることとして、舌、歯茎で知覚される触覚などの総合的感覚としての口あたり（Mouthfeel）と、また試料の持つ風味の豊かさと、口内の触覚器官の刺激で検出される流動特性に対する感覚（Body）があります。本書では、マウスフィールとボディを総合的にとらえコク[*8]（ボディ：Body）とします。最もコアな第1層のコクは、油と糖分[*10]

＊8　コク：厚み、リッチな、ボディのあるなどの表現がされ、食品では、ウニ、明太子、卵、イカの塩辛、チーズ、レバーペースト、カレーライスなどはコクがあるといえます。

＊9　都甲潔／味覚を科学する／角川学芸出版／2002／P15

＊10　伏木亨／コクと旨味の秘密／新潮社／2005／P98

とダシの3要素とし、第2層のコクとしてとろみ、粘りなどの食感、濃厚感、香りととらえる研究もあります。

尚、本書では、香りと五味とコクを合わせた味覚、嗅覚などの総合的な感覚を風味（Flavor）という言葉で表しています。

五味＊6、9

	主な物質	意味するもの
甘味	ショ糖、ブドウ糖、人工甘味料	エネルギー源
塩味	ナトリウムイオンに代表される金属系陽イオン	体液バランスに必要なミネラル
旨味	グルタミン酸、イノシン酸ナトリウム	生物に不可欠のアミノ酸など
酸味	酢酸、クエン酸などが電離し生じた水素イオン	新陳代謝の促進、腐敗のシグナル
苦味	カフェイン、キニーネなど	毒性の警告

|1| ２００４年頃からＳＣＡの官能評価方式が運用され始めました。ＳＰグレードは欠点豆の混入が少ないため、コマーシャルコーヒーのように欠点の風味を探すよりも優れた風味について客観的に比較・評価しようとするもので、当時としては画期的でした。

ＳＣＡは、この方式をＳＣＡカッピングジャッジとして普及させ、その後ＣＱＩ（Coffee Quality Institute）がＱグレーダー[*11]の養成を引き継ぎ現在に至っています。２０００年代終盤頃には、次第に生産国及び消費国に浸透し、一つの品質評価基準として考慮されるようになっています。

|2| 初めに生豆３５０g中の欠点豆（未熟、虫食い、欠け豆など）をチェックし、5欠点（5粒で1欠点など）以下をＳＰとしています。但し、発酵豆などは一粒でも混入しているとＳＰ扱いにはなりません。

ＳＣＡのカッピング

|3| 次に、欠点豆の少ない生豆を焙煎し、カッピングして評価します。このカッピングの方法は、ＳＣＡの規約（Protocol）で定められています。

また、『珈琲の教科書』[*12]にも書きましたが概ね下記のとおりです。

❶焙煎は8～12分でミディアムローストにします（ＳＣＡのカラースケール55～60／Roast Color Classification System）。

❷焙煎後8時間以降24時間以内に行います。

❸グラスなどの容器に8・5gの粉をいれ、香りを嗅ぎます（フレグランス）。

❹93℃の湯を150ml注ぎ香りを嗅ぎ4分後に粉を崩し、香りを嗅ぎます（アロマ）。

❺表面に浮かぶ泡を降り除いてスプーンに少量とり、強く吸い込み（飲んでも吐き出してもよい）口腔内で風味を感じ取り、評価を行います。

これらは、複数の人数で行う場合が多く、新型コロナウイルス感染症対策として、次のようにクロスコンタミネーション（Cross-contamination）を避ける修正プロトコルが作成されています。

❶各カッピング参加者にカッピングスプーンと個別のショットグラスを到着時に提供します。

❷サンプルカップをカッピングテーブルに置きます。

❸主催者が清潔なスプーンでコーヒー滓を取ります。

❹参加者はスプーンを使って、カッピングボウルからサンプルを取り、各自のショットグラスに入れます。

❺参加者は、このスプーンを使用せずショットグラスから直接味わいます。

ショットグラスからコーヒーをするために、サンプルとサンプルの間に、お湯でショットグラスをすすぎます。グラスに注ぐお湯と吐き出すためのダンプバケツを用意します。スプーンはコーヒーをショットグラスに移すためだけに使います。各カッピングセッションの間にカッピングテーブルの表面を消毒します。

＊11　Qグレーダーは、SCAが定めた基準・手順にのっとってコーヒーの評価ができるとCQIが認定した技能者をいいます。資格は終身ではなく、3年ごとに更新試験があります。CQI：https://www.coffeeinstitute.org
http://www.scaa.org/PDF/resources/cupping-protocols.pdf
＊12　堀口俊英／珈琲の教科書／新星出版社／2010／P64-69

|4| SCAが開発したカッピングフォームの評価項目の内容は表のとおりです。各項目は10点満点（計100点満点）で、欠点がある場合は減点します。

SCAのカッピング評価項目

評価項目	内容	香味表現の事例	評価方法
Aroma	粉の香りと液体の香り	花のような	定量評価で10点満点
Flavor	飲み込んだ後に鼻から抜ける香味	特徴的な香味	
After taste	舌に残る味の長さなど	甘い、長い余韻	
Acidity	酸味の強さと質	柑橘や果実の酸	
Body	粘性、舌触り、味の厚み	コクがある、複雑	
Balance	酸とコクのバランス	バランスがよい	
Overall	調整および評価者の好み		
Clean cup	抽出液のきれいさ	濁りがない	欠点の味がなければ10点とする
Uniformity	抽出液の味の統一性	風味にブレがない	
Sweetness	甘味の強さ	甘味がある	

コーヒーの風味を感知する感覚は食文化によって異なる

1 コーヒーの風味を感じるときに欧米人と日本人には感覚的差異があります。SCAが開発した官能評価表[*13]（Cupping Form／80点以上がスペシャルティコーヒー・P199写真）は素晴らしいものですが、その項目には、Bitterness（苦味）とUmami（旨味）がありません。しかし、日本人の食生活の中には春の苦味（フキノトウ、タケノコ、ワラビなど）がありますし、旨味（昆布、カツオだしなど）もありますので、官能評価の指標に入れてもよいように思えます。ただし、評価基準を作成するためには、今少し研究が必要ですので現在コーヒーのアミノ酸について研究中です。

2 過去15年間、SCAの官能評価表を使用し、膨大な量と種類のコーヒーをカッピングし、生豆を購入しました。また、自分自身の勉強のためにもテースティング会というセミナーを開催し多くの方に評価の方法を伝えてきました。SCAの[*14]Flavor Wheel（フレーバーホイール・P198図）を評価のための語彙の参考にもしました。本書ではSCAの評価方法に敬意を払いながらも、より簡潔な方法で抽出液を評価することにしました。

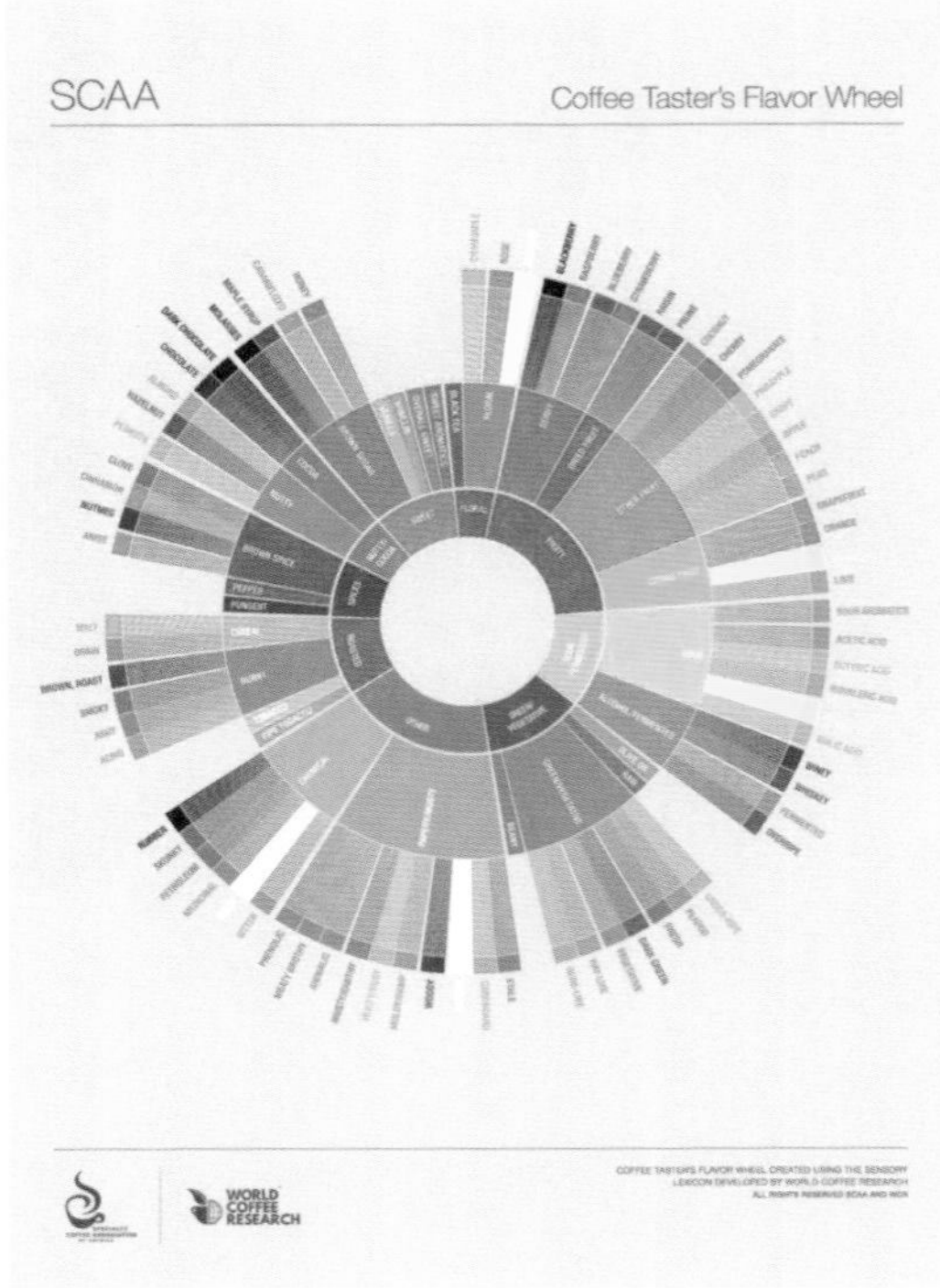

＊14 左SCAのFlavor wheel、右WCRのSensory Lexicon。

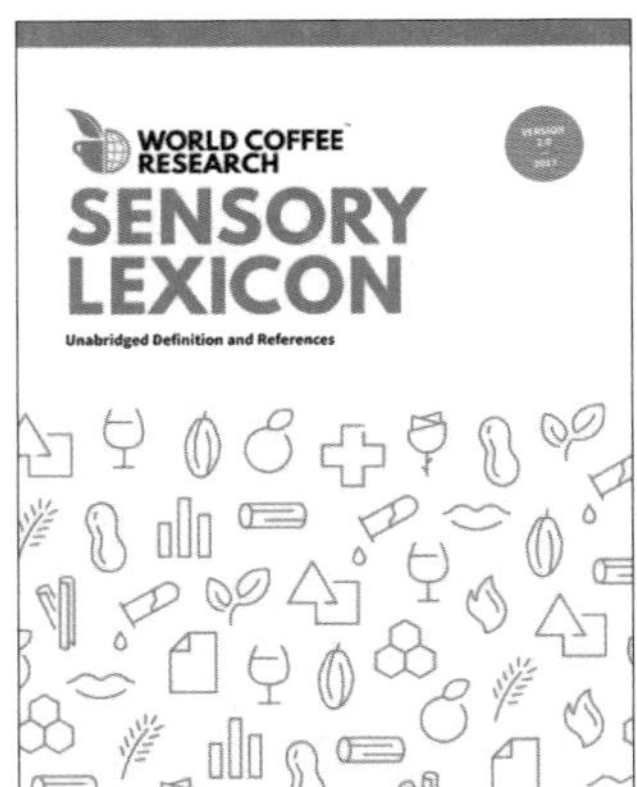

https://worlacoffeeresearch.org

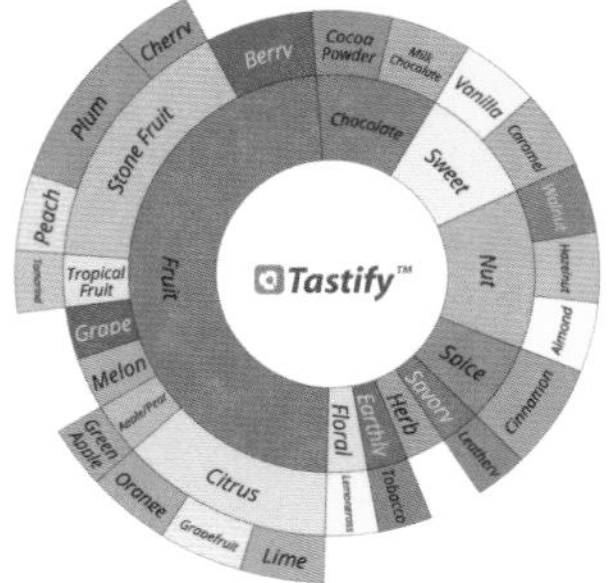

https://tastify.com/

SPECIALTY COFFEE ASSOCIATION OF AMERICA®

Specialty Coffee Association of America Coffee Cupping Form

Name: ______________________

Date: ______________

Quality scale:			
6.00 - Good	7.00 - Very Good	8.00 - Excellent	9.00 - Outstanding
6.25	7.25	8.25	9.25
6.50	7.50	8.50	9.50
6.75	7.75	8.75	9.75

Sample #	Roast Level of Sample	Fragrance/Aroma (Score) 6 7 8 9 10	Flavor (Score) 6 7 8 9 10	Acidity (Score) 6 7 8 9 10	Body (Score) 6 7 8 9 10	Uniformity (Score) □□□□□	Clean Cup (Score) □□□□□	Overall (Score) 6 7 8 9 10	Total Score
		Dry / Qualities: / Break	Aftertaste (Score) 6 7 8 9 10	Intensity High / Low	Level Heavy / Thin	Balance (Score) 6 7 8 9 10	Sweetness (Score) □□□□□	Defects (subtract) Taint=2 Fault=4 # cups □ X Intensity □ = □	
	Notes:								Final Score

Sample #	Roast Level of Sample	Fragrance/Aroma (Score) 6 7 8 9 10	Flavor (Score) 6 7 8 9 10	Acidity (Score) 6 7 8 9 10	Body (Score) 6 7 8 9 10	Uniformity (Score) □□□□□	Clean Cup (Score) □□□□□	Overall (Score) 6 7 8 9 10	Total Score
		Dry / Qualities: / Break	Aftertaste (Score) 6 7 8 9 10	Intensity High / Low	Level Heavy / Thin	Balance (Score) 6 7 8 9 10	Sweetness (Score) □□□□□	Defects (subtract) Taint=2 Fault=4 # cups □ X Intensity □ = □	
	Notes:								Final Score

Sample #	Roast Level of Sample	Fragrance/Aroma (Score) 6 7 8 9 10	Flavor (Score) 6 7 8 9 10	Acidity (Score) 6 7 8 9 10	Body (Score) 6 7 8 9 10	Uniformity (Score) □□□□□	Clean Cup (Score) □□□□□	Overall (Score) 6 7 8 9 10	Total Score
		Dry / Qualities: / Break	Aftertaste (Score) 6 7 8 9 10	Intensity High / Low	Level Heavy / Thin	Balance (Score) 6 7 8 9 10	Sweetness (Score) □□□□□	Defects (subtract) Taint=2 Fault=4 # cups □ X Intensity □ = □	
	Notes:								Final Score

Sample #	Roast Level of Sample	Fragrance/Aroma (Score) 6 7 8 9 10	Flavor (Score) 6 7 8 9 10	Acidity (Score) 6 7 8 9 10	Body (Score) 6 7 8 9 10	Uniformity (Score) □□□□□	Clean Cup (Score) □□□□□	Overall (Score) 6 7 8 9 10	Total Score
		Dry / Qualities: / Break	Aftertaste (Score) 6 7 8 9 10	Intensity High / Low	Level Heavy / Thin	Balance (Score) 6 7 8 9 10	Sweetness (Score) □□□□□	Defects (subtract) Taint=2 Fault=4 # cups □ X Intensity □ = □	
	Notes:								Final Score

＊13 SCAA（SCA）のカッピングフォーム
https://www.coffeestrategies.com/wp-content/uploads/2020/04/SCAA-cupping-scoresheet.pdf

筆者は2005年当時から2019年まではこのカッピング表を使用してきました。

コーヒーのテースティングとは

|1| コーヒーの風味は複雑です。生豆には多様な成分が含まれ、それらを焙煎したときに化学反応により成分は変化します。多くの有機、無機化合物は微量で、複雑に絡み合い個性的な風味を生み出します。テースティング[*15]は、コーヒーを飲用しつつ、「コーヒーのおいしい風味とは何か?」「コーヒーが何故おいしいのか?」などについて判断することといえます。

|2| コーヒーのテースティングは、香り(嗅覚)と味(味覚)とテクスチャー(口触り)の3段階からなると考えられます。

❶香り[*16](嗅覚/Aroma)

焙煎により生じる揮発性成分が多い程強いといえますので、まずはその揮発性成分を2つの側面から評価します。

鼻から直接嗅ぐ香りであるオルソネーザルアロマ(Orthonasal Aroma)の「フレグランス」と「アロマ」をチェックし、口に入れて飲み込むときに、喉から鼻に抜ける香りであるレトロネーザルアロマ(Retronasal Aroma)もチェックします。

単独でコーヒーの香りを発現できる成分はなく、産地特有の成分も認められません。焙煎の進行により、総香気量は増加しますが、各香気成分が一様に増加す

＊15　テースティング：本書では、カッピングという言葉ではなく、生豆の評価＋カッピングなどすべてを包括した意味でテースティングという言葉を使用します。

るわけではなくその組成バランスに変化が生じます。ガスクロマトグラフィー[*17]の感知する香気がそのまま香りとして人に感知されるわけではありません。

❷味（味覚）

抽出液の水溶性物質を、酸味、苦味、甘味などの感覚で評価することといえます。しかし、コーヒーの味は焙煎による化学反応によるものも多く複雑です。

主に酸味(Acidity)、きれいさ(Clean)、甘味(Sweetness)を評価します。甘味は主には舌に残る余韻で感知します。

❸テクスチャー（口触り、触感）

口蓋における触覚（末端神経）によりもたらされます。末端神経は、コーヒーの繊維の微粒子などからなる固形物質を粘性として感じる可能性が高く、テクスチャーはコク（ボディ／Body）という言葉で言い換えることができます。コクには、メイラード化合物やごく微量の脂質などが影響すると考えられます。

香りの種類

オルソネーザル

粉砕したコーヒーから放出される気体の感覚（フレグランス）、抽出液の表面の蒸気から放出されるもの（アロマ）

レトロネーザル

口に含んだ際に放出される蒸気から生じるものと、抽出液を飲み込んだあとに口蓋（こうがい）に残っている残留物から発生する蒸気から生じるもの

＊16　香り：一般的な食品では、レトロネーザルが重要になりますが、私の場合は、オルソネーザル（粉の香り）で大体の香りをつかみ、アロマでその確認をするようにしています。
東原和成 他／においと味わいの不思議／虹有社／2013／P47

＊17　ガスクロマトグラフィー（Gas Chromatography, GC）：気化しやすい化合物の同定・定量に用いられる分析機。

|3|

ＳＣＡの官能評価表はよくできたもので、私は15年間、テースティング会でこの官能評価表を使用してきました。また、学位論文の官能評価においても国際的に認知度の高いＳＣＡの評価表を使用しました。

しかし、ここ数年の高品質豆の多様化の中で、年々使いこなすのは難しくなっていると感じてきました。理由は、「評価項目が10項目で多く難しい」「２０１０年以降の高品質のコーヒーに対してスコアのつけ方が曖昧になってきている」「ナチュラルに対する評価基準がない」「苦味や旨味の評価項目がない」等です。

筆者は、2005年から毎月テースティングセミナーを主催してきました（写真）。カッピングを中心に、生豆鑑定、焙煎、ハンドピックなども行ってきました。現在のセミナーでは「テースティング中級」に該当します。

新しいテースティングの評価項目とは

|1| 本書では、官能評価項目を5つに減らし、簡略化しました。ウオッシュトコーヒーはAroma、Acidity、Body、Clean、Sweetnessの5項目、ナチュラルは、Sweetnessの代わりにFermentationの5項目としました。各評価項目はAromaを除き、理化学的数値と関連しています。

評価は10点満点で簡素化してあり、満点で50点としました。

官能評価の重要度の割合

各評価項目の中で、何を重要視するかについてはまだ明確な根拠はありませんが、個人的にはAroma、Clean、Sweetnessをベースとしつつ、AcidityとBodyを重視しています。

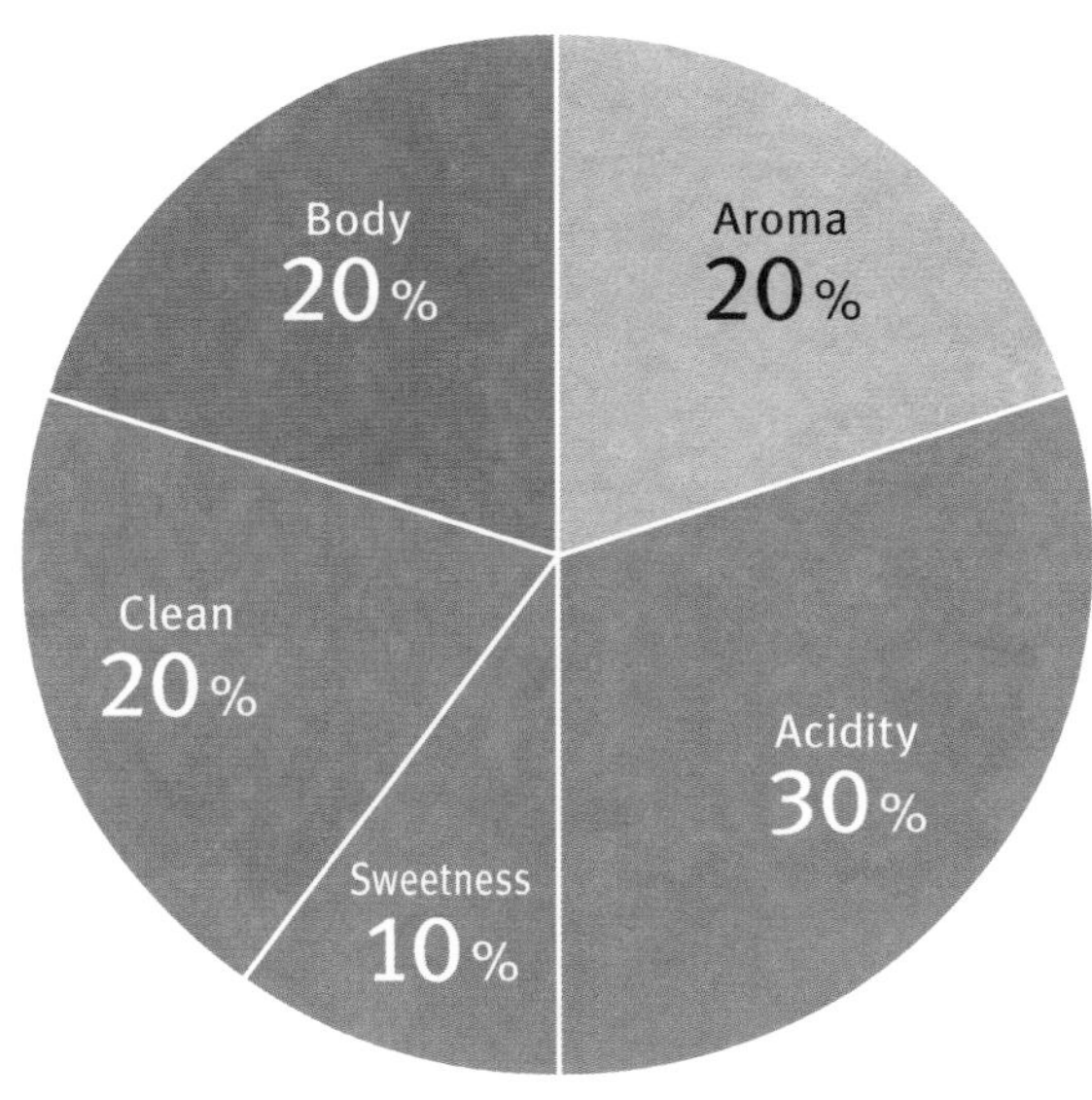

テースティングの評価基準について

|1| SCAやSCAJなど世界的に使用されている官能評価の項目は各協会がその普及に努め、評価のコンセンサスができているように思えます。しかし、誰もが使いやすい明確な評価基準があるとはいいがたい面もあります。SCAの優れた部分を踏襲しつつ、新たに評価しやすい基準（P205上表）を設定し、スコア表（P205下表）も作成しました。ただし、これらは完成形ではなく、今後多くの方と協議を通しより良いものを作れればと考えています。

|2| SCA、SCAJ共に評価はミディアムローストを基準としていますが、新しい評価方式では、市場に流通するコーヒーであれば、どのような焙煎度でも評価することにしました

❶Aroma（香り）

粉及び抽出液の香りを嗅いだときの香りの強さと心地よさで判断します。飲んだ後の鼻から抜ける香りも加味します。「花のような」、「果実のような」香りを連想できる最高点を10点とし、香りを感じない場合は1点として評価します。

評価項目とその基準

評価項目	理化学成分・目安の値	風味表現
Aroma	香り成分	花のような香り
Acidity	pH、総酸量、有機酸組成 pH4.75 ～ 5.15、クエン酸	さわやか、柑橘果実の酸、華やかな果実の酸
Body	脂質量、12 ～ 19g ／ 100g	なめらか、複雑、厚みのあるクリーミー
Clean	酸価　1.5 ～ 8.0	濁りがない、クリーン、透明感、健全
Sweetness	ショ糖量　6 ～ 8g ／ 100g	ハニー、ショ糖、 余韻、5g ／ 1L 水溶液以上の甘味
Fermentation		発酵臭がない、かすかに果肉臭

10点評価基準（スコア表）

項目	10～9	8～7	6～5	4～3	2～1
Aroma	香りが素晴らしい	香りがよい	香りがある	香りが弱い	香りがない
Acidity	酸味が非常に強い	酸味が心地よい	やや酸味がある	酸味が弱い	酸味がない
Body	コクが十分ある	コクがある	ややコクがある	コクが弱い	コクがない
Clean	非常にきれいな味	きれいな味	ややきれい	やや濁り	濁っている
Sweetness	とても甘い	甘い	やや甘い	甘味が弱い	甘味がない
Fermentation	発酵臭がない	微細な発酵臭	やや発酵臭	発酵臭ある	発酵臭強い

❷ Acidity（酸味）

ミディアムローストの場合ｐＨは４・７５～５・１５程度の幅があり、０・４の差は非常に大きく、０・２５の差であっても十分に感知できます。酸は、風味の輪郭を形成し、味に深みをもたらしますので強いほうがよい評価とします。

ミディアムローストであれば、レモンに多く含まれる柑橘果実のクエン酸の味は高い評価、お酢の酢酸の味は低い評価とします。クエン酸がベースの柑橘果実の酸を感じることができれば7点以上、さらに他の果実感を感じることができれば8点以上の評価とします。

シティローストであればｐＨは５・２０～５・４０程度となり酸は減少しますが、まだ酸味を感じることができれば高い評価にします。フレンチローストの場合はｐＨ５・６程度と酸味はさらに感じにくくなりますが、かすかに感じる酸味を見逃さないで、感じることができれば高い評価をします。

酸味の強い豆は、深い焙煎をしても風味がぶれませんので、高い評価をします。

また酸味と反対に苦味も生じますので、苦味の質もこの項目で評価します。

❸ Body（コク）

主には脂質の含有量に影響され、ショ糖、アミノ酸によるメイラード反応によるメラノイジン（メイラード化合物）、抽出液に含まれる水溶性繊維などの影響も受けると考えられます。生豆の脂質量の多いコーヒーのほうが、粘性、味の厚みなどを感じる可能性が高くなります。

粘性、クリーミーな触感と共に、複雑な風味であれば8点以上、うすく厚みのない味は4点以下とします。焙煎度が深くなっても同じように評価します。

一般的には、ティピカ種、パカマラ種、ゲイシャ種は、ブルボン種に比べコクは弱くなります。しかし、コクにはその質的側面もあり、ティピカ種などはシルキーな感覚があれば8点以上とし、なければ低い評価とします。マンデリンなどはベルベットのような粘性を感じる場合は9点以上とし、粘性、厚み、濃度の感じられない場合は4点以下の評価とします。

注意してほしい点は、コク=重い味ではないことです。重い味は、口内の触感の心地よさではなく、雑味や抽出過多の風味などからくるものです。この評価はどのような焙煎度に対しても行います。

❹ Clean

コーヒー抽出液のきれいさはデリケートな風味を感じさせてくれます。

脂質の劣化が少ない豆、欠点豆の混入が少ない豆はクリーンな印象を与えてくれます。

一般的には、湿式は味がきれいで、乾式はやや濁りを伴う場合が見られますが、この項目の主な基準は脂質の劣化度合いにあります。主に経時変化による濁りや枯れた味をチェックし、次に欠点豆の混入による雑味を判断基準とします。経時変化なく、雑味のない抽出液のきれいなものは8点以上、逆に脂質の劣化により枯れた草などの風味が出ていれば、その程度により4点以下にします。

抽出液のきれいさは焙煎度に関わらず評価できます。

ブラジル産の乾式、パルプドナチュラルのコーヒーは、かすかに濁り感を伴うものが見られますが、これは産地特有のテロワールによります。あくまで、生豆の経時変化の側面からとらえ、濁り感の強いものは低い評価とし、アフターテーストに心地よい印象があれば高い評価とします。

❺ Sweetness

生豆のショ糖含有量の多いほうがカラメル化及びメイラード反応で甘い香味をもたらすと考えられます。甘味の味覚テストでは、水1Lに砂糖4gを溶かした水溶液と純水の区別がつくかが問われますが、コーヒーの場合は他の味にマスキングされ甘味をとらえることが難しいと考えられます。しかし、慣れれば初めに口に含んだときと、アフターテーストで感知できます。蜂蜜やショ糖などの甘味を感じる場合、またそれらが長く持続すれば8点以上とします。

焙煎の深いコーヒーを抽出していると、甘い香りが漂いますので、焙煎度に関わらず評価します。

❻ Fermentation

乾式（ナチュラル）の豆に対応し、Sweetnessの代わりとして評価します。過完熟豆、収穫後のチェリーの発酵、水槽（発酵槽）における発酵などのニュアンスを感じた場合は、その強度により4点以下とし、高い評価はしません。エチオピア産のG-1、中米産の優れた豆で負の発酵がなければ8点以上、微発酵で正の風味ととらえることができるものは6点以上とします。発酵臭は、官能評価において評価基準が最も未整備な風味で、コーヒー関係者でも判断のできない方も多く見受けられます。

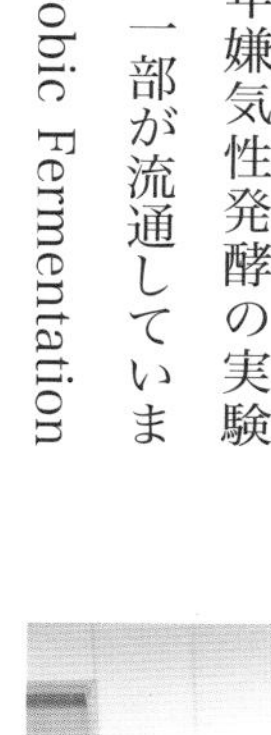

最近の米国のマイクロロースターなどでは、明らかな発酵、微発酵のものが販売されていますが、基本的には精製プロセスにおける何らかの不備が原因です。正しい精製によりもたらされる風味を高く評価します。

ここ数年嫌気性[*18]発酵の実験が行われ、一部が流通しています。Anaerobic Fermentation（嫌気性発酵）、Carbonic Maceration（炭酸ガス浸潤法）などの方法による精製豆についても乾式（Natural）と同じように発酵臭の良否により評価します。

＊18　嫌気性発酵：従来の乾式による好気性発酵に対し、チェリーをタンクに入れ窒素や二酸化炭素を入れて無酸素状態における微生物の発酵を促す方法で、その後天日で乾燥させます。

実際の官能評価事例

1 実際に官能評価を行ってみます。試料はグァテマラ産、コロンビア産のSPとCO計4種です。評価にあたっては基本的な注意事項があります。

生豆成分は、梱包材、保管倉庫により影響を受け経時変化します。日本入港月（もしくは通関日）は重要ですが、わかりにくいでしょうから、評価日を必ず記録しておきます。

焙煎日からどの程度経った豆かも記載します。粉の膨らみ具合やパッケージに記載された賞味期限から類推します。

いくつかの豆の風味を比較する場合は、同じ生産国の豆を、同じ焙煎度の豆で、同時期に行ってください。入港時（例えば4月）と半年後（10月）では、状態が異なりますので、豆の優劣はつけられません。

2 購入した豆のデータは、その後の風味比較に役立ちますので多いほうがよいでしょう。生産国、生産地域（地区）、品種、精製方法、焙煎度などわかる範囲で記録しておきます。

3 4種のミディアムローストのコーヒーをSCA方式と新しい10点評価方法でテースティングしてみました（P211表）。

4種の試料／ミディアム

生産国	等級	品種	精製	輸送	梱包	保管
Colombia	SP	カトゥーラ	W	Reefer	VP	定温（15℃）
Colombia	CO	unknown	W	Dry	麻袋	常温
Guatemala	SP	ブルボン	W	Reefer	GP	定温（15℃）
Guatemala	CO	unknown	W	Dry	麻袋	常温

テースティング結果とSCA方式のスコア

生産国	等級	官能評価	SCAA
Colombia	SP	さわやかな酸、 オレンジ、みかんの甘味、クリーン	85.5
Colombia	CO	全体的に濁り感、 かすかに枯れた草の香味	78.2
Guatemala	SP	柑橘果実の酸、 しっかりしたコク、バランスがよい	82.6
Guatemala	CO	全体的に濁り感、枯れた草の香味	77.7

新しい10点評価方法で行った官能評価結果

試料	等級	aroma	acidity	body	clean	sweet	total
Colombia	SP	8	8	9	7	8	40
Colombia	CO	6	6	7	5	4	28
Guatemala	SP	7	7	8	7	7	36
Guatemala	CO	4	5	7	4	4	24

|4| 現在、SCAの官能評価ではパナマのゲイシャ種に95点がつけられていますが、その他の生産国の豆については90点以上の評価基準は曖昧です。

しかし、すでにケニア、エチオピア、その他の産地で最高峰レベルの風味のコーヒーが流通しています。例えばケニアのキリニャガ産の優れたファクトリーのロットは、ミディアムからフレンチまでの様々な焙煎度で複雑な風味を生み出しますので、新しい10点評価方法では45点以上のスコアをつけています。SCAの官能評価でも95点をつけるべきと考えます。

|5| 新しい方式を用いて、何種類かの各生産国のコーヒーを評価してみました（P213表）。

新しいスコアの基準

Score	内容
45点以上	非常に優れた品質・風味のコーヒー。突出した個性的な特徴があり、簡単には体験できないレベル。クリーンで華やか、秀逸。SCAの基準で90点以上に相当。
40点以上	優れた品質・風味のコーヒー。風味の個性があり貴重なコーヒー。SCAの基準で85点以上に相当。
35点以上	よい品質・風味のコーヒー。汎用品に比べ欠点の風味が少ない。SCAの基準で80点以上に相当。
34点以下	汎用品、風味の個性は弱い。欠点の風味はみられない。
30点以下	汎用品、風味に特徴がない、かすかに欠点の風味、濁りを感じる。
25点以下	汎用品、かすかに鮮度劣化、かすかに欠点の風味がある。
20点以下 15点以下	鮮度劣化している、欠点の風味がある、風味に濁りがある、品質・風味の悪いコーヒー。

ケニア・キリニャガ産／2018-2019クロップ／同じファクトリーの豆

焙煎度	pH	Brix	テースティング	評価
ハイ	5.2	1.2	花の香り、洋ナシ、ピーチなどの甘みがあり、クリーン。過去10年間の体験の中でも類を見ない風味。複雑な風味の素晴らしいケニア。	48/50
シティ	5.3	1.1	やわらかくソフト、オレンジの酸味と蜂蜜の甘い余韻が残る。	47/50
フレンチ	5.6	1.1	ショ糖の甘味、黒糖、やわらかな苦味。深い焙煎にも関わらず焦げや煙臭はなく、なめらかなコクがある。	45/50

ティピカ種／湿式／ハイロースト／ 2019 - 2020 クロップ

試料	水分	pH	Brix	aro	acid	bod	sw	clea	total	テースティング
A	9.7	5.3	1.1	6	7	7	7	7	34/50	かすかに雑味、濁り感を感じる
B	9.1	5.3	1	7	7	7	7	7	35/50	マイルドでバランスのよい風味
C	9.2	5.3	1	7	8	8	8	8	39/50	やわらかな酸味に蜂蜜のような甘味
D	10	5.2	1	8	8	8	8	8	40/50	まろやかな酸の中にショ糖の甘味

ブラジル産／乾式／ミディアムロースト／ 2019-2020 クロップ

試料	水分	pH	Brix	aro	acid	bod	sw	clea	total	テースティング
A	10.1	5.1	1.2	6	5	5	6	5	27/50	ムンドノーボ種 濁り、舌にざらつく
B	10.9	5.1	1.3	6	5	7	6	6	30/50	ブルボン種 ややコクがある
C	11.7	5.1	1.2	5	5	5	5	6	26/50	ムンドノーボ種 未熟豆多く渋味
D	9.5	5.1	1.1	7	7	7	7	7	35/50	ブルボン種 柑橘果実の酸

水分：生豆の水分値（%） aro：aroma acid：acidity bod：body sw：sweetness clea：clean

Lesson 12

ブレンディングを考える

1990年に私が開業したときは、大部分の喫茶店のメニューには「ブレンド」と表記されていました。ごく一部のコーヒー専門店がコロンビア、ブラジルの他にプレミアムのブルーマウンテンなどを提供していた時代です。それらのコーヒーはブレンドに対比する言葉としてストレートと呼ばれていました。ブレンドは、焙煎会社のオリジナルな配合で、顧客も喫茶店に入ると「コーヒー」というより「ブレンド」と注文していました。

私の開業時は、わかりやすいネーミングを考え「まろやかブレンド」、「さわやかブレンド」、「味わいブレンド」、「深煎りブレンド」と4種のブレンドを販売しました。

その後2000年代に入ると、徐々に生産国の農園名のコーヒーも流通するようになり、自家焙煎店は積極的にそれらのコーヒーを販売するようになります。2010年頃からは、より生産者との距離も近くなり、米国のサードウェーブの影響も重なり「シングルオリジン」(以下SO)という言葉が使用されるようになり、SOブームが起こります。SOでなければコーヒーでないというような風潮さえ見られました。もちろん優れた品質のコーヒーはその個性的な風味ゆえにそのまま飲用したほうがよいものもあるでしょう。

しかし、時代がどのように変化しようが、過去30年コーヒーに携わった経験から、会社や店が主体的に生み出すべきはブレンドの風味であるという見解は変わりません。

現在のように情報が拡散し、SOが広まると自家焙煎店の生豆の仕入れ先である問屋や商社の同一商品が広く流通しますので、同じSOが多くの店で販売されることになり、逆に差別化しにくいという状況も生まれてしまいます。

私は、多くのSOを使用してきましたが、同時に多くのブレンドも作ってきました。SOブームの中で、2013年にいち早くブレンドを整理し作ったのが、ブレンドNo.1からNo.9です。

このブレンドの特長は、1のハイローストから9のイタリアンまで徐々に焙煎度が深くなることと、各ブレンドが味により整理されていることです。

個性的な風味のSPを使用し、さらに新しい風味を創造しようとするもので画期的だったと思います。このブレンドの風味を毎年維持するためには常時30種以上のSOが必要となり、かつ焙煎の回数が多くなるため、大型焙煎機で一度に焙煎することができず、手間のかかる作業となります。

この定番のブレンド以外にも、「ニューイヤーブレンド」「プリマベーラブレンド」「サマーブレンド」「papaブレンド」などの季節限定ブレンドがあります。

堀口珈琲のブレンド。SPのブレンドは価格の安い豆を使用し、生産コストを下げるために作るものではありません。

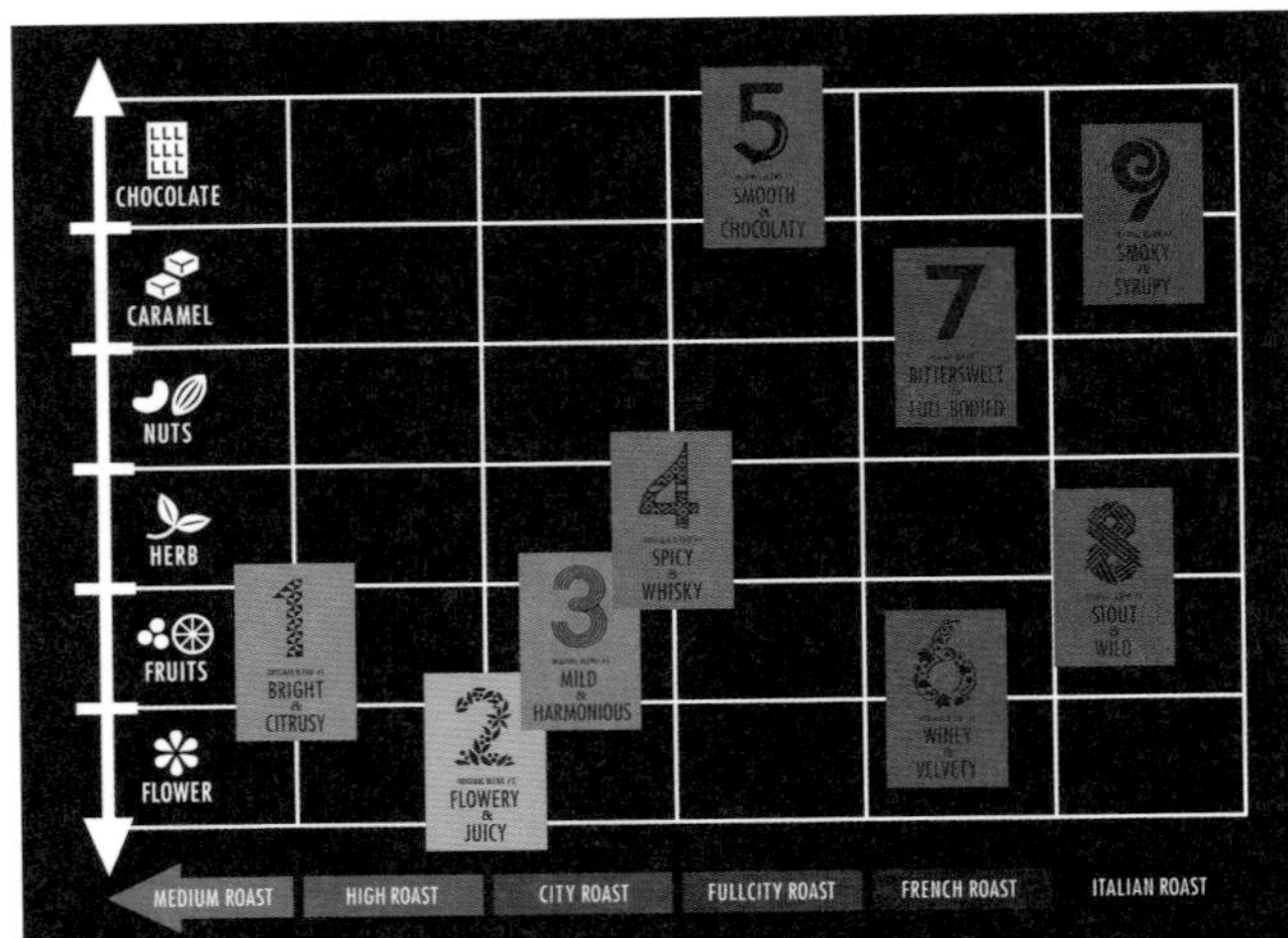

ブレンドの目的を知る

1

多くのシングルオリジンのコーヒーが流通するようになり、ある程度各生産地の風味が認識されるようになりました。そのような中、消費国の一部のロースターは、それらのよさの理解を前提に、さらに新しい風味を創造したいと考え始めました。

新しいブレンドは、固定概念にとらわれず、想像力が必要です。頭の中で考えた風味のイメージを表現するのはまさに感性の世界だと考えます。コーヒーの成分構成は複雑ですので、究極のブレンドの風味はシングルオリジンにはない、複雑さ（Complexity）だと思います。

ブレンドの作成に当たっては、いくつかの基本的な考え方があります。

①店を象徴する定番の味として作る

「あの店のブレンドは飲みやすい」「ブレンドは飽きないで飲める」など店を象徴する定番としてブレンドの存在価値はあります。

契約している農園であっても気候変動などで風味は微妙に異なり、毎年同じ風味を提供することは意外に難しいものです。そのため、配合をその都度変える、異なる豆を使用するなどの臨機応変な対応が求められます。ボルドーのシャトーのように、毎年微妙にカベルネソービニヨン、カベルネフラン、メルローの配合を変えるようなものに近いといえるでしょう。

②風味を安定させる

年間同じブレンドを飲んでみてください。生豆の成分は経時変化しますので、必ず風味のブレがあるはずです。主に、有機酸の減少と脂質量の減少がみられ、1年間同じロットの豆を使用すれば風味は影響を受けます。したがって、基本のブレンドは、産地や品種で決めるべきではなく、風味で決めるべきです。結果としてブレンドの風味コンセプトに合えばどのような豆を使用しても構わないわけです。このブレを最小限に抑えられれば優れたブレンダーといえるでしょう。

③シングルオリジンにはないような風味を生みだす

SPの風味は個性的ですので、風味がぶつかる場合と調和する場合があり、その点の見極めが重要です。エチオピア、ケニア、スマトラなど個性的な豆は、ブレンドにより新たな風味が生まれる可能性がありますので、積極的に使用すべきです。

④ブレンドにすべきではない豆

ゲイシャ種、パカマラ種、ハワイ・コナ産、ジャマイカ産のブルーマウンテンなどは、価格を抑えるために他の豆をブレンドしたくなりますが、ブレンドしても個性が薄まるだけですので避けたほうがよいでしょう。

⑤SPとCOをブレンドしない

風味豊かな豆に、平坦な風味の豆や欠

点の風味のある豆をブレンドすることは絶対にしてはいけません。コーヒーの風味は悪いほうに引きずられます。

⑥どの段階でブレンドするか

初めに生豆をブレンドして焙煎する「プレミックス」と個々の豆を焙煎してからブレンドする「アフターミックス」があります。

プレミックスは効率がよく楽ですが、豆の形状や水分値はそれぞれ異なりますので、風味の安定性は低いといえます。アフターミックスは焙煎後にブレンドしますので工程が大変ですが、風味の表現の幅は広がります。

⑦ブレンド名に産地を入れる

ブレンド名に産地名[*1]を入れる場合は、

2019年papaブレンド

基本の抽出（3分で30gを360ml抽出）で各豆の風味をチェックし、使用するハイエンドSP豆を4種に絞り込みました。各豆の風味が調和しかつ複雑な奥行きのある風味のブレンドをめざしました。風味を見る観点を4つにしました。

生産国	pH	Brix	個性	余韻	甘味	きれい	配合/g
エチオピア・乾式	5.2	2.2	10	10	8	9	5
エチオピア・湿式	5.2	1.9	9	9	9	10	10
コスタリカ	5.2	2.0	8	8	10	10	5
マンデリン	5.1	1.8	10	10	8	9	10

＊ブレンドについては筆者が20年近く継続しているブログの「パパ日記」で検索していただければより詳しい情報を知ることができます。https://www.kohikobo.co.jp/papa/

その産地のコーヒーが生豆換算で30％以上含まれることが条件です。また「最高級ブレンド」など、最高級という言葉の使用は根拠がないため使用しないほうがよいでしょう。「スペシャルティコーヒー」という言葉の使用は、その会社としての基準（SCAやSCAJの基準に準拠したもの）があれば問題ないと判断されます。

＊1　全日本コーヒー公正取引協議会の「レギュラーコーヒー及びインスタントコーヒーの表示に関する公正競争規約」による

ブレンドの作り方

具体的なブレンド[*2]の作り方の基本は以下の通りです。

1

① 1種類の豆でもブレンドはできる

ブレンドにはいくつかの豆を使用しますが、1つの生産国の豆でも焙煎が異なれば立派なブレンドになり、風味の奥行きができる可能性があります。ハイ＋フレンチなど焙煎度が離れたものはバランスが崩れやすいので注意してください。

- ●マンデリンのハイロースト＋シティロースト
- ●ブラジルのシティロースト＋フレンチロースト

② 焙煎度が同じで生産国の異なる豆を2種以上ブレンドする

異なる生産地の豆をブレンドすると、風味に深みが出ますが、2種の味をきちんと把握する必要があります。3〜4種程度の生産国のブレンドでとどめた方がよいでしょう。初めは1：1：1のように同じ比率で風味を見て、調整していきます。SPですので、どのようなブレンドをしても変な味にはなりにくいでしょうが、最終的にはSOより「複雑」「新鮮」「発見」「斬新」な要素があればよいでしょう。

- ●華やかな酸味のケニア＋柑橘の酸味のコロンビア
- ●マンデリンの在来種のコク＋ブラジル

のコク＋コスタリカの酸味

③焙煎度も生産国も異なる豆を2種以上ブレンドする

生産国および焙煎度が異なりますので、より複雑になる可能性は増します。

●コスタリカ（F）＋ケニア（F）＋グァテマラ（C）

④個性が強い豆同士をブレンドする

個性を中和する豆を入れるとバランスが取れる可能性が増します。

●（ケニア＋エチオピア）＋つなぎになるグァテマラ

⑤湿式（W）と乾式（N）の豆をブレンドする

伝統的なブレンドの考え方ですが、SPの乾式は個性が強いので湿式の風味にアクセントをつけるにはよいブレンドです。

●エチオピアの湿式＋エチオピアの乾式

●コロンビアの湿式＋ブラジルの乾式

⑥ベースになる豆の比率を40％程度にし、2〜3種加えてブレンドする

これも伝統的なブレンドの考え方です。比較的安定した風味を維持したいときには有効です。多くの店がこれに近いブレンドをしています。

●高標高同士のコロンビア40＋コスタリカ30＋エチオピア30（N）

●ブルボン種同士のグァテマラ40＋ルワンダ40＋ブラジル20（N）

＊2　堀口俊英／コーヒーのテースティング／柴田書店／2000には20年前のブレンド事例が記載されています。

付録

ＳＰの発展の中で、各生産国の生産履歴が問われるようになりました。また、精製方法がより複雑化し、品種に対する関心度が高まってきています。

ＳＰは、生産履歴が明確になるにつれ、生産ロットが小さくなり、生産地域、農園産からミル（ステーションなどの加工場）、小農家単位のものまで流通するようになっています。

２０００年代のＳＰは１００袋単位、もしくは1コンテナ単位（２５０袋／１袋60kg換算）での流通が基本でしたので、ロースターや自家焙煎店が生産者との独占的な購入契約を結ぶには無理があり、商社が主なバイヤーでした。

２０１０年に入ると、より個性的な風味の生豆が求められるようになり、生産ロットは小さくなっていきました。

コロンビアでは、生産県単位、農協単位、小農家単位となり、ケニアやエチオピア、ルワンダなどの東アフリカは水洗加工場単位（ファクトリー、ステーションなどと呼ばれます）になり、コスタリカはマイクロミル単位となり、中米は農園や品種単位となっています。過去20年間の歴史の中で大きく変わりました。

したがって、生産国というくくりは漠然とした概念となり、生産国の中で「誰が、どのような場所で、どのような品種で、どのような方法で作ったものなのか」「そしてその風味がよいのか」が問われる時代に入っています。

生産国による風味差

|1| 2010年以降、SPの生産ロットは小さくなり、生産国単位で風味をくくることは非常に難しくなりました。各生産国のSPの風味は複雑かつ多様となり、よいものを見分けるためには、コーヒーの基礎知識となる各生産地域、精製方法、品種などを理解する必要があります。また、それらの風味の差異をきちんと理解するためのテースティングのスキルも重要になっています。

ティピカ種と個性的な生産国のSPとの風味比較

＊ティピカ種を基準として、筆者が個性的な風味のコーヒー品種と比較したものです。

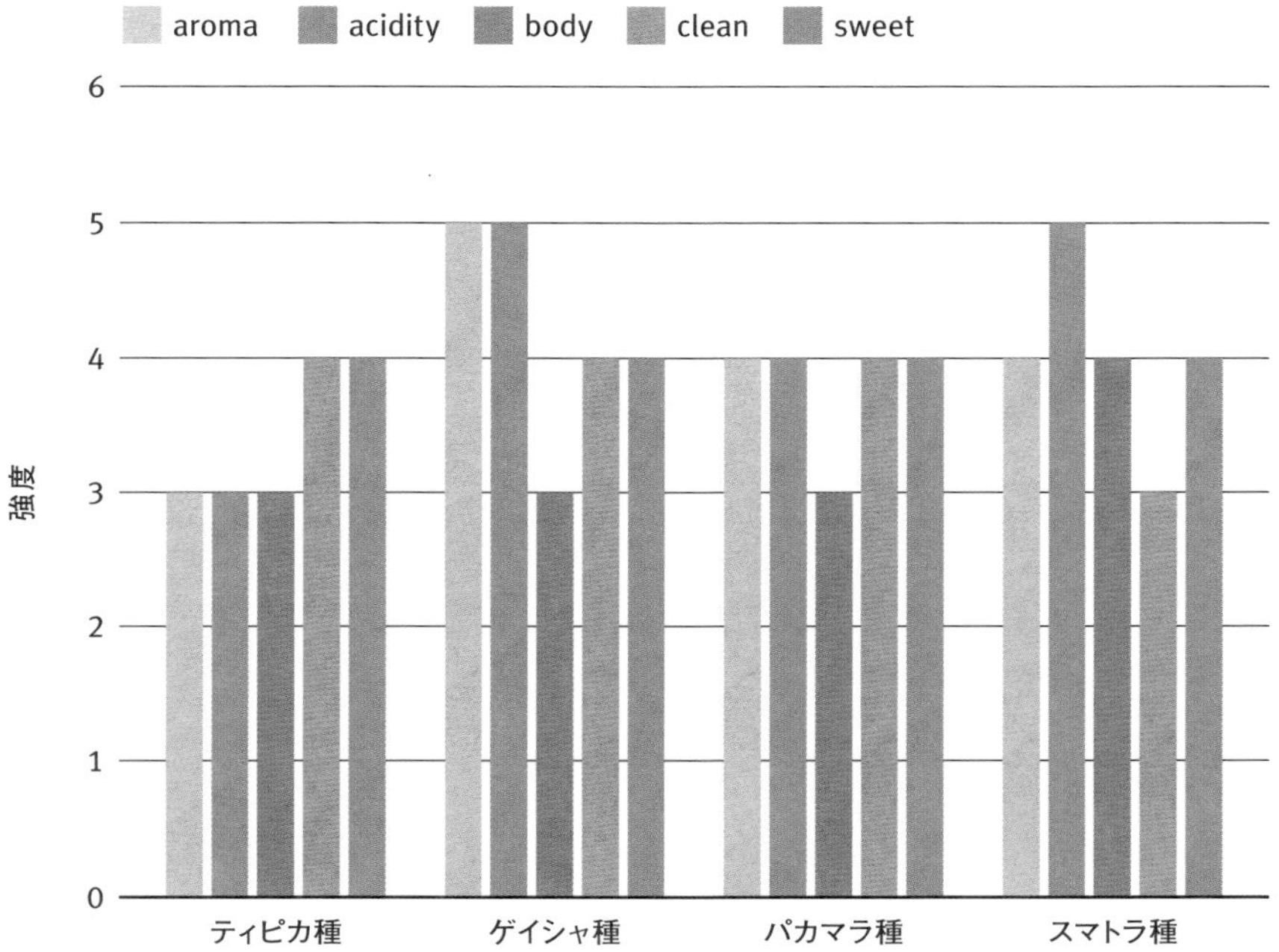

風味を理解するために重要な10生産国のガイド

|1| 個性的な風味のコーヒーで知られている、
❶ケニア ❷エチオピア
❸インドネシア・スマトラ
標高の高い生産地区の豆に特長がある、
❹コロンビア ❺コスタリカ ❻パナマ
伝統的に日本への輸入量が多い、
❼グァテマラ ❽タンザニア
❾ブラジル
および、生産量世界2位で日本への輸出量もブラジルに次いで多い、
❿ベトナム
を挙げました。

各生産国の生産量と輸出量および日本の生豆の国別輸入量

	生産量	輸出量	日本の輸入量	入港時期*1
ケニア	930	860	14	5月～
エチオピア	7776	3976	445	5月～
インドネシア	9418	4718	506	2月～
コロンビア	13858	12067	1070	通年
コスタリカ	1427	1062	24	5月～
パナマ	130	62	unk	5月～
グァテマラ	4007	3612	402	4月～
タンザニア	1175	1083	258	3月～
ブラジル	62925	37614	1866	1月～
ベトナム	31174	27474	1641	通年

※2018-19クロップ
単位は1000袋（1袋60kg換算）
ICOデータ、全日本コーヒー協会

*1　入港時期：入港時期はSPを基準にしています。これより早い場合もありますが、最近は遅くなる傾向が見られます。また、各生産国の生産量および日本の輸入量は毎年変動しています。

KENYA

ケニア

世界のコーヒーの中でも最も酸が強く
果実の風味が豊かなコーヒーです

産地	ニエリ、キリニャガ、キアンブ、ムランガ、エンブなど
品種	主にはSL28、SL34でブルボン系の品種
農家	小規模農家70%（2ha以下）は完熟チェリーをファクトリー（加工場）に持ち込む
収穫	9～12月がメインクロップで70%、5～6月頃がサブクロップで30%
精製・乾燥	ファクトリーでは湿式の精製後、アフリカンベッド（棚）で天日乾燥
輸出等級	AA＝S17～18、AB＝S15～16、C＝S14～15、PB＝丸豆
日本入港	5月以降、年々遅くなる傾向が強い

2000年代初めに、農園産が少量入港しその果実の風味に衝撃を受けました。2010年代にはファクトリーのコーヒーが流通するようになり、より風味は複雑になりました。SPは、酸味が強く、レモン、オレンジなどの柑橘系の果実にラズベリー、パッションフルーツ、アンズ、トマト、乾燥プルーンなど様々なニュアンスが加わり、華やかな風味です。世界で最も酸味の強いコーヒーで、深い焙煎でも様々な風味が表現でき、SP市場では極めて重要なコーヒーの一つです。

SL種

ハンドピック

ドライミルの袋詰め

ETHIOPIA

エチオピア

**アラビカ種の起源であり
華やかな果実の風味があふれています**

産地	シダモ、イルガチェフェ、ハラー、ジンマ、カッファ、リム、ウォレガ
品種	在来系の品種
農家	大部分はガーデンコーヒーといわれる小規模農家（平均 0.5ha）
収穫	乾式（ナチュラル）10～3月、湿式（ウォッシュト）8～12月
精製	COはほとんどが乾式、SPは乾式と湿式がある
輸出等級	G -1/0 ～ 3、G -2/4 ～ 12、G -3/13 ～ 25、G -4/26 ～ 46 欠点数
日本入港	湿式は 4 月以降　乾式は 8 月前後以降

1995年頃に湿式のイルガチェフェG-2が日本に入港し、その果実感に衝撃を受けました。2000年後半あたりから湿式のG-1が生まれ、2010年代には乾式のG-1が誕生し、イルガチェフェ地区産のコーヒー全盛期となります。

湿式は、ブルーベリー、レモンティーなどの果実の風味が強く、乾式は完熟した果実や赤ワインなどのニュアンスが感じ取れます。

現在、イルガチェフェ地区以外のハラーやジンマ地区などでも高品質コーヒーが開発されつつあり、今後新しい風味に巡り合える可能性の高い生産国です。

コーヒーの樹

乾式の乾燥

湿式の乾燥

INDONESIA

インドネシア

**スマトラ式の乾燥方法が
世界でも類のない個性を生み出しています**

産地	スマトラ島北部リントン、アチェ
品種	在来系品種、スマトラ島の中のアラビカ種は10%程度
農家	小農家が大部分
収穫	主には10月～6月だが1年中だらだらと収穫がある
精製・乾燥	他の生産国と異なり生豆を乾燥
輸出等級	G-1は欠点11まで／300g中、G-2は12～25、G-3は26～44欠点
日本入港	2月以降

ケニア産やエチオピア・イルガチェフェ産が流通する以前は個性的なコーヒーの代名詞でした。昔から日本には根強いマンデリンファンが多くいます。

スマトラ島北部のリントン地区産の在来種系のニュークロップは、青草、芝、檜や杉などの木、レモンの強い酸、トロピカルの果実などの風味が混在し個性的です。ただし、在来種系の品種の生産量は少なく、大部分はカティモール種系で酸味よりも苦味が際立ちます。在来種の豆は、経時変化とともに森の湿ったにおいやハーブやレザーなどの風味が加わり、独特な個性を醸し出します。

米国のロースターの一部にもエキゾチックな風味として人気があります。

スマトラの在来種

スマトラ式乾燥

スマトラの生豆

COLOMBIA

コロンビア

南部県産の標高の高い産地の生豆が流通し始め風味の豊かさが増しました

産地	アンデス山脈が縦に長く連なり土壌は火山灰土壌
栽培	平均気温は 18 ～ 23 度で 18 度以下になると生育が落ちる
農家	多くは小農家、56 万世帯の生産者で全体の 70%を生産
収穫	北部が 11 ～ 1 月、南部は 5 ～ 8 月、メインクロップ(収穫量が多い) とサブクロップと年 2 回の収穫がある地域もある
品種	1970 年代まではティピカ種が主流。その後カトゥーラ種やコロンビア種に植え替えられ、現在は栽培面積の 70%がカスティージョ種やコロンビア種で、30%がカトゥーラ種
精製	湿式、小農家は小さな機械で果肉を除去しパーチメントを水槽 (12 ～ 18 時間) にいれ、ミューシレージを自然発酵させ水洗いし、天日で乾燥 (7 ～ 10 日間) する
選別	ドライミルでスクリーン選別や比重選別、電子選別されてスプレモ (スクリーン 17 以上) やエクセルソ (スクリーン 15 ～ 16) に分かれる
日本入港	1 年中入港がある

1990年代には、すでにティピカ種からカトゥーラ種に植え替えられていましたが、ティピカ種もわずかに残っていました。しかし、フェノール臭 (薬品臭) の問題 (生産量の増大などに伴う精製不良とカビなどが原因) がありました。 2000年代はコロンビア種 (ハイブリッドチモールとカトゥーラ種の交配) が増え、さらにさび病もあり品質の低下が見られました。 2010年以降は、ゲリラの問題も解消し、南部ナリーニョ県、ウイラ県産のSPが流通し始め、徐々に品質も向上し、小農家の優れた豆が流通するようになっています。

柑橘のさわやかな酸から濃厚な甘いオレンジの酸まで多様な酸味があります。北部マクダレーナ、セサール県産はライトボディー、中部トリマ県産はミディアムボディで、南部ウイラ、ナリーニョ県産はフルボディのコーヒーが多く見られます。コロンビアといっても産地により風味が異なりますので、産地を確認の上飲んでいけば、次第に風味差を理解できるようになります。

小農家の収穫

収穫

小農家の果肉除去

乾燥

ナリーニョ県

コロンビアの農園

苗床

ティピカ種

コスタリカ

小農家が自ら精製するマイクロミルを作り生豆の品質が劇的に向上しました

産地	タラズ、セントラルバレー、ウエストバレー、トゥリアルバ
品種	カトゥーラ、カトゥアイ、ビラサルチ
農家	小農家、一部大農園　現在はマイクロミルが拡大
収穫	12月～4月
精製	湿式　ハニー
乾燥	天日、ドライヤー
輸出規格	SHB (Strictly Hard Bean, 1350m以上)、HB (Hard Bean)
日本入港	おおよそ5月以降

2000年代までは大農園や農協の大量生産方式でした。しかし、2010年代から、マイクロミルの数が増加しています。小ロット生産のハニープロセスが広まり、大きく変化した生産地といえます。但し、全体の生産量の中でマイクロミル産は少なく、その輸入量も微々たるものですが、年々国際的な評価は高まっています。柑橘の酸をベースにし、よいものは熟した果実の甘味を伴います。豆質は固く、十分なコクがありますので深い焙煎にも向きます。

生産地

エクスポーターのカッピング

乾燥場

PANAMA

パナマ

ゲイシャ種、乾式の精製豆で
SP市場をリードしていますが、流通量はわずか

産地	ボケテ、ボルカン
品種	ゲイシャ、カトゥーラ、カトゥアイ、ティピカ他
精製・乾燥	湿式および一部乾式
収穫	11月～3月
乾燥	天日、ドライヤー
日本入港	5月以降

2000年までは日本入港はほとんどなく、2004年にベスト・オブ・パナマ（インターネットオークション）でゲイシャ種がデビューし、その果実のような風味で一躍脚光を浴びました。冷めるとジュースのような印象さえ受けました。現在は、多くの農園がゲイシャ種の栽培をしています。また、他の生産国のゲイシャ種栽培にも大きな影響を与えました。 2010年代には、いくつかの農園が乾式の精製にトライし、今では発酵臭のない高品質の生豆が流通するようになりました。赤い果実や赤ワインを想起させるような風味があります。もともと生産量は少なく、高品質化の方向に舵を切った生産国といえます。

農園

開花

ゲイシャ種

GUATEMALA

グァテマラ

2000年代のSPをリードした生産国で
歴史があり安定した品質のコーヒーです

産地	アンティグア、アカテナンゴ、アティトゥラン、ウエウエテナンゴ他
品種	ブルボン、カトゥーラ、カトゥアイ、パチェ、パカマラ
精製・乾燥	湿式　コンクリート、レンガなどの乾燥場で天日乾燥
収穫	11月〜4月
輸出規格	SHB (Strictly Hard Bean, 1400m 以上)、HB (Hard Bean, 1225–1400m)
日本入港	4月以降

1996年にスターバックスが日本1号店を出店した際には、グァテマラ・アンティグア産がメニューボードに書かれていました（コロンビアのナリーニョ県も)。

当時の日本はまだアンティグアなどの地域までは関心のない時代でした。ANACAFE(Asociación Nacional del Café/グァテマラ生産者協会)は、2000年代に生産地区の違いについてプロモーションを行い、SP市場を牽引しました。

アンティグア地区は歴史のある農園も多く、品質が安定しています。アンティグア産のブルボン種は、柑橘果実の酸味とコクのバランスがよく、ブルボン種の風味を代表します。

グァテマラ・アンティグアの街

ブルボン種

乾燥場

TANZANIA

タンザニア

北部地域の農園の豆に優れた風味の
コーヒーが見られます

産地	北部産、南部産のアラビカ種が約75%、その他はカネフォーラ種
品種	ブルボン、アルーシャ、ブルーマウンテン、ケント、N 39
農家	全体で約40万生産農家と推定され、うち90%は2ha以内の小規模農家
収穫	北部6～11月　南部5～9月
精製・乾燥	湿式、アフリカンベッド（棚）
輸出等級	サイズ、欠点数でAA、AB、PB（ピーベリー）
日本入港	3月以降

昔からキリマンジャロの名で流通し、日本でも古くから知られた産地です。SPは北部産が多く、農園のものが多く見られます。ブルボン系の品種が多く見られますが、品種は混在傾向にあります。個性的な風味は少なく、酸味とコクのバランスのよいコーヒーです。あまり個性の強くない、飲みやすいコーヒーを求めている方にはよいコーヒーだと思います。

農園

タンザニアの産地

湿式の水槽

BRASIL

ブラジル

酸味の華やかさとは対極にあり、コクがあるコーヒーです

産地	Minas Gerais（南ミナス、セラード）、Espírito Santo 他
テロワール	標高 450 ～ 1100m
栽培	アラビカ種 70%　コニロン（カネフォーラ種）30%
品種	ムンドノーボ、ブルボン、カトゥアイ、マラゴジペ
収穫方法	大型の機械、手で葉ごとしごくストリッピング
精製	乾式、パルプドナチュラル、セミウォッシュト
乾燥	天日もしくはドライヤー
輸出等級	欠点数によりタイプ 2 から 8 まで
日本入港	1 月以降

世界最大の生産国で、日本輸入も最も多く、多くの方はこの風味に慣れています。酸味は中米、コロンビアなどの湿式に比べ弱く、コクのあるコーヒーです。

標高800ｍと1100ｍの産地の風味差、乾式とセミウォッシュトの精製の風味差は出ますが、全体としては生産地域や品種による風味の差異は小さいと感じます。湿式のクリーンなコーヒーとは異なり、かすかにアフターテーストに埃っぽさが残りますので、湿式の基準を当てはめないで評価すべきと考えています。

農園

機械収穫

乾式の乾燥

VIETNAM

ベトナム

カネフォーラ種の最大の生産国です

品種	カネフォーラ種 97%　アラビカ種 3%（カティモール）
収穫期	10 月～ 4 月
収穫量	ha あたり 2.3 トンの高い収穫量
精製	乾式
日本入港	一年中

一般家庭用の流通はほとんどありません。ベトナム産のカネフォーラ種はアラビカ種とブレンドして低価格レギュラーコーヒーとしてスーパーなどで販売され、安い業務用のコーヒーとしても使用されています。また、多くは工業製品である缶コーヒー、インスタントコーヒーなどに使用されています。

ごげた麦茶のような風味で、酸味、コク共に弱い印象です。カネフォーラ種はカフェインがアラビカ種の2倍あり、苦味と重い風味に支配されます。冷めると渋味を感じるものもあります。ベトナム以外のカネフォーラ種は、インドネシアの湿式のWIB、乾式のAP-1、アフリカのウガンダロブなどが多く輸入されています。

大規模農園

カネフォーラ種

よいコーヒー豆を手に入れるための
購入ガイド

1 コーヒー豆は、百貨店、スーパー、食料品店、自家焙煎店などで販売されています。また、2000年以降はインターネットでも多く販売されています。

2 私は、よい生豆を調達するためには、バイヤーとしての購買力を高めることが重要と考えていました。そのため、2000年前後から2010年前後までの10年間に北海道の網走から沖縄まで全国に約100店を超える自家焙煎店の開業のお手伝いをし、LCF（リーディングコーヒーファミリー）という生豆を共同で使用するグループを作ってきました。高品質のコーヒーをお客様に提供し、新しい感動を共有したいと考え、多くの生産者とパートナーシップを組んできました。

メンバーもその過程で、販売力もつけていきました。現在、私は現役を引退し、実務には関わっていませんが、バイヤーが世界中から100以上のシングルオリジンを購入するに至っています。

この間、堀口珈琲で働き、独立した店も多くあり、全国に広がっているLCFのメンバーの一部を紹介します。

コーヒー豆を手摘みするコロンビアのピッカー

東京

創業：1990年5月

（株）堀口珈琲

堀口珈琲の生豆は、風味が豊かで、欠点豆の除去率が高くクリーンです。さらにデリケートな焙煎方法で、多様な風味を体験できます。

おすすめブレンド	焙煎度および風味別に No1～No9まで9種類
焙煎機	フジローヤル20kg焙煎機2台 5kg焙煎機

住所：**世田谷店**：東京都世田谷区船橋1-12-15 TEL：03-5477-4142
横浜ロースタリー：横浜市中区新山下3-11-42
※他に狛江店、上原店、下連雀店、大手町店／
営業時間・定休日：HPでご確認ください
HP：www.kohikono.co.jp

北海道

はぜや珈琲

創業：2006年11月

小さなお店ですが、店内からの眺めは北海道の四季を感じることが出来ます。喫茶ではデザートにも力を入れていて、コーヒーとの相性がよいものを作っています。ここでしか味わえない、おいしさを心がけてやっています。

おすすめブレンド

定番6種類と季節のブレンドがあります。特にお勧めは、香り高く、しっかりとしたコクのリッチブレンドです。

焙煎機

フジローヤル5kg

住所：北海道網走市駒場北3丁目9-7 TEL：0152-67-9800 営業時間：豆販売10:00～19:00／喫茶10:00～17:30（17:00ラストオーダー） 定休日：毎週日曜日、月曜日 HP：www.hazeya-coffee.com

北海道

徳光珈琲

創業：2005年12月

当店は本店の石狩店で焙煎を行い、札幌市内2店舗の直営店と計3店舗で喫茶と豆販売を行っています。カフェ・レストランなど札幌市内中心に道内外130店舗以上で珈琲豆を提供しています。

おすすめブレンド

ミディアムローストからイタリアンローストまで風味別に8種類の定番ブレンドと年間を通して季節のブレンドを提供。

焙煎機

プロバット12kg

住所：北海道石狩市花川南2-3-185 TEL：0133-62-8030 営業時間：10:00～18:00 定休日：毎週水曜日、毎月第2火曜日 HP：https://tokumitsu-coffee.com

秋田県

08COFFEE

創業：2011年7月

秋田にあるコーヒー豆の販売と喫茶を併設したお店です。毎朝少量ずつ丁寧な焙煎を心がけています。奇をてらわず、真面目にコーヒーと向き合ってスタンダードな美味しさを追求しています。

おすすめブレンド

定番のブレンド『ブレンド#8』と、その季節をイメージした『季節のブレンド』がおすすめです。

焙煎機

ディードリッヒ 3kg

住所：秋田県秋田市山王新町13-21三栄ビル2F TEL：018-893-3330 営業時間：平日／10:00～20:00、土日祝／8:00～18:00 定休日：毎週水曜日 HP：http://www.08coffee.jp

宮城県

Café de Ryuban

創業：2001年12月

当店は、コーヒー豆の販売とテイクアウトによるドリンクの販売を行っております。日々丁寧に焙煎することを心掛けており、世界最高レベルのコーヒーを新鮮な状態でお買い求めいただけます。

おすすめブレンド

4段階のローストごとのベーシックなブレンド4種の他、個性豊かな豆を使用したブレンド4種、季節ごとの限定ブレンドをご用意しております。

焙煎機

フジローヤル10kg
フジローヤル5kg

住所：宮城県仙台市青葉区広瀬町4-27 1F TEL：022-264-4339 営業時間：10：00～19:00（日曜のみ18:00まで）定休日：毎週月曜日 HP：www.cafederyuban.com

群馬県

tonbicoffee

創業：2006年7月

コーヒーが農作物である事を大切にし、職人として、サービス人としてお客様のコーヒーライフをサポートいたします。手作りケーキも人気、おすすめです。

おすすめブレンド

とんびのくちばしブレンド（ハイロースト）、えんびブレンド（シティロースト）、とびいろブレンド（フレンチロースト）

焙煎機

フジローヤル5kg

住所：群馬県高崎市菅谷町531-10 TEL：027-360-6513 営業時間：10:00～19:00 定休日：毎週火曜日 HP：info@tonbi-coffee.com/

東京都

KARTA COFFEE（カルタコーヒー）

創業：2015年5月

産地ごとの個性や魅力を強く感じることのできる豆を揃え、それぞれの豆の特徴に合わせて焙煎しています。軽めの煎り具合から、しっかりとしたコクが楽しめる深煎りまで、常時10種類以上ご用意しています。

おすすめブレンド

異なるテーマを設けた3種類のブレンドをご用意しています。
また、季節に合わせた限定のブレンドもお楽しみいただけます。

焙煎機

フジローヤル5kg

住所：東京都文京区小石川1-13-3 TEL：03-5615-8208 営業時間：12:00～19:00 定休日：毎週月曜日、火曜日 HP：www.kartacoffee.com

東京都

MUTO coffee roastery

創業：2014年10月

産地や農園のトレーサビリティがはっきりしている高品質のコーヒー豆を使用し、焙煎でその個性を最大限引き出します。常に4種類のブレンドと15種前後のシングルオリジンをそろえて、お客様のお好みに合わせたコーヒーをご提供いたします。店内でも飲めます。

おすすめブレンド

ももぞのブレンド／すっきり
なかなかブレンド／バランス
ふかいりブレンド／苦みと甘み
イタリアンブレンド／深い苦み

焙煎機

GIESEN W6

住所：東京都中野区中野3-34-18 TEL：03-6382-5439 営業時間：11:30～19:30（19:00ラストオーダー） 定休日：毎週木曜日、毎月第1、3水曜日 HP：www.muto-coffee.com

東京都

Khazana Coffee（カザーナコーヒー）

創業：2006年10月

「カザーナ」とはウルドゥ語で「宝物」の意。一杯のコーヒーがもたらす「ささやかなひとき」が「宝物」のようになることを願って、私たちは大切に育てられ、運ばれてきた高品質な素材を丁寧に焙煎し、新鮮な最良の状態で提供いたします。

おすすめブレンド

ひとつの素材を異なるローストで煎り別けてブレンドし、素材の魅力を最大限に愉しむ試み「今月のコーヒー」を展開しています。

焙煎機

ディードリッヒ IR-5焙煎機

住所：東京都八王子市本町2-5-1F TEL：042-649-7230 営業時間：10:00～18:00 定休日：毎週月曜日、火曜日 HP：www.khazana-coffee.com

東京都

Jalk Coffee（ヤルクコーヒー）

創業：2013年11月

ヤルクコーヒーは北欧モダンを基調にしたコーヒー専門店です。クラフトマンシップに重きを置き、丁寧な焙煎と抽出を心がけております。日替わりの手作りケーキと共にヴィンテージの陶器などを眺めてお過ごしいただけます。

おすすめブレンド

『シーズナブルブレンド』や『ミディアムロースト』から『フレンチロースト』までオリジナルブレンドを取り揃えております。

焙煎機

フジローヤル改5kg

住所：東京都杉並区永福4-19-4安藤ビル1F TEL:03-6379-1313 営業時間：10:00～19:00 定休日：毎週月曜日（祭日の場合は翌日火曜日休み） HP：http：//www.jalkcoffee.com

EBONY COFFEE

東京都

創業：2011年6月

みなさまに常に最高のコーヒーを体験していただくため、異なるキャラクターを持つ素材（生豆）の香味を理解し、豆質や気象条件に適したローストで、それぞれの特性を活かした個性豊かな風味を表現するよう日々努めています。

おすすめブレンド

中煎りから深煎りまでの各種定番ブレンドのほか、旬の香味を表現した、季節ごとの個性的なブレンドも取り揃えています。

焙煎機

フジローヤル5kg

住所：東京都世田谷区奥沢6-28-4 ワイズニール自由が丘1F TEL：03-3702-2027 営業時間：11:00～19:00 定休日：毎週水曜日 HP：https://ebonycoffee.tokyo

Jubilee Coffee and Roaster

東京都

創業：2013年4月

季節の移ろいが感じられる東京都庭園美術館の近くにあり、毎日厳選されたスペシャルティコーヒーを丁寧に焙煎。豆の特徴を最大限引き出す事はもちろん、後味の良いきれいな味わいも重視したミディアムからフレンチローストの豆を常時10種類以上取りそろえる。

おすすめブレンド

店の名前を冠したブレンドはシティローストとフレンチローストの2種類。毎日飲みたい理想のバランスを追求したブレンド。

焙煎機

フジローヤル5kg

住所：東京都港区白金台3-18-10 TEL：03-6721-7939 営業時間：10:00～18:00 定休日：毎週月曜日、火曜日（営業時間、定休日は変更の可能性がありますのでHPにてご確認ください）HP：www.jubilee-coffee.jp

Mui

神奈川県

創業：2013年5月

Muiという名前は、「無為を為す」という老子の言葉に由来しています。何もしないをあえてする。僕たちは、それこそが〝いつでもとっておき〟をかなえる秘訣だと考えています。いつでもとっておきを味わえる場所。そんな「町のコーヒー屋」を目指しています。

おすすめブレンド

苦みがあるもの少ないもの、コクがあるもの軽いものなど、個性のちがう4種の定番ブレンドをご用意しています。

焙煎機

GIESEN W6

住所：神奈川県川崎市中原区木月3-13-2 TEL：044-767-1368 営業時間：10:00～19:00 定休日：毎週火曜日、毎月第1、3、5水曜日 HP：https://www.mui-motosumi.co.jp/

神奈川県

テラコーヒー（株）

創業：2004年6月

横浜の東急東横線沿線、白楽と大倉山に2店舗展開している自家焙煎店。各店舗に焙煎機がありそれぞれ焙煎しています。焼き菓子を中心とした手作りのお菓子も充実しています。

おすすめブレンド

浅いり、中いり、深いり、イタリアンのロースト別の定番ブレンド。エスプレッソブレンド。横浜ブレンド。季節の限定ブレンド。

焙煎機

フジローヤル5kg
プロバット12kg

住所：白楽店／神奈川県横浜市神奈川区白楽129　大倉山店／横浜市港北区大倉山1-3-20 TEL：白楽店／045-309-8686、大倉山店／045-541-6016 営業時間：10:00～19:30 定休日：なし。年始と夏季休業あり。 HP：www.teracoffee.jp

神奈川県

石かわ珈琲

創業：2009年7月

コーヒーの美味しさは、生豆の『品質』とそれを最大限引き出す『焙煎技術』、そして『鮮度』で決まります。高品質で新鮮なコーヒーだけが持つフレッシュで個性的な香味をお楽しみください。

おすすめブレンド

ローストレベル別に3種類の定番ブレンドをご用意しています。中でも深煎りの「きたかまブレンド」は、しっかりとしたコクとすっきりした苦み、そして長く続く余韻の中に感じるキレイな酸が味に奥行きを感じさせ、当店の一番人気となっています。

焙煎機

フジローヤル5kg

住所：神奈川県鎌倉市山ノ内197-52 TEL：0467-81-3008 営業時間：11:00～17:00 定休日：毎週水曜日、木曜日 HP：https://ishikawa-coffee.com

石川県

（株）二三味珈琲

創業：2001年5月

煎りたてを重視し、その日の注文を見ながら焙煎していきます。海辺の舟小屋を利用した焙煎所では主に地方発送を行い、市の中心にあるカフェは地元のお客様から旅のお客様まで広く利用されています。手作りのケーキも好評。

おすすめブレンド

ハイ、フルシティ、フレンチ各2種類ずつ、際立つ個性を重視しながら毎日焙煎しています。

焙煎機

フジローヤル5kg

住所：舟小屋焙煎所／石川県珠洲市折戸町ハ-99　カフェ／石川県珠洲市飯田町7-30-1 TEL：焙煎所／0768-86-2088　カフェ／0768-82-7023 営業時間：焙煎所／8:00～16:00　カフェ／10:00～19:00（1月、2月～18:00） 定休日：焙煎所／毎週日曜日、月曜日　カフェ／毎週月曜日、火曜日 HP：なし

富山県

koffe our roastery

創業：2009年4月

koffeは桜の木々が四季折々美しい富山の松川沿いにあります。素材と向き合い、その豆の持つ本来の味を最大限に引き出すよう米国Renegade社の焙煎機で毎日丁寧に焙煎しております。皆さまのお越しを心よりお待ちしております。

おすすめブレンド

すっきりとさわやかな青空（ミディアム）、まろやかでコクのあるhome（シティー）、柔らかな苦みのkoffe（フレンチ）

焙煎機

Renegade社 5kg（アメリカ）

住所：富山県富山市舟橋南町10-3 TEL：076-482-3131 営業時間：12:00～19:00（ドリンクのテイクアウトは17:30ラストオーダー） 定休日：毎週木曜日（不定休あり） HP：www.koffe-coffee.com

愛知県

coffee Kajita

創業：2004年11月

コーヒー豆とケーキの店を2人で営んでおります。各地のギャラリーや雑貨店でコーヒー豆や焼き菓子を販売して頂くこともあります。それに伴い出張喫茶やコーヒー茶会といったイベントも行っております。世界最高品質のLCF生豆があってこそです。

おすすめブレンド

ハイローストからイタリアンローストまで6種類と不定期で季節の限定ブレンドがあります。

焙煎機

フジローヤル5kg

住所：愛知県名古屋市名東区高社1-229フィレンツェ一社1F TEL：052-775-5554 営業時間：11:00～19:00（喫茶18:00まで） 定休日：毎週火曜日、水曜日、木曜日、金曜日（不定休ありHPにて） HP：www.coffeekajita.com

岐阜県

SHERPA COFFEE ROASTERS

創業：2006年11月

常時20種類以上のコーヒーを用意して、コーヒーの多様性・比較をテーマにお客様の嗜好にピッタリ合うコーヒーを見つけるお手伝いをさせていただくよう心がけています。

おすすめブレンド

ブレンド01～ブレンド07まで7種類のご用意がございます。バランスの良い04、06から飲んでみて下さい。

焙煎機

フジローヤル5kg

住所：岐阜県岐阜市早田1901-6 オハナビル1階 TEL：058-295-0136
営業時間：10:00～18:00 定休日：毎週月曜日、火曜日
HP：sherpacoffee.com

愛知県

松本珈琲工房

創業：2006年10月

当店は美味しい珈琲の魅力や生産者さんの声をお届けするために珈琲教室を開催、生産地にも足を運んでいます。また美味しい珈琲を通じて地域に根差した取り組みも積極的に行っています。

おすすめブレンド

季節に応じたブレンドのほか、長久手ブレンドやマツモトキャンプブレンドなど個性豊かなブレンドを取り揃えています。

焙煎機

GIESEN W6 6kg焙煎機

住所：愛知県長久手市西浦901番地 TEL：0561-56-2260
営業時間：10:30~18:00 定休日：毎週月曜日、火曜日 HP：http://matsumoto-coffee.com/

大阪府

HIROFUMI FUJITA COFFEE

創業：2013年11月

コーヒーの香味の多様性とその美味しさ、味を知る面白さをお伝えしたくブレンドを含め18種類の銘柄を取り扱っています。豆販売や喫茶のみならずコーヒー教室を毎週開催。一緒にコーヒーを楽しんでいます。

おすすめブレンド

グアテマラをベースにバランスの良い飲み心地の玉造ブレンドと、苦味の中に甘さと酸の豊かな層が感じられるrivetブレンド

焙煎機

フジローヤル5kg

住所：大阪府大阪市中央区玉造2丁目16-21 TEL：06-6764-0014 営業時間：12:00～19:00 定休日：毎週月曜日、火曜日（祝日の場合は営業）
HP：http://www.hirofumifujitacoffee.com/

岡山県

キノシタショウテン

創業：2010年6月

「キノシタショウテン」では、コーヒー農家さんがどのような方法で、どのような想いで育てているかを肌身で感じ取るためにロースター木下ができるだけコーヒー豆産地に足を運んでいます。そのうえで、個性が最大限に表現される焙煎を心がけています。

おすすめブレンド

明るさのある味をイメージしてブレンドしたアカブレンドです。時季によって変わるその時々の明るさをお楽しみください。

焙煎機

プロバット、スマートロースター

住所：岡山県瀬戸内市邑久町尾張342-2 TEL：0869-24-7733 営業時間：7:00～17:00 定休日：毎週木曜日 HP：http://kinoshitashouten.com/

広島県

瀬戸内コーヒー焙煎所

創業：2010年4月

風光明媚な瀬戸内観光地、広島・尾道の中心市街地で、豆売りのロースター「Classico」と、テイクアウト専門コーヒースタンド「AROUND」の2店舗を営業。真剣なものづくりで丁寧にローストした「品質・鮮度・おいしさ」に優れる魅力的な豆を提供。

おすすめブレンド

オリジナルブレンド「深煎りブレンド」。しっかりとした深みとコク、すっきりとした苦みと甘い余韻で人気のブレンド。

焙煎機

フジローヤルR-103

住所：広島県尾道市土堂1-3-28 TEL：0848-24-5158（Classico）、0848-38-2330（AROUND） 営業時間：10:00-17:00（Classico）、12:00-17:00（AROUND） 定休日：毎週火曜日、第3水曜日（店舗共通） HP：www.classico-coffee.jp

福岡県

このみ珈琲

創業：1995年1月

当店は創業以来、本物のおいしいコーヒーを伝えたいという思いで最高の素材（生豆）にこだわり、丁寧に毎日焙煎して新鮮なコーヒーをお届けしているコーヒー専門店です。これからも日々出会うコーヒーと真摯に向き合い、本物のおいしいコーヒーを追求していきます。

おすすめブレンド

中煎りから深煎りまで揃っていて、特に中深煎りでバランスが良いシティブレンドとフルーティーな風味のグルメブレンドがお勧め。

焙煎機

フジローヤル3kg

住所：福岡県直方市殿町2-9 TEL：0949-24-3952 営業時間：平日・祝日／10:00～19:00、日曜日／10:00～18:00 定休日：毎週木曜日 HP：https://konomi-coffee.biz

沖縄県

YAMADA COFFEE OKINAWA

創業：2001年5月

創造性を重視し独自にブレンディングしたコーヒーに加え、産地のキャラクターを存分に味わえるシングルオリジンを多く取り揃えています。「当店でしか味わえないコーヒーを創り続けること」を念頭に日々取り組んでいます。

おすすめブレンド

店頭ではキャラクターの異なるテイストを常時9種類ご用意しています。（ネットショップでは5種類）コーヒーが好きな方々それぞれの趣向にあったテイストが見つかると思います。

焙煎機

フジローヤル5kg

住所：沖縄県宜野湾市宜野湾3-17-3 TEL：098-896-1908 営業時間：10:00～19:00 定休日：平日の月曜日 HP：http://shop.yamadacoffeeokinawa.com/

堀口珈琲研究所のセミナー

過去20年近く「抽出基礎」、「抽出応用」、「カッピング」、「テースティング会」など様々なコーヒーセミナーを開催してきました。また「朝日カルチャーセンター」での講座を18年間、「早稲田オープンカレッジ」では6年間、「(株) 日本創芸教育の通信教育」でも9年間行ってきました。また、韓国ソウルでも2011年から2014年まで年3回から6回、抽出及びテースティングのセミナーを行ってきました。しかし、大学院入学のため2016年に各セミナーを中断しました。約20年間にセミナーに出席された方の延べ人数は2万人にものぼります。

大学院卒業後の現在は「東京農業大学のオープンカレッジ」を担当し、新たに堀口珈琲研究所のセミナーを再開しています。

セミナー会場

DATA 東京都世田谷区船橋1-9-10 2F
セミナーサイトは https://reserva.be/coffeeseminar

（写真左上）抽出初級　（写真右上）抽出中級　（写真下）抽出中級

抽出初級

風味の変動要因を知る

焙煎度および生産国の異なるコーヒーを試料とし、本書の基本の抽出（ペーパードリップ）を実習します。粉の量、抽出時間、抽出量を変えて風味がどのように変化するのか確認します。各抽出液は、ｐＨ（酸の強さ）とＢｒｉｘ（濃度）を測定し、自分の官能と比較します。

抽出中級

抽出チャートを作成する

基本の抽出を正確に行えることが前提です。シティローストのコーヒーを使用し、粉の量、抽出時間、抽出量を変えて抽出して風味の変化を確認します。自分にとって好ましい抽出の条件を見つけ、独自の抽出チャートを作成します。

(写真上) テースティング初級 (写真左下) テースティング中級 (写真右下) 韓国でのテースティングセミナーの様子

テースティング初級

基本的なテースティングを知る

テースティングの目的やテースティング方法、評価項目、評価基準について解説します。

実習として以下の5種のコーヒーをテースティングします。

①ロブスタ種・ベトナムのカネフォーラ種 ②アラビカ種 湿式のコマーシャルコーヒー ③アラビカ種 乾式の湿式のスペシャルティコーヒー ④アラビカ種 ブラジル ⑤鮮度劣化したコーヒー

テースティング中級

毎月テーマが変わります

テースティングの評価項目及びその評価基準を解説します。その上で、数種のコーヒーをテースティングし、実際に評価します。生産国、品種、精製などのテーマごとに実施します。

堀口珈琲研究所

堀口俊英

2018.9 ASIC ポートランド

2016.11 ASIC 雲南

講師

1998年～2015年	朝日カルチャーセンター
2008年～2013年	早稲田大学オープンカレッジ
2005年～2013年	日本創芸学院通信教育
1999年～2016年	堀口珈琲コーヒーセミナー
2015年～現在	JICA中小生産者セミナー
2016年～現在	東京農業大学オープンカレッジ
2019年～現在	堀口珈琲研究所セミナー

講演

2004年	アメリカスペシャルティコーヒー協会（SCAA） カンファレンスにて「Japan's Specialty Market」
2006年	エルサルバドルスペシャルティコーヒー協会にて 「For A Wider Specialty Coffee Market In Japan」
2007年	東アフリカファインコーヒー協会（EAFCA）カンファレンスにて 「Japans Specialty Market And The Fine Coffees From Africa」

学会発表

2016年9月	ASIC（国際コーヒー科学学会） 「The Difference In The Quality Of Specialty Coffee And Commercial Coffee」ポスター発表（中国・昆明）
2017年6月	日本食品保蔵科学会 「SPとCOの品質差に関する研究」口頭発表（高知県立大学）
2018年6月	日本食品保蔵科学会 「生豆の流通過程における品質変化の研究」口頭発表（山梨大学）
2018年8月	日本食品科学工学会 「生豆の品質指標の作成に関する研究」口頭発表（東北大学）
2018年9月	ASIC「New Physicochemical Quality Indicator For Specialty Coffee」 口頭発表（米国・ポートランド）
2018年11月	食香粧研究会「コーヒーに影響を及ぼす理化学成分と 官能評価から新しい品質指標を作成する」ポスター発表（東京農業大学）
2019年6月	日本食品保蔵科学会「コーヒー生豆の精製方法の違いが 風味に影響を与える」口頭発表（中村学園）

査読及び学位論文

論文1：「有機酸と脂質の含有量および脂質の酸価はスペシャルティコーヒーの品質に影響を及ぼす」、日本食品保蔵科学会誌第45巻2号

論文2：「コーヒー生豆の流通過程における梱包，輸送，保管方法の違いが品質変化に及ぼす影響」、日本食品保蔵科学会誌第45巻3号

学位論文：「スペシャルティコーヒーの品質基準を構築するための理化学的評価と官能評価の相関性に関する研究」

あとがき

２００２年に堀口珈琲研究所を立ち上げ、「コーヒーは農業と科学」の側面からとらえることが重要と考え「コーヒーの栽培、精製と風味の研究」を目指しましたがスペシャルティコーヒーの黎明期で多忙を極め、かないませんでした。

そのため、65歳になったら現役を引退し、コーヒーの風味を新しい角度からとらえ直したいと考え、それ以前の5年間で事業継承をして準備しました。２０１３年には社長を交代し、自由に活動できる環境を徐々に整えていきました。

農業の研究は現地に定住しなければならず諦め、あえて苦手な理系分野を目指しました。

しかし、実験器具や機器の使い方から化学薬品の取り扱いに至るまで全くの素人でしたので、２０１５年からの1年間は東京農業大学の食品科学の研究室に研究生としてお世話になり、66歳の２０１６年に大学院の博士課程に入学しました。

3年間（博士課程）あれば何かできるだろうと考えていましたが、実際に実験できるのは2年程度しかなく、実験精度を上げ、結果を出さなければなりませんでした。実際に行った実験は、高度な分析機によるものではなく、すでに研究者はやらなくなってしまったアナログの実験でした。しかし、大学生が授業で行うような実験プロセスの中に、コーヒーの風味を考察できるヒントが多く潜んでいると今でも考えています。

また、査読論文（学会誌に掲載するための審査で2報が卒業の必須条件）の作法は、実用書とは異なり、完成は予想外にストレスのかかるものでした。楽しく、学生生活を送るというよりは、忍耐のほうが多かったように思います。

理系分野における実験結果から、なにかを読み取るには専門知識以外に、考察力と感性が重要であるとを痛感しました。

こうして、実験、統計処理、論文に苦闘しつつ69歳の２０１９年に卒業しました。

本書が、コーヒーの品質について科学的な側面からのアプローチの機運が生じるきっかけになればと考えています。

最後に、大学院入学時、コーヒー研究の先輩として多くの助言をいただき、また入学後もＡＳＩＣ（国際コーヒー科学会）の学会に同行していただいた石脇智広氏には深く感謝申し上げます。

大学院時代の指導教授である国際食農科学科の古庄 律先生には、「コーヒー研究」を受け入れてくださったことに深く感謝申し上げます。同時に、大学院の環境共生学専攻の多くの先生方からの叱咤、激励にも感謝申し上げます。

さらに、会社の実務をしない私を暖かく見守ってくれた（株）堀口珈琲のスタッフにも深く感謝いたします。

堀口珈琲研究所　堀口　俊英

堀口珈琲研究所

堀口俊英

環境共生学　博士
2019年3月東京農業大学博士課程卒業
堀口珈琲研究所 代表
（156-0055 東京都世田谷区船橋 1-9-10 2F）
（株）堀口珈琲 会長
（156-0055 世田谷区船橋 1-12-15）
日本スペシャルティコーヒー協会
（SCAJ）理事
日本コーヒー文化学会　常任理事
chiepapa0131@gmail.com

著作

1997年	『珈琲』監修／永岡書店、『珈琲健康法』監修／マキノ出版
2000年	『コーヒーのテースティング』／柴田書店
2001年	『コーヒーの事典』共著／柴田書店
2005年	『スペシャルティコーヒーの本』／旭屋出版 『コーヒーコーディネーター検定講座テキスト1～4』／あるて出版
2008年	『おいしいMyコーヒーの愉しみ方』／大泉書店
2009年	『珈琲のすべてがわかる事典』／ナツメ社 『おいしい珈琲のある生活』／PHP出版 『手づくりの田舎カフェはじめました』監修／東京地図出版
2010年	『珈琲の教科書』／新星出版社
2010年以降	『珈琲の教科書』韓国版／中国版 『おいしい珈琲のある生活』台湾版／中国版

THE STUDY OF COFFEE

2020年11月15日　初版発行
2023年1月5日　第4刷発行

著　者　堀口俊英
発行者　富永靖弘
印刷所　公和印刷株式会社

発行所　東京都台東区台東2丁目24　株式会社　新星出版社
〒110-0016　☎03(3831)0743

ISBN978-4-405-09396-6